国家社会科学基金"十二五"规划课题

现代大学制度研究——历史与现实的反思

湖南省哲学社会科学基金项目"制度伦理视角下的现代大学制度建设研究"

"教授治校"论

Faculty Governance

彭阳红　著

中国海洋大学出版社

·青岛·

图书在版编目（CIP）数据

"教授治校"论/彭阳红著. —青岛：中国海洋
大学出版社，2018.11
　　ISBN 978-7-5670-2121-1

　　Ⅰ. ①教… Ⅱ. ①彭… Ⅲ. ①高等学校－学校管理－
研究－中国 Ⅳ. ① G647

　　中国版本图书馆 CIP 数据核字（2019）第 044781 号

出版发行　　中国海洋大学出版社
社　　　址　　青岛市香港东路 23 号　　　　　　邮政编码　　266071
出 版 人　　杨立敏
网　　　址　　http://pub.ouc.edu.cn
电子信箱　　appletjp@163.com
订购电话　　0532－82032573（传真）
责任编辑　　刘宗寅　　滕俊平　　　　　　　　电　　话　　0532－85902342
装帧设计　　青岛汇英栋梁文化传媒有限公司
印　　　制　　日照日报印务中心
版　　　次　　2020 年 1 月第 1 版
印　　　次　　2020 年 1 月第 1 次印刷
成品尺寸　　170 mm × 230 mm
印　　　张　　12.25
字　　　数　　220 千
印　　　数　　1 ～ 2000
定　　　价　　49.00 元

发现印装质量问题，请致电 0633-2298958，由印刷厂负责调换。

很难想象，如果没有现代大学，今天的人类会是什么样子？200多年来，在消解社会蒙昧文化、启迪科学理性、造就现代文明、推进社会现代化等方面，现代大学的作用无可匹敌。高等教育由精英化走向大众化和普及化，不仅指引了人类文化科学技术进步的方向，使现代文化科技的百花园璀璨夺目，而且将科学理性的曙光播撒到人类各阶层民众的心田，使人的心灵得到洗礼和升华。如果说现代大学是人类文明进步的航标灯，那么，现代大学制度就是那高高矗立的灯塔，牢牢地支撑和捍卫着现代大学功能的发挥。这就是为什么人们在高歌和颂扬现代大学犹如古希腊智慧女神帕拉斯•雅典娜的同时，对现代大学制度的尊崇也几乎到了顶礼膜拜的地步。我国发展现代大学、建立现代大学制度的历史晚于欧美诸国，探索之路也坎坎坷坷。峰回路转到了21世纪，现代大学制度又为时代所需，完善现代大学制度、推进高等教育治理体系和治理能力现代化的征程再次启动，标志着我国现代大学发展进入了一个全新时代。

一、现代大学的形成及其制度化

现代大学是什么时候产生的？对这一问题，但凡对高等教育发展史有一定了解的人都会做出肯定的回答，19世纪是现代大学及其制度化的时代，1810年德国柏林大学的创办标志着人类历史上第一所现代大学的出现。在柏林大学创办之前，欧洲大学几乎是一个模式。正如卢梭所说："没有什么法国、德国、西班牙或者甚至英国模式，只有欧洲模式。它们有着同样的品位，同样的感情，同样的道德,它们没有一所学校是从其自身出发形成了一种国家模式。"① 但这并不意味着创办柏林大学是空穴来风,也不能说是威廉·冯堡的神来之笔成就了柏林大学。

柏林大学的新制度保证了早期现代大学功能的全面实现。柏林大学是根据章程办学的典范,1817 年,由施莱尔马赫主要负责起草的《大学章程》奠定了现代大学的基本框架。尽管柏林大学最初也沿袭了古典大学四个学院(神学、法学、医学和哲学)办学的基本模式,但与古典大学由神学主导不同,柏林大学的各学院拥有平等的地位。柏林大学保留了传统的由正教授、副教授和助教所构成的三级结构模式,但实行教师等级制,全体正教授组成教授会,大学的所有事务皆由教授会决定,比如,遴选校长、选聘教授等。柏林大学实行讲座制,按学科和专业设置若干讲座,由正教授主持各讲座。讲座教授享有很大的特权。这样,柏林大学的基本制度就形成了,即大学由学院构成,学院由若干讲座构成,正教授全权负责讲座内的一切事务。在与政府的关系上,柏林大学建立了利益商谈制,讲座教授与政府部门通过"讨价还价",即利益交涉确定讲座教授的待遇。每位正教授需要直接与州政府而不是与大学交涉,定期就财政和物质方面的条件、待遇进行协商,由此形成了一种不同于古典大学的基本制度框架,包括政府聘用正教授并提供办学经费,正教授组成教授会,负责决定大学办学;学科领域的办学事务由各讲座教授全权负责。② 所以,有人认为:"柏林大学的建立不只是增加了一所大学而已,而是创造了一种体现大学教育的新概念。"③

19 世纪是现代大学及其制度的概念在世界得到普及的时代。柏林大学的成功,不但撬动了德国大学的现代化转型、成就了 19 世纪光辉灿烂的德意志文明,④ 而且引发了世界范围的大学现代化运动,为古典教育与现代教育之争提供了最具说服力的实践范例。其他国家创建现代大学时往往以柏林大学为楷模。值得注意的是,其他国家效仿柏林大学,不是仿照其建筑式样,不是引进其师资,不是跟其竞争生源,更不是引进其领导团队,而是借鉴其理念,效法其精神,从而形塑自身的建制和学术自由的制度文化。

---

① 转引自:Walter Ruegg. A History of the University in Europe[M]. Cambridge:Cambridge University Press,2004:4.

② 别敦荣,李连梅. 柏林大学的发展历程、教育理念及其启示 [J]. 复旦教育论坛,2010(6):13-16.

③ 〔英〕博伊德,金. 西方教育史 [M]. 任宝祥,吴元训,主译. 北京:人民教育出版社,1985:330.

④ 孙承武. 聚焦全球十大名校——巨人摇篮 [M]. 北京:京华出版社,2003:81.

在 19 世纪以来世界现代大学及其制度的发展中,德、英、法、美四国无疑是最具典型意义的。从德国萌发的现代大学及其制度不仅在德国开花结果,而且成为其他国家学习的样板。英国和法国的现代大学及其制度化实践对两国的高等教育转型发展发挥了重要影响,并辐射到两国传统的殖民地或属地。19 世纪美国现代大学及其制度化的探索建构了美国高等教育的新体系,其后来对全球所产生的广泛而深刻的影响可能是当时的探路者们都未曾预料到的。

二、现代大学制度的变迁与共性特征

现代大学制度不是孤立的存在物,它与大学内外诸多制度及相关环境因素有着千丝万缕的关系。现代大学制度随大学内外情况的变化而不断变化,也可以说,现代大学制度的发展是无止境的。如果说 19 世纪是现代大学制度的初创期的话,那么,20 世纪以后就是现代大学制度走向成熟并随着高等教育大众化和普及化不断变迁的时期;如果说 19 世纪是德国现代大学制度引领风骚、为世界所向往的时期的话,那么,20 世纪以后就是美国现代大学制度臻于完善、广受尊崇的时期。在一定程度上可以说,19 世纪是德国现代大学制度的世纪,20 世纪则是美国现代大学制度的世纪。

20 世纪是人类历史上一个特殊的世纪,在 100 年的时间里,几乎有一半的时间世界大部分地区都处在大规模战争中。大规模战争的后果,除了人类自身的杀戮,还有大量的城市、工厂、乡村遭到毁灭性的破坏,数以千万计的人被迫流离失所,背井离乡,寻找安身之所。在另一半的时间里,尽管仍不时爆发局部小规模的战争,但破坏和影响相对较小,和平、建设与发展成为主旋律。第二次世界大战结束以后,现代大学制度建设取得了新的突破,其动力源于高等教育的大众化和普及化发展。统计表明,在 20 世纪中期以前,全球只有美国一个国家的高等教育进入了大众化发展阶段,但到了 20 世纪末,世界上所有发达国家、大部分发展中国家和部分欠发达国家都实现了高等教育大众化,其中,有 20 个国家在2000 年以前实现了高等教育的普及化。[①]21 世纪初期,高等教育发展步伐日益加快,不仅全球高等教育总规模大幅上升,而且普及化国家的数量也显著增加。到 2015 年,共有 68 个国家的高等教育进入了普及化阶段。

在现代大学发展史上,一个令人唏嘘不已的现象是 20 世纪前半期德国现代大学由鼎盛走向没落。这一变化似乎与德国现代大学制度是有关联的,而且在19 世纪后期,德国大学便已表现出偏离大学本质的倾向。人类又是幸运的,在德国现代大学被"纳粹"运动施虐的时候,美国现代大学制度建设加快了步伐,并

---

① 别敦荣,王严淞. 普及化高等教育理念及其实践要求 [J]. 中国高教研究,2016(4):1-8.

在 20 世纪初期羽翼渐丰、走向成熟。美国大学不只在内部建立了具有现代性的制度,而且在外部也创新了大学与政府的关系,从而有效地保持了大学与政府之间合理的张力,实现了大学的事情由大学负责、政府的事情由政府负责。同时,大学与国家关系的处理,也处于不断调整的状态中。早在 1819 年,美国弗吉尼亚州政府曾经试图改变私立大学的性质使其成为州立大学。这一行动最终被联邦最高法院判决为非法,私立大学的地位受到法律保护。两次世界大战期间,美国参与战争后需要大量的先进武器装备和弹药,国防科技与工业得到快速发展,国家向大学提出了庞大的科研和技术服务需求,"为国家服务"一时成为很多大学最重要的办学宗旨,大学成为国防科研和工业的主要依靠力量,大学的科研职能第一次展示了无穷的力量。当国家的需要成为大学办学目的的时候,大学与政府的关系便成为影响办学的重要因素。尽管大学与政府的关系拉近了,甚至可以说到了密不可分的地步,但是,双方之间并没有形成统治与被统治、支配与被支配的关系,相反,一种新的约束大学与政府关系的制度建立起来了,这就是契约制度。契约制度将大学与政府的关系建立在双方平等的基础之上,双方通过协商,以法律文书的形式将双方的权利、责任和义务予以明确并固定下来。这样不仅确立了大学与政府之间的平等关系,而且用法律的方式保护了双方的权利。通过契约制度,美国大学既能有效地实现为国家服务的办学宗旨,又避免了沦为政府的附庸,唯政府马首是瞻。

第二次世界大战的结束加速了美国高等教育大众化的发展。为了协调不同层次、不同类型高校之间的关系,1960 年,加州州政府制定了《加州高等教育总体规划(1960—1975 年)》,提出了分别建立加州大学系统、加州州立大学系统和加州社区学院系统的总体架构,对加州高等教育机构进行了清晰的分类。加州州政府积极主动调控全州公立大学的努力产生了积极的效果,加州模式为美国公立大学制度提供了经验。这份总体规划得到了美国其他大多数州的积极响应,成为效法的模板。

20 世纪后半期是世界经济全面进入现代化的时期,也是世界高等教育大发展的时期。20 世纪五六十年代,欧洲各国高等教育先后进入了大众化发展阶段,与之相适应的是大学制度的创新。1963 年,英国拉开了高等教育走向大众化的序幕,一批"玻璃幕墙"大学建立起来了,更具有大众化意义的是,多科技术学院的地位得到承认,获得了举办高等教育的资格。大学制度的突破在法国、德国以及其他欧洲大陆国家得到实现,欧洲高等教育的发展集体转向,曾经为一些欧洲国家不屑一顾的美国发展大众高等教育的经验成为它们的不二选择。澳大利亚、加拿大、日本、韩国等国家和地区的高等教育也步美欧国家之后尘,以大学制度创新为基础,快速实现了高等教育大众化乃至普及化。

20世纪后半期以后,现代大学制度受到了来自经济、人口、科技和政治等多方面挑战,在保持基本内核的基础上,进行了适应性变迁,丰富了制度形式,充实了制度内涵,完善了制度体系,不断焕发出新的生机与活力。20世纪末期,现代大学制度又面临新的挑战,而且是从未有过的挑战,这就是国际互联网的发展与教育信息化带来的挑战。此前所有的挑战都可以通过创建新的大学制度,或者改革已有的大学制度来应对,但国际互联网和教育信息化的发展带来的是虚拟大学的产生,这种新型大学带来的挑战事关现代大学制度存在的价值。在国际互联网和教育信息化时代,由现代大学制度所保障的大学教育功能可以通过互联网教学在线上或线下进行学习,"无师自通"可以在虚拟大学制度环境下得到实现,现代大学制度还有存在的价值吗?现代大学该去向何处?自产生以来,现代大学及其制度从未遭遇过如此严重的危机。

200多年来,现代大学制度通行全球,国家不论大小、不论发展程度高低、不论使用何种语言,都将其作为发展高等教育事业的基本依托。尽管随着全球经济、政治、科技、文化变革和各国社会的发展,现代大学制度常常面临各种挑战,但现代大学制度并没有消极对待,而是不断进行改革和创新。这并不意味着现代大学制度是变幻不定、不可捉摸的,相反,世界各国现代大学制度都具有共同的内核,展现出高度的"家族相似性"。[①]

第一,在现代大学制度中,大学的法人地位有保障。现代大学产生以来,在其所建立的各种社会关系中,与政府之间的关系是最复杂和变化不定的。伴随高等教育由精英化向大众化和普及化发展,现代大学的数量越来越多,办学规模越来越大,功能越来越多样,所发挥的作用、对社会的影响无与伦比,在很多国家甚至成为促进社会政治稳定、国家转型发展、经济创新和振兴最重要的引擎。因为历史传统、政治制度和社会基础不同,不同国家的大学与政府的关系差异显著,规范大学与政府关系的制度也各不相同:有采用集权制度的,即政府将大学事务纳入自身管辖范围;有采用自治制度的,即政府承认或赋予大学自治的地位。如果用集权与自治来衡量世界各国大学与政府之间关系的话,可以发现,在集权与自治区间的连线上,各国所处的位置是大不相同的。有的政府集权较多,有的大学自治较多,但不论是集权更多的国家,还是自治更多的国家,大学的法人地位都是有保障的。

第二,在现代大学制度中,大学能够自主地发挥功能。现代大学不仅继承了

---

① 别敦荣,徐梅. 论现代大学制度的公正性及其实现 [J]. 山东社会科学,2012(8):110-118.

古典大学的功能,包括人的培养和知识储存,而且发展了新的功能,包括科学研究和社会服务。现代大学的功能主要通过知识活动来实现,不论是知识的传授还是知识的发现与应用,不可缺少的前提条件是学术自由。没有学术自由的知识活动,将变成缺少灵魂的"游侠"作为,在各种社会利益的交织博弈中,大学将成为外部势力的角力场,成为迎合各种社会需要的"势利"组织。现代大学制度所发挥的作用就是保护学术自由不受侵犯,使大学能够依据自身的价值标准从事各种功能活动。毫无疑问,现代大学的功能涉及多种利益相关者的权益,各利益相关者的权益必须受到保护,社会参与治理是不可避免的,[①] 现代大学制度则发挥了"防火墙"的作用。

第三,在现代大学制度中,大学的多样性受到尊重。从单一到多样并非坦途,期间经历了艰难的抗争过程。抗争的对象有传统的观念,也有代表传统观念的社会势力,还有大学自身的制度形式。伦敦大学在英国的创立与发展便经历了典型的新生—抗争—妥协—完善的过程,英国多科技术学院初创时不被认为拥有大学的地位,后来不但被承认,而且获得了与其他大学同等的地位和权利。在法国,综合大学满足了人们对自由教育的需要,为社会培养具有综合素养的高素质人才;大学校满足了工业化和专业化程度较高行业对高层次专业人才的需要,为社会造就了数量不多但却水平非凡的高素质人才;大学科技学院则担负了高等教育第一阶段的人才培养任务,主要为各行各业培养技术技能型人才。各种类型的大学同处于现代大学制度框架之中,受到高等教育体系内部和社会的尊重,拥有高等教育机构的地位,享有同等的权利,履行高等教育的职责和义务。

第四,在现代大学制度中,师生关系是民主的。现代大学产生以来,大学的知识构成与形态发生了重要变化,知识的获得与传授方式越来越多样化,学生不但可以从教师那里学到知识,还可以从同学那里学到知识,也可以通过自身的实验和实践学会知识。到了信息社会,知识的存储方式发生了重大变化,知识的获得越来越容易和便利,只要有网络、电脑或手机,学生可以在任何地点、任何时间学习和接受知识。影响师生关系的不只是知识和知识活动的变化,还有现代社会政治和社会理念,包括民主、自由和平等。现代大学师生关系的突出特点是民主性强,即师生之间更多地表现出平等互尊的关系。现代大学通过建立专业教育制度、学分制、选课制、转学制等,赋予学生自主选择学习内容、自主选择向哪位或哪些教师学习以及自主选择个人发展方式的权利,大大拓宽了师生关系的范畴,丰富了师生关系的内涵。现代大学还引入了学生评教制度、学生参与学校

---

① 别敦荣.治理体系和治理能力现代化与高等教育现代化的关系 [J]. 中国高教研究, 2015(1):29-33.

治理制度等,使学生在大学不仅仅是学习者,还是大学教育的欣赏者、办学质量的评价者和大学治理的参与者。在现代大学制度框架下,民主的师生关系既是大学教育发展的必然,又为大学教育发展所必需,对塑造大学的现代性发挥着重要作用。

三、现代大学制度的典型模式与国家特色

经过 200 多年的发展,现代大学制度已经成为现代国家的基本制度。随着高等教育走向大众化和普及化,在现代大学制度的规范和支持下工作、生活和学习的人口往往成为各国最庞大的人口群。尽管现代大学制度源起德国,但当现代大学制度的基因流传到世界各地的时候,不同国家往往在继承其基本文化基因的同时,逐步建立起了有自身鲜明特色的现代大学制度。

(一)现代大学制度的典型模式

现代大学制度是人类最伟大的发明之一,对不同国家现代公民的培养、现代文化科技的发展、现代社会进步发挥了无与伦比的促进作用。现代大学制度不是自然天成的,而是人类的创造物,是世界各国人民智慧的结晶。

1. 美国现代大学制度模式

美国现代大学制度模式是一种大学自治基础上的州政府协调治理模式。美国现代大学制度的发展经历了一个由移植、借鉴到自主创新的过程。这就使它从理念到形式都具有多样性,在某些方面像英国,在一些方面像德国,但更多的还是在美国社会文化土壤上培育起来的具有鲜明的美国特色的现代大学制度。主要内容包括:第一,大学自治是美国现代大学制度的根基。在美国现代大学发展过程中,学院自治和学术自治两种思想合流,成为美国现代大学制度的基石。纵览两个多世纪以来美国联邦所通过的有关高等教育的法律,都以不损害大学自治为前提;不论州政府如何协调高等教育发展、调整有关机制,都以保证大学自治的完整性为条件;不论私立大学还是公立大学,与州政府、联邦政府之间均不存在直接的隶属关系,更不存在行政服从关系,大学拥有完整的自治地位和权利。第二,州政府拥有治理大学的权利。根据美国联邦宪法,教育为州政府的施政领域。高等教育在走向大众化和普及化后,与几乎每一个民众都息息相关,与州政府的社会事业战略密不可分,但是,州政府必须在合法的范围内行使相关职能,对高等教育事业的发展发挥积极的影响。美国各州政府积极作为,发挥治理作用,有的增加财政预算,有的编制高等教育发展战略,有的对大学进行分类发展指导,有的调整州政府高等教育协调机制,还有的建立大学办学问责机制。所有这些都是在保障大学自治的前提下采取的措施,是州政府积极作为、依法治理

大学的行为。第三,联邦政府拥有依法支持大学发展和裁判与大学有关的诉讼案例的权利。联邦政府不直接办学,也不能干预任何大学内部事务,但并非无所作为,通过立法向州政府提供目标指向明确的办学资源,联邦政府不仅达到了推动国家高等教育事业发展、引导大学办学定位的目的,而且避免了可能因直接举办或干预大学而陷入违法的困境。为了保证联邦政府的支持能够到位和达到预期的效果,美国引入契约制度,在不侵犯大学自治地位的前提下,联邦政府通过与大学签订契约,在科研支持、入学机会、学费支持、与国家战略利益相关的学科专业办学等方面,有效地参与大学办学过程,对大学办学发挥了重大影响。第四,社会参与治理大学。由社会人士担任董事的外行领导制度使美国大学从一开始就发展了一种社会参与治理的文化,它不但对私立大学治理发挥了重要作用,而且成为后来大规模发展的州立大学治理的基本制度。在各州立大学董事会中,来自社会各界的相关人士都占有相当的比例。在美国现代大学制度中,社会参与治理除了表现在董事会制度上以外,还广泛地体现在第三方的参与治理上。各种专业性、职业性的学会或协会,各种新闻舆论媒体,甚至一些相关劳工组织和慈善组织都通过专业评估认证、排名、调查报告、公开声明、经费支持等,对大学办学施加必要的影响。第五,校长与教授会分权治理大学事务。美国现代大学形成了董事会、校长和教授会"三驾马车"分工治理的架构,董事会执掌大学的顶层设计和大政方针决策权,校长及其行政团队负责执行董事会决策和学校日常营运,教授会主要负责校院系各种学术事务的决策、协调、审议和评价。这种校务分工治理模式保证了各方的参与权利,在一定程度上有利于增强学校的向心力和凝聚力。除了以上五方面内容外,美国现代大学还形成了大学生民主参与治校制度、教师工会谈判制度,等等。

2. 英国现代大学制度模式

英国现代大学制度模式是一种基于古典传统的大学自治模式。有人认为,英国大学都是私立的,因为英国大学不隶属于任何一级政府部门,不论是中央政府还是各郡、市政府都没有直接下辖的大学,所以,英国没有所谓的国立大学、郡立大学或市立大学。也有人认为,除了白金汉大学外,其他大学都是公立大学,因为在英国只有白金汉大学的办学没有任何政府资金来源,其他大学,包括牛津大学和剑桥大学,都接受政府拨款,政府拨款占学校总收入的比例达到90%以上,尽管如此,英国秉承古典大学的传统,形成了大学自治模式。主要内容包括以下几方面。第一,古典大学自治传统得到了传承和坚守。英国现代大学是通过对古典大学的改良而发展起来的,不管是伦敦大学的创办还是牛津大学和剑桥大学的蜕变,都保留了古典大学的传统。英国现代大学自治的文化基因根深蒂固,政府和其他社会组织敬畏大学,奉大学为社会文化之柱石,严守法律和文化传统,不直接干预任何大学的具体事务。英国现代大学与政府之间是通过中介组织联系的,中介组织成为政府与大学的博弈场。第二,政府立法引导大学办学。19世纪五六十年代皇家委员会对牛津大学和剑桥大学教学和财政状况所进行的两次调查及其所做出的结论和建议,表明英国古典大学制度中的大学与教会的关系已经为现代大学制度中的大学与政府的关系所取代。[1] 英国政府重视现代大学的作用,从国家需要出发,在保障大学自治地位的前提下,对大学办学发挥了积极的引导作用。英国现代大学制度的发展和变革自始至终都有一种力量在发挥着推动、协调、规范和支持的作用,这种力量不可谓不强大,但它却有效地保持在适度的范围发挥作用。这种力量来自英国政府,而政府发挥作用的基本手段不是行政性的,而是立法性的。没有法律的授权,英国政府便不能行使权力,不能对大学办学产生影响。第三,中介制度发挥了"缓冲器"的功能。中介制度是英国现代大学制度的创造,19世纪的皇家委员会和后来的皇家督学团是中介组织的原型,它们受政府委派,担负政府所赋予的职责,但发挥自身的判断力,向政府提供关于教育的报告。1919年建立的大学拨款委员会(UGC)使大学与政府之间的相互联系有了一种新的机制,在其存续的大半个世纪里,成员多数都是大学副校长以及高度认同大学使命的相关人士。20世纪90年代,大学拨款委员会为高等教育基金委员会所取代,其性质仍属于中介组织,它并不具有对大学施加行政影响的权力。第四,社会问责制度发挥了"软性治理"作用。社会问责起于发展大众高等教育的需求,成于高等教育大众化的深度推进。英国大学拨款委员会的改革在很大程度上受到了社会问责的影响,更多的社会人士,包括来自企业界的代表的参与,都发挥了重要作用,这表明社会问责与正式制度实现了结合。评估和排名更能代表社会问责的"软性治理"性质,与高等教育基金委员会相配合的高等教育质量保障机构通过质量评估和学术审核,不但影响大学的办学标准,而且影响大学的决策与运行。

3. 法国现代大学制度模式

法国现代大学制度模式是一种学术自由基础上的政府治理模式。20世纪中期以前,法国现代大学制度相对比较单纯,主要表现为中央集权管理与学术自由在大学的和谐共存。20世纪中后期,为了推进高等教育改革,法国每隔几年就要颁布一部法律,以丰富法国现代大学制度的内涵,增强其适应性。法国现代大学

---

[1] 〔美〕谢尔顿•罗斯布莱特. 现代大学及其图新——纽曼遗产在英国和美国的命运〔M〕. 别敦荣,译. 北京:北京大学出版社,2013:303.

制度的主要内容包括:第一,中央集权管理是法国现代大学制度的基础。中央集权管理制度是法国资产阶级大革命的产物,自 17 世纪后期建立后影响了 200 多年法国高等教育的发展,尽管 20 世纪中期以后历经多次改革,有的改革法案甚至以推进大学自治为主题,但中央集权的基本框架并没有被动摇,中央政府对大学集权管理仍然是法国现代大学制度的基本内容。法国中央政府及其教育部对各级各类大学拥有统筹规划和决策权,政府立法部门通过制定法律明确高等教育发展的基本政策和改革方向,甚至国家总统可以直接发布高等教育改革与发展指令。20 世纪中期以后,法国政党轮替频繁,高等教育常常是执政党优先施政的部门,反映不同政党政策主张的高等教育法律往往随着政党轮替而兴废,导致法国高等教育政策忽左忽右,难以持续不断地贯彻执行。第二,学术自由保证了法国现代大学制度的实质价值得以实现。学术自由是法国现代大学制度的基本内核。法国法律明确规定大学教师和研究人员享有学术自由权利,大学教学活动是自由的,教师可以完全自由地选择自己认为合适的教学方法,其他任何人不得干涉。法律还明确规定,教师在履行教学任务和科研职责的过程中,享有完全的自主和言论自由权利。学术自由精神在保证法国大学教师拥有充分的学术自由权利的同时,也为他们营造了一个独立的精神王国。第三,教授治校维护了大学作为学术共同体的特性。法国现代大学在 200 多年的发展中,保持了其学术共同体的特质。这种坚守主要通过分布在两个层次的教授治校机制实现:一个是在学院层次的学院式治理;一个是在学校各委员会中教授占绝对多数,保证了教授对大学事务的主导权。学院式治理的传统受到法国大学内外的尊重,即便巴黎大学等被停办长达一个多世纪,但一旦批准复办,这一传统文化又成为现代大学制度的核心要素,对现代大学办学发挥重要作用。法国大学的各种委员会包括行政委员会、学术委员会、教学与大学生活委员会等,都拥有法律所规定的治校职权。在这些委员会中,教授代表占绝对多数,保证了大学置于教授的治理之下。

4. 德国现代大学制度模式

德国现代大学制度模式是一种大学自治基础上的联邦与州政府合作治理模式。德国现代大学制度是发达国家中变化最多、最大且影响最为深刻的。洪堡模式是德国现代大学制度的记忆。20 世纪后期以后,德国现代大学制度又进入了多变时期,面临前所未有之变局,联邦政府与州政府的关系、政府与大学的关系、大学内部各种治理机构之间的关系、大学与市场的关系、教授与其他职员和学生之间的关系等都处于变革之中。概而言之,德国现代大学制度的主要内容包括:第一,学术自由是德国现代大学制度的核心价值。德国现代大学的发展是从建立学术自由制度开始的,学术自由是以"探究博大精深的学术"为宗旨的学术共同体存在的唯一合法性,教授是其唯一代言人。[①] 教授在德国现代大学制度中拥有十分关键的地位。学术自由还包含了学生学习的自由,学生享有学习自由的权利,在选课、选专业、制订学习计划和进度方面,学生拥有充分的自由,教授和学生的权利受到法律的保护,不受任何非学术因素的干扰和侵犯。第二,联邦与州政府合作治理是德国现代大学制度的重要组成部分。德国政府与现代大学有着不解之缘,不但柏林大学由政府直接创办,而且大学经费由财政供给,大学教授由政府聘任,大学除了承担学术使命外,还担负国家使命。统一后,德国政治、经济形势发生了重大变化,欧盟一体化和欧洲高等教育区的发展不断深化,德国对联邦与州政府合作治理制度进行了持续的改革,联邦政府在保留协调各州教育政策的文教部长联席会议制度与协调高校录取和毕业、教育援助(如奖学金)和科研资助等事务的权力的同时,放弃了制定高等教育总纲法的职能,将管理高等教育的权力归还给各州政府。联邦与州政府合作治理的重心由此转移到了州政府,各州政府依法治理大学事务,主要手段包括立法、目标协定和总体预算与绩效拨款等。各州制定的高等学校法为德国现代大学制度提供了法律基础,在 16 个联邦州中,除了萨兰州外,其他 15 个州都制定了高等学校法,为大学办学提供了详细的规则。第三,自治是德国现代大学制度的重要原则。德国现代大学从一开始就是国家的大学,担负着国家使命,接受政府的调控与指导,但大学与政府之间的关系并非言听计从的关系,而是保持了必要的张力,大学拥有充分的自治权。进入 20 世纪以后,政治风云变幻,既有德国大学的"金色 20 年代"[②],也有"纳粹"统治时期的学术政治化,还有第二次世界大战后东、西德政权分立与大学复兴的时期,大学自治的理念和制度曾经备受推崇,也曾经被恣意践踏。20 世纪末期以来,以新公共管理为导向的政府改革不断推进,大学自治成为调整大学与政府关系的重要原则。第四,校企合作为德国现代大学制度注入了新内涵。在 19 世纪的德国现代大学制度中,大学与工业企业之间由一道无形的"文化防火墙"把两类组织完全隔绝开来。大学以"唯科学而科学"自立,倡导宁静和寂寞以潜心于科学本身的目的,专注于纯粹科学,不屑于与工业企业建立关系。20 世纪初期,德国专门学院的创办突破了早期现代大学与企业界隔绝的藩篱,校企合作制度得到了初步的尝试。校企合作制度在应用科学大学的成功实践为其他大学提供了启示,几乎所有德国大学都接受了这一制度,早期大学

① 俞可. 在夹缝中演绎的德国高校治理 [J]. 复旦教育论坛, 2013(5): 14-20.
② 孟虹. 继承与创新: 德国高等教育的改革及其启示 [J]. 中国人民大学教育学刊, 2013
   (1): 54-69.

与企业之间的"文化防火墙"早已不复存在,一种新的合作文化和契约文化在大学与工业企业之间发展起来并成为二者之间的"黏合剂"。有研究表明,德国大学与企业合作的密度和成效远超欧美其他发达国家,德国半数以上企业都与大学开展了知识和技术转让合作,而英国和法国分别只有 1/3 和 1/4。[①]

(二)现代大学制度的国家特色

从美、英、法、德等国现代大学制度模式看,没有完全相同的两种国家模式,尽管从不同国家现代大学制度变革可以看到某些移植或借鉴的情况,但不同国家的现代大学制度都表现出鲜明的国家特色。[②]

第一,国家的大学文化传统铺就了现代大学制度的底色。不同国家现代大学制度建设的起始时间有先有后,不论先发还是后发,各国现代大学制度往往都是在其原有大学文化传统的基础上发展起来的,没有哪一个国家的现代大学制度是设计出来的。德国柏林大学虽然是全新创建的,其制度也是新的,但如果没有 18 世纪后期哈勒大学、哥廷根大学、耶拿大学等所做的开创性的现代大学制度实践,便很难说洪堡、费希特等人在创立柏林大学时会有现代大学的思想意识。英国现代大学制度则是从中世纪古典大学文化的摇篮中孕育出来的,甚至在现代大学制度发展成熟之后仍吸收了很多古典大学的制度思想,保留了很多古典大学制度形式。法国在现代大学制度建设中,曾试图将古典大学制度一笔勾销,而代之以全新的大学制度形式,但没有成功。被禁绝的巴黎大学复办起来了,且将原有的一套文化传统重新拾了回来,融入新的大学制度之中,完善了法国现代大学制度体系。美国大学的历史早于国家的历史,在美国现代大学制度得到发展之时,美国已经形成了自身的大学文化。哈佛大学、耶鲁大学等大学的现代化探索,使其成功地将传统文化与现代制度有机结合起来,在国际和国内风云际会之中攀上了世界现代大学之巅。

第二,国家政治制度及其变化对现代大学制度有着不可忽视的影响。现代大学是社会主要的组织单元之一。20 世纪中期以后大学的社会地位愈显重要,大学办学与发展成为国家政治、经济和文化科技发展的动力之源,国家不能不将大学纳入政府施政的范畴,国家政治制度及其变化影响着现代大学制度及其变迁。国家政治的影响有积极的部分,也有消极的部分。政府向大学提供财政经费支持,建立财政拨款及调控制度,无疑是积极的。政治体制的变化对各国现代

---

① 伍慧萍. 从高校与企业的研发合作看德国的知识创新 [J]. 比较教育研究,2015(8):47-52.

② 别敦荣. 现代大学制度建设必须服务于全面提高高等教育质量 [J]. 大学:学术版,2012(1):47-49.

大学制度的影响也是显而易见的,德国"纳粹"政治体制对德国现代大学制度的破坏几乎窒息了德国现代大学的生命。20世纪50年代美国爆发"红色恐怖",政府强令大学教授进行忠诚宣誓,严重侵犯了大学和大学教授的学术自由权利;60年代兴起的社会民主运动改变了美国大学的治理结构,大学生作为利益攸关方成为大学各种委员会的成员。现代政治及其制度对现代大学制度有着持续不断的影响。

第三,现代大学制度随着国家高等教育的发展而发展。20世纪中期以前,除美国外,其他所有国家高等教育发展都处于精英阶段,现代大学制度也表现为精英化的制度,为社会精英阶层服务。20世纪中期以后,尤其是70年代以来,众多发达国家高等教育实现了大众化发展,开始向普及化迈进。为了适应高等教育发展的重大变化,各国现代大学制度从内、外两个方面进行了深刻的变革。就外部而言,大学与政府的关系进入了持续不断的调整期;就内部而言,除少数大学保留了小规模、精英化的建制外,其他大学都走向了大规模、平民化,大学在校生的平均规模不断扩大,各国都出现了大批万人,乃至数万人的大学,生源的多样化导致大学教育功能越来越多样化,与精英化的人才培养制度相比,服务大众的个性化、多样化的教育教学制度建立起来了。与精英化高等教育的学术导向不同,大众化、普及化高等教育的社会导向使各国现代大学制度越来越注重调节大学与社会之间的关系。

四、我国建设现代大学制度的实践探索与时代使命

我国现代大学制度建设是从学习和借鉴欧美国家的经验开始的。清末至今,我国建设现代大学制度的实践探索未曾停歇。全面建成现代化国家和小康社会是中国发展的现实节奏。作为世界上负责任的大国,发展全球绝无仅有的超大规模高等教育事业,建成一批世界一流大学和一流学科,对国际科技和教育发展发挥促进和引领作用,是新时期我国大学办学与发展的责任所在。为此,建设和完善现代大学制度的时代使命与过去完全不可同日而语,我们的思维不能停留在过去,应当与时俱进;用今天流行的语言来讲,就是用"互联网思维"和"大数据思维"来审视我国现代大学制度建设的背景、条件、要求以及理论基础、任务和路径,以保证我国现代大学制度建设的有效性。

(一)我国建设现代大学制度的实践探索

鸦片战争后,清政府中的洋务派引进西方现代科学,创办了新式学堂,拉开了建设现代学校制度的序幕。自清末至今,我国曾经学习和借鉴欧美国家现代大学制度,模仿和借鉴苏联现代大学制度以及自主建设现代大学制度,也曾经短

暂地出现过否定现代大学的作用、抛弃现代大学制度的情况。在百余年的历史中,我国社会命运多舛,政治变革频繁,出现长时间稳定发展的时期只有改革开放以后。所以,为了讨论的便利,这里主要分改革开放前、后两段来阐述我国建设现代大学制度的实践探索情况。

1. 改革开放以前我国建设现代大学制度的探索

从清朝末年到 1978 年改革开放,总体来看,我国建设现代大学制度的实践不能说完全没有成效,但如果从制度的规范性以及可持续性来看,不成功的教训多于成功的经验。

第一,学习和借鉴是这一时期我国建设现代大学制度的主题。我国建设现代大学制度是从学习和借鉴其他国家的经验开始的。在洋务学堂中,相关的教学制度往往由所聘西方传教士或教师负责制定和实施。京师大学堂章程借鉴了日本帝国大学章程的内容,而后者又承袭了德国大学的制度。到民国时期,蔡元培从欧洲游学回国就任北京大学校长,更是将德国现代大学制度作为学习的样板。1927—1929 年,模仿法国现代大学制度,实行大学区制和大学院制更是来得快,去得也快。20 世纪二三十年代,一批从美国留学归来的学者执掌了大学领导权和担任了大学教授,以胡适、梅贻琦、郭秉文等为代表,在我国尝试推行美国现代大学制度,其影响一直持续到 1949 年。中华人民共和国成立后,我国开始向苏联学习现代大学制度,从大学的基本教学制度、组织机构设置、领导管理体制到大学组织形式和举办体制等,都由原先的"美式"转为"苏式",建立了一整套"苏式"的现代大学制度。这套制度对我国高等教育的影响最大,持续时间最长,至今在我国大学中还能看到它的痕迹。学习、借鉴其他国家的经验本来是无可厚非的事情,但是,学习和借鉴的方式往往显得过于草率,缺少研究和论证,造成了我国现代大学制度建设忽左忽右,变动不居。

第二,建设现代大学制度受社会政治变革的直接冲击频繁。我国现代大学因政治而生,因政治而兴,也因政治而衰,甚至因政治而毁。京师大学堂因"戊戌变法"而得以批准创办,但也差点因变法失败而被废止。民国初年,一批关于大学的法律得以制定,但却因临时政府解散而变为废纸。中华人民共和国成立后,一套全新的大学制度很快建立起来。

第三,我国建设现代大学制度未能重视理念和精神的建设。理念和精神是现代大学制度的灵魂,灵魂的没落必然带来制度建设的无章可循,更无从建立现代大学制度,进而难以保障高等教育事业的持续健康发展。[①] 尽管不能说我国建设现代大学制度完全没有关注理念和精神,但没有提出一套适应现代大学和高

① 别敦荣. 论现代大学制度的基本范畴 [J]. 现代教育管理,2013(10):1-9.

等教育事业发展要求的理念和精神却是不能否认的事实。清朝末年,"中学为体、西学为用"作为一种理念曾对京师大学堂等早期大学的发展产生了一定的影响。但客观地讲,"中体西用"理念主要还是一种关于中西学问价值的理念。民国初期,军阀混战、社会动荡、科学未彰、学术乏力,大学制度沿袭了清末的旧规。蔡元培提出大学是"囊括大典,网罗众家"的学府,在北京大学实行"兼容并包、思想自由"的主张,将学术自由奉为大学办学的至上纲领,不仅扭转了北京大学的风气,促进了北京大学向现代大学的转型发展,而且引领了我国现代大学制度建设的方向,开辟了我国高等教育的新风尚。蔡元培、梅贻琦、郭秉文等在我国大学制度发展中植入现代性元素,推行学术自由、教授治校等理念,使我国大学开始具有现代气质。蔡元培等人甚至试图实行学术独立的现代大学制度,无奈招致多方异议和反对,无果而终。如果没有日本帝国主义的侵略战争,我国建设现代大学制度的轨迹可能会不一样,战争的突然到来完全打乱了我国现代大学制度建设的进程,也使尝试不久的学术自由、教授治校等理念表现得更加脆弱。中华人民共和国成立初期,政治运动的冲击几乎使大学和大学制度变得面目全非。在我国现代大学制度建设中,什么时候坚持了具有现代性的理念和精神,什么时候其成效就比较明显。

第四,我国优良的教育传统在现代大学制度建设中未能得到尊重和传承。我国很早就形成了尊崇学问、自由讲学等传统。在清末书院改制、废除科举、兴办学堂的过程中,优良的教育传统未能得到很好的传承,学术本身的价值和学术发展所需的自由环境在当时和后来的现代大学建设中都未能受到重视,导致现代大学制度之形建立起来了,但却缺乏理念和精神的支持,尤其是植根于我国社会历史的教育文化传统未能在我国现代大学创办伊始融入其中。民国时期,军阀混战、内乱不绝,现代大学制度建设中更难有教育文化传统的地位。在国民党独裁统治期间,推行党化教育,建立党部和训育制度,开设党义教育课程,非但我国优良的教育文化传统难以与之相融,而且从西方现代大学制度中引入的思想自由理念也难有发挥作用的空间。正是由于一开始就没有尊重和传承我国优良的教育文化传统,所以,我国现代大学制度建设始终飘忽不定,缺少定力,现代大学也如浮萍,随风摇动而不知自身为何与何为。

2. 改革开放以来我国建设现代大学制度的探索

改革开放以来,我国高等教育事业取得了令世人瞩目的发展成就,与1978年相比,2015年大学的数量从598所增加到2560所,本、专科年招生人数从40万人增加到737.85万人,本、专科在校生数从85万人增加到2625.30万人。我国建成了世界上最大规模的高等教育体系,高等教育毛入学率达到40%;不仅如此,建设现代大学制度的探索有了全新的发展。在探索建设现代大学制度的一个多世纪里,近40年是持续发展、最少曲折的时期,各项现代大学制度建设工作渐次展开、持续推进,有力地促进了我国高等教育事业发展。

第一,我国现代大学制度雏形初现。我国现代大学制度建设重新上路是从恢复"文化大革命"前的基本制度开始的。不过,人们很快就发现只是恢复以前的制度不能满足新时期高等教育发展的要求,应当通过改革和建设重构我国现代大学制度体系。事实上,明确使用现代大学制度这一概念是21世纪以来的事情,但是,回溯改革开放以来,尤其是1985年《中共中央关于教育体制改革的决定》发布以来所进行的改革和建设,可以发现,近40年所秉承的宗旨和目标是一致的。经过持续不断的努力,我国现代大学制度的基本框架已经成形,其中所涉及的主要关系包括以下几种。① 基于自主办学原则的大学与政府之间的新型关系。《中华人民共和国高等教育法》对大学的法人地位有明确规定,相关改革政策文件对大学作为独立法人所享有的自主办学权力有具体要求。国家一再通过深化政府管理改革,加强宏观管理,落实并扩大大学办学自主权。② 以尊重学术自由为基本原则的学术与政治之间的新型关系。学术与政治的关系非常敏感而复杂。改革开放以来,为了繁荣学术、促进我国文化、科学、技术的发展,保障学术自由成为改革政策文件的明确要求,我国党和政府对大学的政治管制逐步放宽,大学的学术环境日益宽松。③ 以教授治学为基本原则的大学内部党政学之间的新型关系。落实教授治学是各种相关政策法规的重要精神,建立学术委员会、教授会等以教授为主要组成人员的学术治理机构,与党委领导和校长治校一道共同担负起管理和发展大学的责任,已经成为大学改革的重要导向。① ④ 以院系自主办学为基本原则的大学内部校院系之间的新型关系。院系是大学内部基本办学单位,扩大院系办学自主权,改变学校集权管理制度,使院系能够尊重各学科专业特点办学,为相关改革政策文件所倡导,部分大学已经开始推进院系自主办学改革。⑤ 以参与治理为基本原则的大学与社会之间的新型关系。为了适应社会问责、管办评分离、合作办学的要求,建立大学与社会直接对接的办学互动机制,保证大学办学能够满足社会需要,已经为大学所广泛接受,并受到政府的鼓励。上述五个方面所涉及的关系意义重大,构成了我国现代大学制度的基本形态。

第二,党和政府是我国建设现代大学制度的主要动力源。我国建设现代大学制度的动力既有来自大学层面的,也有来自党委和政府层面的,但总体而言,

---

① 别敦荣,唐世纲. 论教授治学的理念与实现路径 [J]. 教育研究,2013(1):91-96.

主要还是来自中共中央和国务院以及相关职能部门的指导和支持。自1985年以来,中共中央和国务院发布了一系列指导高等教育发展和改革的政策文件,提出了许多重大政策主题,其中,现代大学制度建设一直是题中之意。比如,1985年发布的《中共中央关于教育体制改革的决定》提出了扩大大学办学自主权、简政放权、加强教育立法的政策。1993年出台的《中国教育改革和发展纲要》提出了高等教育要逐步形成以中央、省(自治区、直辖市)两级政府办学为主,社会各界参与办学的新格局;改革高等教育体制,调整政府与高等学校、中央与地方、国家教委与中央各业务部门之间的关系,逐步建立政府宏观管理、学校面向社会自主办学的体制等。1999年公布的《中共中央 国务院关于深化教育改革全面推进素质教育的决定》提出了进一步简政放权,加大省级人民政府发展和管理本地区教育的权力以及统筹力度,促进教育与当地经济社会发展紧密结合;切实落实和扩大高等学校的办学自主权,增强学校适应当地经济社会发展的活力;加强对高等学校的监督和办学质量检查,逐步形成对学校办学行为和教育质量的社会监督机制以及评价体系,完善高等学校自我约束、自我管理机制等政策。2010年颁布的《国家中长期教育改革和发展规划纲要(2010—2020年)》提出了推进和完善学分制,实行弹性学制,促进文理交融,创立高校与科研院所、行业、企业联合培养人才的新机制;完善中国特色现代大学制度,完善治理结构;各类高校应依法制定章程,依照章程规定管理学校;尊重学术自由;探索建立高等学校理事会或董事会,健全社会支持和监督学校发展的长效机制;鼓励专门机构和社会中介机构对高等学校学科、专业、课程等水平和质量进行评估等政策。此外,根据国家法律和政策要求,教育部还制定了一系列的行政法规和政策文件,以推进现代大学制度建设,比如,《高等学校章程制定暂行办法》《高等学校学术委员会规程》《普通高等学校理事会规程(试行)》。这些政策规定的出台表明党和政府高度重视建设现代大学制度。

第三,建设现代大学制度是根据我国国情提出的高等教育体制改革任务。改革开放以来,党和政府的工作重点转变到了经济建设上,各项社会事业发展渐入正轨,经济社会现代化建设持续推进,高速发展,且取得了重大的成就。仅就经济规模而言,1978年我国国内生产总值(GDP)为3678.70亿元,2015年我国国内生产总值达到676708亿元,成为世界第二大经济体。[1] 我国大学和高等教育发展因此有了用武之地,现代大学制度建设不断深化。为了达到多出人才、出好人才的目的,1985年的《中共中央关于教育体制改革的决定》提出了扩大大

---

[1] 统计公告.国家统计局[EB/OL]. http://data.stats.gov.cn/search.htm?s=GDP.

学办学自主权的改革要求。20世纪90年代初,市场经济初步得到发展,经济增长表现出高速发展的强劲势头,经济发展对各级各类高层次人才的需求日益旺盛,《中国教育改革和发展纲要》提出了要建立政府办学为主、社会各界参与办学的新体制,确立了民办大学制度建设的政策依据。世纪之交,我国经济社会发展持续高速推进,比如,1999年国内生产总值达到82054亿元,经济总量达到了很高的水平,排世界第七位。[①]生产的大规模发展对高等职业技术人才的需求更为迫切,不仅数量庞大而且种类多样,为此,国家出台按新的管理模式和运行机制举办高等职业技术教育的政策,拓宽了我国建设现代大学制度的空间。21世纪以来,全面建设小康社会和基本实现现代化进入攻坚阶段,经济社会发展成果共享成为时代主题,实现国家治理体系和治理能力现代化成为党和政府的重要议事日程。在我国现代大学制度建设中,治理理念、治理结构和治理能力建设成为政策热点,评估认证制度、问责制度、协同合作办学制度等得到进一步发展。

第四,学习和借鉴其他国家的经验仍具有现实意义。改革开放以来,我国开始了建设现代大学制度的新探索。与以往相比,这一时期并没有确定哪一个国家的现代大学制度为我国学习的范例,但确实参考和借鉴了高等教育发达国家的经验,而且这种学习和借鉴常常是理念性的,而非具体形式的,是一种与我国国情和高等教育发展需要相结合的学习与借鉴。比如,20世纪70年代后期和80年代,我国建立起了满足成年人接受高等教育需求的自学考试制度和函授教育制度,虽然不能排除参考了英国大学校外考试制度和空中大学制度的可能,但也不乏我国自身的创新。为了改变我国高等教育过于刚性、过于专业化的状况,我国大学逐步建立了选课制度、转专业制度、双学位制度、学分制、弹性学制、通识教育制度等,这些制度的建立或多或少都受到了美国现代大学制度的影响。为了满足社会高层次专业人才深造的要求、加强我国经济社会发展的创新能力建设,我国学习美国和其他有关国家的经验,建立了专业学位制度,立足自身培养学士、硕士和博士专业学位人才。21世纪以来,部分大学探索建立书院制,为大学生营造更优良的学习和生活环境,英国牛津大学和剑桥大学的经验产生了积极的影响。在互联网和信息技术日益发达的今天,发达国家,尤其是美国利用互联网和信息技术发展起来的虚拟大学、慕课、云课程等对我国的影响越来越广泛。我国政府和相关大学积极行动起来,建立我国自己的线上线下相结合的教育制度,不但加强了我国高等教育的现代性,而且壮大了我国高等教育的潜力。

---

① 国家统计局. 中国统计年鉴 [M]. 北京:统计出版社,1999:18.

（二）新时期我国建设现代大学制度的时代使命

从清末到现在，我国建设现代大学制度经历了一个多世纪的探索，特别是改革开放以来，不但初步勾勒出了我国现代大学制度的基本架构，而且在现代大学制度建设的各方面都进行了积极的尝试，取得了重要进展。正因为如此，才有了我国高等教育事业的快速发展，超大规模高等教育的举办和运行才有了基本保证。不过，应当承认，我国现代大学制度建设是一个长期的任务，也是一项系统工程，未来的建设任务依然艰巨。

1. 我国现代大学制度存在的主要问题

近40年来，我国高等教育体制改革解决了建设一个什么样的现代大学制度的问题。但由于现代大学制度建设与社会变革本身具有高度的相关性，现代大学制度建设不是在一种真空条件下的项目设计和实践，所以，现代大学制度建设不但取决于高等教育系统内部各方面关系的改善与调整，更涉及大学与社会，包括大学与党政组织之间关系的重新调整和定位。由于高等教育内外各种复杂因素的影响，我国现代大学制度仍存在明显的不足，不能很好地适应经济社会发展的要求。

第一，大学制度与高等教育发展的要求还存在较大差距。21世纪以来，我国经济社会发展进入了向全面小康社会冲刺的阶段，大规模的经济体、转型发展的经济生产、走向现代化和全球化的社会生活对高等教育发展提出了新的要求，发展大而强的高等教育，实现高等教育由大众化向普及化的过渡，提高国民的整体受教育水平，造就数以百万计、千万计的创新创业人才，是我国高等教育发展必须完成的答卷。

第二，过度"行政化"严重制约了大学功能的发挥。"行政化"问题是一个长期困扰我国现代大学制度建设的问题，改革"行政化"倾向的要求提出来已经有一定时间了。在过度"行政化"的影响下，学术决策成为行政决策，学术计划成为行政计划，学术目标成为行政目标，学术活动必须依靠行政体制才能得到开展。大学功能俨然如行政功能，只要服从行政程序和行政指令，就能得到所需要的结果。实则大不然，过度"行政化"不但没有带来大学功能的优化，而且使大学办学偏离了正常的轨道。

第三，大学的法人地位未能得到落实。我国大学的法人地位问题是20世纪末提出来的，《中华人民共和国高等教育法》对此做出了明确的规定，但是，有法不依导致大学的法人地位并没有得到落实。我国大学虽然拥有法律意义上的法人地位，但在实际办学中仍然扮演着各级行政部门执行机构的角色。实质性法人地位的缺失导致我国大学制度难以发挥应有的作用。

第四，大学作为学术组织的特性在内部治理中未能得到充分张扬。我国大学不但在处理外部关系时表现出遵循非学术逻辑的特点，而且其内部运行具有鲜明的"行政化"色彩，学术组织的特性未能得到彰显。在大学内部，权力集中于行政部门，教师发挥作用的空间十分有限。尽管 20 世纪中期中央就提出了大学内部民主管理和民主监督的要求，21 世纪又提出了教授治学的要求，且明文规定大学必须建立和完善学术委员会制度，使教师成为大学内部学术治理的重要力量，但权力的重新分配和新旧制度的博弈都不是简单的算术加减法，不仅需要时间，更需要勇气和智慧。

第五，大学内外社会治理机制仍不完善。社会参与大学内外治理是 20 世纪后期以来国际高等教育界发展的一种共同趋势，我国大学顺应这种趋势，在现代大学制度建设中逐步发展社会参与治理机制，包括建立评估认证制度、理事会制度等。客观地讲，这些制度与人们的期望相比还存在较大距离，社会中介组织、第三方机构、协同合作办学机制等还处于初步发展中。作为新时期高等教育发展的主要利益相关方，在现代大学制度建设中，社会参与治理机制还有待进一步完善。

2. 新时期我国建设现代大学制度的主要任务

建设现代大学制度非一日之功，需要持续不断的努力和积淀。新时期我国大学发展的起点发生了重大改变，目标和任务都增添了新的内容，我国已经摆脱了经济社会发展水平积贫积弱的状况，成为世界上有重要影响的国家。我国不仅发展起了世界上最大规模的高等教育体系，而且人才培养水平和科技创新能力都得到了显著提高，实现了立足于国内培养我国经济社会发展所需的各类高级专门人才、立足于国内科技创新实现经济社会的转型发展。现代大学制度建设要紧扣时代脉搏，抓住发展主题，争取新的发展和突破。

第一，进一步落实大学法人地位，建立自主办学体制。自主办学体制是现代大学制度的基本要素，自主办学体制与大学的法人地位相辅相成，无法人地位便谈不上自主办学。[①] 落实大学法人地位是我国现代大学制度建设的核心。我国已经通过法律明确了大学的法人地位，且通过持续不断的改革，不断扩大大学办学自主权，这是不可否认的事实。但大学的法人地位未能得到落实，大学办学的自主性仍然非常有限，也是不争的事实。大学与党政组织之间关系的调整和改善仍然是我国现代大学制度建设的主要任务。

第二，深化改革"行政化"倾向，建立学术化的大学办学制度。学术的"行政

---

① 别敦荣. 我国现代大学制度探析 [J]. 江苏高教，2004（3）：1-3.

化"和学术组织的"行政化"是大学的两大病灶,"行政化"易使高等教育规律失效,使大学的逻辑错乱,使大学的价值和精神异化,尤其是过度的"行政化",更会使大学不像大学,大学的功能难以得到发挥。如果说以往尚不具备解决我国大学"行政化"倾向问题的条件,那么,随着政府管办评分离改革和"放管服"改革的不断深化,大学改革"行政化"倾向的环境和氛围将越来越适宜。改革"行政化"倾向的主导权在党政组织,落脚点在大学。这并不意味着改革"行政化"倾向大学完全无能为力,只能等待。实际上,在大学内部,尤其是在大学基层和学术事务上,淡化行政色彩,更多地发挥学术的力量,运用学术的方式,包括研究、讨论、协商和评议的方式来处理教学和科研及相关事务,还有很大空间。上下用力,通过改革"行政化"倾向,用学术逻辑引导和规范大学办学,建立现代大学制度的基础。

第三,完善党政学共治制度,强化大学学术组织特性。大学是学术组织,但在举办和管理大学的时候,其学术组织的特性往往被遮蔽了,而更多地表现出政治性和行政性组织的特性。教师在大学事务的决策及执行过程中基本没有发挥作用的空间,学术委员会或教授会制度改革不到位,发挥的作用非常有限。在我国现代大学制度中,行政管理制度已经非常健全完善,但教师参与治理制度还非常薄弱。没有学术力量作用的发挥,我国现代大学制度不可能扎根在学术基础之上,现代大学制度的基本逻辑也不可能包括学术逻辑。新时期现代大学制度建设应当在更好地发挥教师的作用上下功夫,变两种力量治理为三种力量治理,建立党委、行政和教师共同参与治理制度。

第四,进一步扩大开放办学,完善社会参与大学治理制度。开放办学、社会参与主要涉及两个方面,即社会参与办学和社会参与治理,二者既相联系又相区别。在我国现代大学制度建设中,社会参与办学机制建设的难点主要在相关企事业单位,而社会参与治理机制建设的难点则在大学。新时期我国高等教育发展将面临普及化阶段的到来,高等教育与社会的联系将日益紧密,进一步扩大开放办学,加强社会参与,是我国现代大学制度建设的主要任务。大学应当不断强化治理理念,以更加开放的眼光和心态看待社会参与,建立健全社会参与治理制度,构筑大学办学与社会对接的桥梁,从而有效地保证人才培养、科技创新,更好地满足经济社会发展的需要。

我国建设现代大学制度的任务绝不只是这几个方面,还有很多方面的任务,包括非常重要的制度理念建设。制度理念建设不能孤立地进行,需要与其他具体的制度建设相结合。应该说,我国现代大学制度建设已经在理念建设方面进行了积极的探索,比如,自主办学理念、学术自由理念、教授治学理念、社会参与理念等,已经逐步为各方所认同和接受。在新时期我国现代大学制度建设中,应在推进各项具体制度建设的同时,将制度理念的创新与践行结合起来,达到制度的形式与实质同生共荣,发挥现代大学制度应有的功效。

3. 新时期我国建设现代大学制度的主要路径

改革开放以来,我国现代大学制度建设主要采取了自上而下的路径。显然,这与我国高等教育体制和现行的国家政治、社会制度及其改革路径是相吻合的。新时期我国现代大学制度建设的环境和条件更加有利,使命和任务有了重要变化,对建设路径也应进行相应的调整和完善。

第一,加强顶层设计,构建我国现代大学制度建设蓝图。我国现代大学制度建设缺乏整体蓝图设计,不同政策措施的出台缺乏有效的衔接,有"摸着石头过河"的意味。进入新时期,现代大学制度建设应当汲取以往的经验教训,加强顶层设计,绘制我国现代大学制度建设的蓝图、路线图和时间表,对未来发展图景有一个清晰的认识,整体设计,分步实施,层层深入,形成系统、完整、协调和有效的现代大学制度体系。

第二,落实法律精神,依法建设现代大学制度。现代大学制度建设应当避免随机性,避免颠覆性的推倒重来。新时期应当进一步加强高等教育法制建设,使现代大学制度的法律体系更加完备,各种制度之间衔接更加协调。与此同时,不断强化依法治教精神,将现代大学制度建设与法律规范的落实紧紧地联系起来,加强执法检查和督导,建立违法必究的问责机制,是保证我国现代大学制度建设权威性和有效性的根本路径。

第三,建立共促机制,发挥党委、政府、大学和社会四个方面的积极性。继续发挥各级党委和政府的主动性和能动性,对推进我国高等教育体制改革,确保改革的顺利进行,建设现代大学制度,具有重要意义。同时,调动大学和社会的积极性,让大学和社会更加积极主动地参与现代大学制度建设也是必要的。应当建立四方共促机制,将党委、政府、大学和社会置于共治的框架下,使四方的努力形成合力,共同促进我国现代大学制度建设。

第四,调动教师的积极性,加强学术力量的影响。为了建设高等教育强国,建设世界一流大学和一流学科,让各级各类大学办出特色、办出水平,为社会培养数以千万计的创新创业人才,促进经济社会转型发展和现代化国家发展目标的实现,我国大学必须回归学术逻辑,改变传统的办学方式。学术逻辑和大学的内在价值主要由教师来体现,充分重视教师的作用,更好地发挥学术力量的专业智慧,对党和政府、对社会都是有益无害的事情。

五、现代大学制度研究的新起点

现代大学制度研究是一个现代话题。它伴随着现代大学的产生而产生,伴随着现代大学的变革而不断发展。洪堡和费希特等人关于创立柏林大学的相关论述可以看作现代大学制度研究的滥觞,纽曼关于大学理念的演说则往往被看作为古典大学制度的辩护。对现代大学及其相关制度的探索在两个多世纪里支撑了现代大学的成长和发展。

我个人的高等教育研究是从管理切入的,一则是因为我硕士阶段是研究教育管理的,二则是因为我参加工作后的第一项任务就是承担"高等教育管理"这门课程的教学任务,所以,很早就开始关注现代大学制度。后来指导研究生,也有意识地引导他们以现代大学制度为选题进行专门研究,因此,我和我的团队在现代大学制度研究方面着力甚多,也取得了一批研究成果,比如,就博士学位论文而言,有郭冬生的《论大学本科教学管理制度及其改革》(2003年)、秦小云的《大学教学管理制度的人性化问题研究》(2005年)、米俊魁的《大学章程价值研究》(2005年)、陈亚玲的《论我国学术转型与现代大学制度的建立》(2007年)、吴国娟的《大学制度伦理反思》(2008年)、赵映川的《我国高等学校教师津贴制度研究》(2009年)、彭阳红的《"教授治校"论》(2010年)、张征的《新自由主义背景下大学制度变革研究》(2011年)等。

2012年底,我担任厦门大学高等教育发展研究中心主任。考虑到自己以往的研究基础和中心的有利条件,我想对现代大学制度做一个比较全面深入的研究,便于2013年组织中心内外的研究力量成立了一个团队,申报了全国教育科学规划课题"现代大学制度研究——历史与现实的反思",部分研究工作同步进行。2013年底课题得到批准,2014年3月举行开题报告会,全面启动各项研究工作。经过三年的研究,最初计划的各项研究任务基本完成了,取得了比较丰硕的研究成果,发表了一批学术论文,团队中的博士和硕士生完成了几篇学位论文。据不完全统计,近三年课题组发表了30多篇期刊论文,其中,有15篇发表在C刊上,有七篇博、硕士学位论文通过了答辩。可以说,比较圆满地完成了课题研究任务。

为了展示"现代大学制度研究——历史与现实的反思"课题研究的成果,我将团队研究成果中的部分博士学位论文和我个人的研究成果选编出来,出版一套丛书,从一个侧面反映"十二五"期间厦门大学高等教育发展研究中心关于现代大学制度研究所取得的成果。我与中国海洋大学出版社进行了协商,出版社领导十分重视,给予了积极的响应。海大出版社非常重视高等教育学术著作出版,是全国有重要影响的高等教育学术著作出版单位,我们的合作一向愉快。

这套丛书由九部著作组成,包括别敦荣著《现代大学制度:原理与实践》、唐世纲著《大学制度价值研究》、徐梅著《大学行政组织机构及其改革研究》、彭阳红著《"教授治校"论》、刘香菊著《治理视野下的大学院长角色研究》、石猛著《民办高校治理能力及其现代化》、唐汉琦著《高等教育治理改革的价值研究》、汤俊雅著《现代大学治理中的教师角色研究》和陈梦著《大学校长遴选制度研究》。除了《现代大学制度:原理与实践》涉及面较广外,其他八部著作都选取现代大学制度的一个方面进行专题研究,所以,比较深入透彻。

课题研究任务虽然完成了,但对现代大学制度的研究不会终止。结题是一个新起点,我还会与团队成员一起在这个领域继续耕耘下去,尤其是将在我国现代大学制度的理想范型与现实诉求的关系中去探求平衡之策,以推进我国现代大学制度的进一步完善。

别敦荣
于厦门大学海外楼工作室
2017 年 2 月 27 日

目 录

第一章

引　言

第一节　问题的提出

改革开放以来,我国经济社会发生了翻天覆地的变化,大学也实施了全方位的改革。在大学改革中,管理体制的改革是十分重要的一个方面。从改革的实际进程来看,我国大学管理体制的改革首先是从梳理和调整政府与大学之间的关系开始的。1979年岁末,时任复旦大学校长的苏步青等发出"给高等学校一点自主权"的呼吁,引发了人们对政府和大学之间关系的讨论,吹响了高等教育管理体制改革的前奏曲。1985年5月,中共中央颁布《关于教育体制改革的决定》,提出要"扩大高等学校的办学自主权,加强高等学校同生产、科研和社会其他各方面的联系,使高等学校具有主动适应经济和社会发展需要的积极性和能力",正式启动了新时期我国高等教育体制改革的进程。1993年2月,中共中央、国务院颁发了《中国教育改革和发展纲要》,进一步明确了"逐步建立政府宏观管理,学校面向社会自主办学的体制"的改革思路,把如何让高校面向社会自主办学的问题放到了高等教育体制改革的核心位置。尔后,遵循"共建、调整、合作、合并"八字方针,我国大规模地实施了高等教育管理体制转轨的改革实践。1998年8月,全国人民代表大会通过了《中华人民共和国高等教育法》(2015年修订),从法律意义上对高等学校的管理和自主办学的问题进行了确认与保障。2010年7月中共中央、国务院颁布的《国家中长期教育改革和发展规划纲要(2010—2020年)》,再次强调要落实和扩大学校办学自主权,建立现代大学制度。2017年4月,教育部、中央编办、发展改革委、财政部、人力资源社会保障部联合印发了《关于深化高等教育领域简政放权放管结合优化服务改革的若干意见》,就进一步向高校放权、给高校松绑减负、让学校拥有更大办学自主权等做出具体安排。从以上粗线条的历史回顾中可以看出,我国大学管理体制改革的一个关键点就是要从根本上落实大学办学自主权,从而提升大学自主发展的能力和水平,而所遵从的主要路径就是积极调整政府与大学之间的关系。

毫无疑问,在普遍认为政府对大学管得过多、统得过死从而导致我国大学缺乏办学活力的背景下,上述改革的理念和措施在很大程度上准确地把握了问题的症结,改革所取得的成绩也有目共睹。然而,在肯定成绩的同时,我们也不无遗憾地看到,几十年时间过去了,通过政府放权提升大学自主办学的能力和水平的努力并未取得完满的效果。时至今日,当我们将改革所取得的成绩与原本所要解决的问题进行比照时,心里可能无法完全乐观,因为原本要解决的问题有的已经解决或消退了,有的却身影依旧,比如,大学管理"行政化"、学术生产功能弱化等问题仍然比较普遍地存在,这在很大程度上说明了我国大学自主办学能力和水平的提升仍然任重而道远。

为什么会这样呢?原因当然是多方面的,但两个方面的原因尤为突出。一是政府对大学的放权力度还有待进一步加大,我国大学离具备自主办学权的独立法人地位还相差甚远,从而影响了其自主办学能力的提升。二是大学实质意义上的办学自主权的落实和自主性的提升并不是光靠政府的单向放权就能实现的,还需要有内部管理制度改革的呼应;只有把这两方面结合起来才能取得最佳的效果,任何一面都不可偏废。因为当政府把权力归还给大学以后,权力在大学内部应该如何进行科学合理的配置才能有利于大学办学水平的持续提高,这是继政府放权之后大学必须要考虑的一个深层次的问题。如果政府归还的权力在大学内部得不到很好的承接与消化,就有可能导致权力的梗阻、滥用和腐败等。如果这样,又如何指望提升大学自主办学的能力呢?事实上,这些年来我国大学办学自主权一直未能完全落到实处,其深层次的原因也在于此。这提醒我们,要进一步深入推进中国大学管理体制的改革,就必须把对大学内部结构的治理放到更加重要的位置上。

然而,大学内部治理结构如何完善是一个宏大、复杂的课题。解决这一课题应当十分审慎,必须找准问题的症结所在,并充分学习成熟、先进的经验。从历史发展状况及当前的实际情况看,我国大学内部管理深为人们所诟病的问题主要是严重的"行政化"管理倾向,因为自中华人民共和国成立以来,我国大学构建的就是基本雷同于政府机构的管理构架,管理大学的权力主要集中在行政人员的手中,大学教师在学校管理中的话语权严重不足。这种管理模式不仅为权力的滥用和权力的腐败洞开了方便之门,而且极大地影响了学术人员的积极性、创造性,严重制约着大学学术生产力的发展和办学水平的持续提高。因此,充分强调教师群体参与大学管理的重要性和必要性,发挥大学教师在治校中的地位与作用,应当成为我国大学内部结构治理与完善的重心。在这方面,西方大学普遍实施的"教授治校"的管理模式可以提供良好的借鉴。

"教授治校"的管理模式,在西方具有悠久的历史。从现代大学源头的中世纪巴黎大学开始,大学教师就民主地担当起学校事务的决策主体,并肩负着执行与监督的大任。19世纪建立的著名的德国柏林大学,其所实施的讲座制更是把"教授治校"的管理理念推向极致。再后来,美国大学又创造性地为"教授治校"增添了很多新的元素。正是由于充分赋予了学术人在大学管理中的权力和地位,欧美大学始终保持着学术组织应有的激情与活力,很好地继承与发扬着"大学自治""学术自由"等办学理念,不断地激发着大学教师的学术生产力。这也成为西方大学崛起并保持卓越的重要原因。

"见贤思齐"是我国的传统美德。虚心学习国外大学的先进做法是推进我国大学改革应有的理智态度;尤其在积极推进现代大学制度建设的关键时期,本着客观、全面的态度,从"源""流""质"等方面对西方大学成功的管理经验进行深入、系统的研究,充分发掘其对于我国大学管理体制改革的价值,显然具有十分重要的意义。

第二节　研究的意义

在高等教育研究中,"教授治校"问题既是一个深刻的理论问题,又是一个重要的现实课题。深入研究该课题,具有重大的理论意义和很高的实践价值。

第一,有助于加深对"教授治校"问题的认识和理解,丰富高等教育管理研究理论。作为欧美大学普遍实施的内部管理模式,"教授治校"对促进大学的发展起到了非常重要的作用。那么,这一办学理念和制度模式在西方大学经历了什么样的发展历程? 其发展是由什么因素推动和决定的? 它是如何平衡大学共同体内外部各种矛盾关系的? 其核心价值体现在哪些方面? 这一管理模式是如何实现的,需要具备什么条件? 这些问题都是大学管理者和高等教育管理研究者所关心的重大课题。对这些问题进行深入的探讨和系统的研究,能够帮助人们更加全面、深入地认识和了解"教授治校"这一经典的大学管理模式,为进一步丰富高等教育管理理论做出贡献。

第二,有助于深化对大学本质的理解。大学是从事高深学问研究的特殊机构,学术性是大学的本质所在,追求真理、发展学术是大学的核心任务。从事专业的学术探究和生产活动,不仅需要高水平的智力和能力,而且需要经过专门的训练。显然,这不是人人皆可为之的,只有专业的学者才具备这方面的素质;只有他们,才能够深刻地理解和把握高深学术的运行规律和发展逻辑。因此,让专业学者来解决大学机构学术领域的所有问题,并参与管理与高深学术紧密关联的其他问题,是大学管理的核心要义;否则,大学的发展极易背离学术逻辑,难以完成大学所肩负的特殊使命。从西方大学的成功经验来看,都是因为大学教授(教师代表)掌握或参与了对大学的管理,才使得大学的学术能够昌明,才使得大学的学术属性能够得以彰显。可见,"教授治校"深刻地注解了大学的本质属性,对这一问题进行研究有助于深化对大学本质的理解。

第三,有助于深刻理解大学制度的建构逻辑,为完善我国现代大学制度和治理结构提供新思路。大学是通过传承文化、创新知识、培养专门人才来推动人类社会持续进步的学术组织,其所担负的使命是其他社会组织难以完成的。换言之,大学具有独特的组织属性,其存在和发展的内在逻辑和价值都有别于其他社会组织。作为调整和规范大学内外部各种关系的大学制度不能简单地移植其他社会组织的做法,必须与大学的组织特性相适切,深刻体现学术组织的逻辑,这是大学制度建设的最根本的要求。"教授治校"的核心理念就是让最懂得学术逻辑的大学教授参与大学事务管理,确立大学的运行规则,从而保证大学组织不会背离其学术属性。毫无疑问,深入探究这一问题有助于我们更好地认识大学制度的建构逻辑。另外,建立现代大学制度、完善治理结构已成为当前我国大学改革的积极举措和迫切需要。从我国的实际情况看,如何在保证大学自治、学术自由的同时,维护和提高大学创造知识、传播知识的效率和质量,是我国大学制度建设和内部结构改革所面临的一个最重要的挑战。西方大学普遍实施"教授治校",不但使得传统的大学自治、学术自由等大学理念得以很好地继承和发扬,也有效地促进了大学学术水平的提高。这为我国大学应对挑战提供了可资借鉴的经验。深入研究这些成功的经验,可以为建立我国的现代大学制度以及完善内部治理结构开辟新的思路。

第四,为我国正在进行的世界一流大学建设提供有效的政策建议。为应对知识经济的挑战,我国政府在 20 世纪末出台了建设世界一流大学的战略决策。2015 年 10 月,国务院又印发《统筹推进世界一流大学和一流学科建设总体方案》,旨在推动一批高水平大学(和学科)进入世界一流行列或前列,以进一步提升我国高等教育的综合实力和国际竞争力,为实现"两个一百年"奋斗目标和中华民族伟大复兴的中国梦提供有力支撑。可见,一流大学在促进国家强盛和经济发展中的特殊作用已经得到了充分的认同。然而,一流大学该如何建设却是一个极具挑战性的课题。本书认为,由于大学在本质上属于学术组织,所以建设世界一流大学的根本还在于创造一流的学术。要创造一流的学术,除了要有必要的经费支撑外,关键就是如何充分发挥大学学术人的作用,因为大学的学术工作主要是由学术人承担的,他们是学术传承和创新的中坚力量,对大学的学术问题有着最深刻的理解;只有他们,才是大学内部最有资格决策教学、科研、招生、学术评价等学术事务以及与之相关的其他事务的族群。正是在这一认识论的指导下,西方一流大学一条最重要的成功之道就是注重充分发挥大学教师的作用,深入实施"教授治校"。曾任加州大学伯克利分校校长的田长霖教授就深有体会地谈起过这一经验,"在美国,大家有一种认识,哪一个学校的教授会力量大,哪一个学校将来就会成为最著名的学校"[①]。鉴于西方国家一流大学的成功经验和我国大学的实际情况,如何紧贴大学本质,加强制度创新,让最能把握大学学术发展规律的学术人积极参与大学的管理和决策,大力促进学术的发展和办学水平的提高,是当前中国在一流大学建设过程中应当重点考虑的战略问题。因此,对"教授治校"的研究能够为我国建设世界一流大学提供有效的政策建议。

第三节　文献综述

学术研究的过程都是站在前人肩膀上步步前行的过程,因此,学术研究都离不开对前人的相关成果的分析并进行合理借鉴。通过对文献检索与分析,发现已有的与本书相关的研究主要集中在"教授治校"的内涵、"教授治校"的发展历程、"教授治校"的模式、"教授治校"的合理性和局限性、"教授治校"对于我国大学制度改革的借鉴意义等方面,在此试进行一番梳理。

第一,关于"教授治校"内涵的研究。

研究"教授治校"的内涵,主要是追问教授应该"治"什么的问题。绝大多数关于"教授治校"问题的研究,往往就是从探讨其内涵开始的。由于对教授权力涉及对象与权限的理解有差别,学者们关于"教授治校"内涵的界定也呈现出一定的分歧,主要可归结为两个方面。

一方面,学者们认为"教授治校"就是由教授集体管理大学的事务,教授应该在大学各项事务中发挥决策作用。韩骅认为,"教授治校"即教授集体全权管理大学事务。[②]欧阳光华认为,所谓"教授治校",指通过大学宪章或规程以及一定的组织形式,由教授执掌大学内部的全部或主要事务,尤其是学术事务的决策权,并对外维护学校的自主与自治。[③]高田钦认为,"教授治校"在性质和内容上是指掌管学校的一切事务,并非参与管理学校的部分事务,不管采取何种形式其

---

① 李超. 田长霖的一流大学观探析 [J]. 现代大学教育, 2004(6): 26-29.

② 韩骅. 论教授治校 [J]. 高等教育研究, 1995(6): 36-40.

③ 欧阳光华. 教授治校:源流、模式与评析 [J]. 高教发展与评估, 2005, 21(4): 12-15.

实质是教授掌握决定权。① 屈琼斐把"教授治校"理解为"大学通过共治理念,让教授与其他大学成员一起参与到学校管理的各个层面,并发挥一定的治校作用"②。尤小立认为,"教授治校"实际上就是集体治校,是一种秉承学术传统与学术标准,以培育健全人格、促进学术发展为基本原则的治校方式。他还指出,在中国不能把"教授治校"表述成"教授治学",因为二者无论在内涵还是外延上都有很大的差别。他认为,之所以提"教授治校",是因为"学"与"校"之间不可能割裂。教授只有既进行学术研究、教学又实际参与管理,才能实现真正意义上的学术化管理;只有学术化的管理,才能培育学术的种子、促进学术水平的提高。③ 王长乐认为,"教授治校"是一种大学制度理念而非一种制度技术,该原则未必要求教授直接管理大学,但教授整体必须参与管理大学并能够决定大学中的重大事务,能够在大学管理者的选择上有发言权,可以要求管理者这样管而不能那样管,能够对管理者的行为进行有效监督,以保证大学的方向为传播先进的文化和文明,保证大学的性质为学术机构。④ 陈海春、姚启和认为,在现代大学中,"教授治校"意味着教授们与大学行政领导、政府教育行政当局分享办学决策权力。⑤ 周川认为,"教授治校"的实质是民主治校,关键不在于是否一定要由教授当校长,而在于教授阶层在学校重要决策和事务中的地位与作用,在于他们的意志能否通畅地表达并发生实际的影响。⑥ 赵蒙成认为,"教授治校"是指通过大学宪章或规程以及一定的组织形式,由教授执掌大学内部的全部或主要事务,尤其是学术事务的决策,⑦ 这一机制力图打破行政权力远远超越学术权力而一家独大的格局,目的是为教师群体参与学校重大事务的决策设置通道与程序。⑧ 杨兴林提出,在现代大学这一特殊的社会文化组织中,教授需要治学,也需要治校,主导治学与参与治校是统一的。⑨

---

① 高田钦.西方大学教授治校的内涵及其合法性分析[J].高校教育管理,2007,1(1):31-34.

② 屈琼斐.美国大学"共治"管理理念述评及启示[J].大学教育科学,2006(6):46-49.

③ 尤小立."教授治校"需要明确的三个基本问题[N].科学时报,2008-3-11.

④ 王长乐.教授治校是理念而非管理技术[N].科学时报,2008-1-11.

⑤ 陈海春,姚启和.大学教授与大学教育政策[J].高等工程教育,1988(4):17-21.

⑥ 周川.大学校长角色初探[J].上海高教研究,1996(6):1-4.

⑦ 赵蒙成."教授治校"与"教授治学"辨[J].江苏高教,2011(6):1-5.

⑧ 赵蒙成."教授治校"的实质与边界——与杨兴林教授再商榷[J].江苏高教.2013(2):1-5.

⑨ 杨兴林.论教授主导治学与参与治校的统一[J].复旦教育论坛,2015,13(1):18-23,87.

另一方面,有学者认为"教授治校"的领域应该集中于学术性事务,其实质是"治学",教授的权力只能限定在学术领域发挥作用。布鲁贝克(Brubacher J S)和鲁迪(Rudy W)提出,教授的权力只能限定在课程设置、教学标准的建立等学术领域。① 威廉•布朗(William O Brown Jr)把大学管理决策分两大类:一类是学术事务(academic performance),包括课程的设置、学位的设置、业绩的考核、教员的聘用等;另一类是行政管理(organizational management),包括资源的分配、新学科的建设、教员的编制、院长的任命等。他发现,教授参与学术事务的程度越高,学校的业绩表现越好;教授参与行政管理事务的程度越高,学校的业绩表现越糟糕。其原因在于:参与学术性事务方面,教授不仅有信息优势,而且其个人利益与组织的目标不冲突,所以是有效的;相反,在参与行政事务方面,教授不仅没有信息优势,而且个人利益往往与组织的目标相冲突。② 眭依凡认为,"教授治校"是个限制概念,其治校的内容通常限定在对重大学术问题进行参与决策的范畴,"教授治校"多为参与治校而非决定治校;在理事会、董事会、评议会、校务委员会等大学的决策机构中,教授代表的声音都不是决定性的。③ 张意忠认为,"教授治校"的内涵主要是治理学术事务,其实质是教授"治学"。今日之"教授治校"是决策学术事务,不是管理学校,更不是去做行政工作。④ 蒋树声认为,我国高校现在行政权力太大,需要建立现代大学管理制度,应该让教授来治学,但不应让"教授治校"。⑤

第二,关于"教授治校"发展历史的研究。

"教授治校"作为大学管理理念与管理制度,在西方大学有悠久的历史,在我国也曾引进与实施,学界关于其发展历史的研究主要集中在西方大学的实践和我国大学的实践这两个方面。

一方面,关于"教授治校"在西方大学发展历史的研究。这类研究主要体现在外国高等教育史等史类著作以及专门介绍外国高等教育管理体制类的著作

① Brubacher J S, Rudy W. Higher Education in Transition: A History of American of Colleges and Universities(4ᵗʰ ed.)[M]. New Brunswick, NJ: Transaction Publishers, 1997:15-78.

② William O Brown Jr. Faculty Participation in University Governance and the Effects on University Performance [J]. Journal of Economic Behavior & Organization, 2001, 44(2): 129-143.

③ 眭依凡. 教授"治校":大学校长民主管理学校的理念与意义 [J]. 比较教育研究, 2002(2):1-6.

④ 张意忠. 论"教授治校"及其现实意义 [J]. 江西教育科研, 2007(9):72-74.

⑤ 民盟中央主席称高校权力过大不应让教授治校 [EB/OL]. http://news. hsw. cn/2007-12/04/content_6702585. htm.

中,如贺国庆著的《德国和美国大学发达史》(1998 年)、黄福涛主编的《外国高等教育史》(2003 年)、贺国庆等著的《外国高等教育史》(2006 年)、邢克超主编的《共性与个性——国际高等教育改革比较研究》(2004 年)、许庆豫和葛学敏主编的《国别高等教育制度研究》(2004 年)、陈学飞主编的《美国日本德国法国高等教育管理体制改革研究》(1995 年)、韩骅著的《学术自治——大学之魂》(2005 年)、雅克•韦尔热(Verger)著的《中世纪大学》(2007 年)、瓦尔特•吕埃格(Walter Ruegg)总主编的《欧洲大学史》(第 1 ~ 4 卷,2008 年、2008 年、2014 年、2019 年)。当然,由于此类文献的主要目的在于对相关国家的高等教育情况或者高等教育管理体制情况进行全景式的介绍,故"教授治校"问题不是其特定的研究对象。但通过阅读这类著作可以发现,学者们对"教授治校"在西方大学的发展轨迹的认识是高度一致的。大家一般都认为,"教授治校"发轫于中世纪有"教师大学"之称的巴黎大学,德国大学将其发扬光大,美国大学赋予其新的内涵。

还有相当多的论文,从不同的切入点介绍了"教授治校"在西方的发展历程。徐峰把西方大学的"教授治校"概括为形成、巩固、发展、变革四个时期。[1]马超研究了教授群体在欧洲大学内部管理权力的变更。[2]张小杰考察了大学教授在德国早期大学的管理权力的问题,[3]特别是在柏林大学的管理权力和运行机制的问题。[4]李春梅、陈彬介绍了不同国家大学学术管理组织的历史演进,同时也研究了教授组织在这些国家的大学管理中的作用和权限。[5]缪榕楠、谢安邦考察了教授权威的演变历史。[6]还有一些学者在研究大学内部管理体制时论述了大学教授在相关国家的大学管理中的作用、权力等问题,如阎亚林的《大学内部管理体制比较研究》[7],熊庆年、代林利的《大学治理结构的历史演进与文化变异》[8]等。

另一方面,关于 20 世纪上半叶我国大学引进和实施"教授治校"的研

---

① 徐峰. 西方大学教授治校研究 [D]. 武汉:华中师范大学硕士学位论文,2006.

② 马超. 从讲座制的兴衰透视大学内部管理的新趋势 [J]. 清华大学教育研究,2005,26(4):27-32;马超. 从讲座制到系科制:欧洲大学内部管理权力的变更 [J]. 比较教育研究,2006(4):61-64.

③ 张小杰. 从学部制度看早期德国大学模式 [J]. 清华大学教育研究,2006,27(3):71-76,89.

④ 张小杰. 关于柏林大学模式的基本特征的研究 [J]. 华东师范大学学报(教育科学版),2003,21(6):69-77.

⑤ 李春梅,陈彬. 大学学术管理组织的历史演进及其启示 [J]. 高教探索,2005(1):54-56.

⑥ 缪榕楠,谢安邦. 教授权威的历史演变 [J]. 高等教育研究,2007,28(1):7-12.

⑦ 阎亚林. 大学内部管理体制比较研究 [J]. 教育探索,2003(10):25-28.

⑧ 熊庆年,代林利. 大学治理结构的历史演进与文化变异 [J]. 高教探索,2006(1):40-43.

究。这类研究首先也是体现在历史类的著作中,如熊明安的《中国高等教育史》(1983 年)、涂又光的《中国高等教育史论》(1997 年)、霍益萍的《近代中国的高等教育》(1999 年)、董宝良的《中国近现代高等教育史》(2007 年)等。同样,这类著作的目的不是对"教授治校"问题做专门研究,而是要对 20 世纪上半叶我国大学引进"教授治校"管理制度的历史进行描述。此外,还有一些专门研究 20 世纪上半叶的北京大学、清华大学等大学的专著对这些大学当时实施"教授治校"的情况进行了比较详尽的介绍,如苏云峰的《从清华学堂到清华大学(1928—1937)》(2001 年)、黄延复的《梅贻琦教育思想研究》(1994 年)等;一些专门研究蔡元培教育思想的著作也对蔡元培执掌北京大学时所实施的"教授治校"的管理体制进行了比较全面的论述,如王玉生的《蔡元培大学教育思想论纲》(2007 年)。

除了专著外,相当一部分期刊文章从不同的视角研究了 20 世纪上半叶我国大学实施"教授治校"的历史。比如,左玉河研究了民国时期"教授治校"原则如何引入中国、如何付诸实施、"教授治校"原则与政府控制大学之努力之间存在着怎样的内在张力以及当时中国大学又是如何坚守和维护"教授治校"原则的等问题。[①] 周川通过史料分析,认为中国近代大学的"教授治校"制度孕育于清末民初,成型于五四运动前后的北京大学,普遍推行于 20 世纪 20 年代,经过不断修正一直持续到 40 年代末;制度的实施对于确立教授在大学里的主人翁地位、实现治校民主、维持学校正常秩序、维护大学的自治和独立具有深远的历史意义。[②] 黄启兵分析了民国时期蔡元培在北京大学实施"教授治校"的原因,认为其初衷是为了防止因校长变更而导致学校不稳定;该制度既是遵守《大学令》等相关法律规定的结果,也是对北京大学以前已经建立的评议会制度的萧规曹随,同时与蔡元培借鉴德国大学评议会制度、实践其民主理念不无关系。[③] 张金福研究了梅贻琦执掌清华大学时实施"教授治校"的内容、成因、包含的理念、本真的目的以及本质。[④] 叶雨薇分析了清华大学"教授治校"制度的形成过程。[⑤] 郭兆

① 左玉河. 坚守与维护:中国现代大学之"教授治校"原则 [J]. 北京大学教育评论,2008,6(2):128-140,191-192.

② 周川. 中国近代大学"教授治校"制度的演进及其评价 [J]. 高等教育研究,2014,35(3):77-84.

③ 黄启兵. 民国时期北京大学的管理变革:从"教授治校"到"校长治校" [J]. 高等教育研究,2015,36(10):87-95.

④ 张金福. 论梅贻琦"教授治校"理念的文化意蕴 [J]. 华东师范大学学报(教育科学版),2002,20(4):90-95.

⑤ 叶雨薇. 清华大学"教授治校"制度的萌发与成型 [J]. 学术研究,2017(7):130-139.

红考察了清华大学"教授治校"体制的历史轨迹与成因。① 徐秀丽以清华大学、北京大学为例研究了20世纪40年代后期的国立高校治理情况，认为在20世纪40年代后期的清华大学和北京大学校务管理中，教授的地位举足轻重；教授的"治校"，不仅限于学术性事务，而且包括几乎所有学校事务；不仅作为群体发挥作用，而且作为个体深度介入；不仅"参与"校务，而且"决定"校务；教授不仅是学校几乎所有事务的决策者，而且是执行者和监督者，是一种比较完整意义上的"教授治校"制度。② 蔡磊砢研究了蔡元培时期的北京大学实施"教授治校"的制度困境、实施机制、局限性以及消亡的历史。③ 朱宗顺比较研究了"教授治校"制度在蔡元培与蒋梦麟先后执掌北京大学时的实践。④ 乔东⑤、吴秀文⑥在研究西南联大对我国创建世界一流大学的启示时，描述了"教授治校"的运行情况，并认为以"教授治校"等为核心的民主管理思想构成了西南联大管理的特色，是现代中国高等教育一笔重要的思想遗产，应成为我们今天学习的重点。张玮等通过分析西南联大教授会人员组成、职权、议事规则等，探析西南联大教授会在发挥学校事务决策作用中的努力与作为。⑦ 程斯辉考察中国近代高等教育发展史上涌现出的一批著名的大学校长的办学理念时，发现他们将大学教授不仅视为教书育人的教育者、从事学术研究的研究者，而且视他们为学校的管理者、校长决策的参谋智囊人物。⑧

第三，关于"教授治校"运行方式的研究。

由于历史渊源不同以及受文化背景、政治结构等因素的影响，"教授治校"在不同国家的大学及相同国家不同历史时期的大学形成了不同的运行方式。学

---

① 郭兆红．清华"教授治校"体制的历史轨迹与现代启示 [J]．黑龙江高教研究，2017(11)：14-18.

② 徐秀丽．1940年代后期的国立高校治理——以清华、北大为例 [J]．史学月刊，2008(3)：57-65.

③ 蔡磊砢．蔡元培时代的北大"教授治校"制度：困境与变迁 [J]．高等教育研究，2007，28(2)：90-96.

④ 朱宗顺．蔡元培与蒋梦麟高等教育思想和实践之比较 [J]．高等教育研究，2006，27(4)：96-104.

⑤ 乔东．西南联大对我国创建世界一流大学的启示 [J]．清华大学教育研究，2008，29(2)：87-91.

⑥ 吴秀文．西南联大的管理特色及其启示 [J]．现代教育科学，2006(2)：45-47.

⑦ 张玮，朱俊．西南联大：教授治校是如何实现的——以西南联大教授会为中心 [J]．云南师范大学学报(哲学社会科学版)，2013，45(6)：142-150.

⑧ 程斯辉．中国近代著名大学校长办学的八大特色 [J]．高等教育研究，2008，29(2)：83-89.

10

术界对这些问题给予了不同程度的关注。

伯顿·R·克拉克(Burton R Clark)在《高等教育系统——学术组织的跨国研究》一书中描述了七国学术权力的基本结构,并将其概括为四种模式:大陆型模式、英国模式、美国模式和日本模式。[①]尽管伯顿·R·克拉克教授是针对大学教授的学术权力来划分的,但实际上为我们认识"教授治校"的运行方式提供了很好的思路。

国内学者欧阳光华归纳了"教授治校"的两种基本模式,即欧陆模式和英美模式。在他看来,欧陆模式的基本特征体现为教授掌握着大学的全部决策权,特别是在学科和专业领域拥有特权,而且在学校各级管理机构中享有对学校事务的发言权。欧陆模式以德国、法国和意大利等为典型代表。英美模式的基本特征是由校外董事和大学教授共同执掌大学决策权力,董事会(或理事会)负责制定学校的大政方针和资源分配原则,由大学教授组成评议会行使学术管理的权力。这种模式以英国和美国的大学管理为典型代表。[②]

别敦荣在《中美大学学术管理》一书中,对美国大学的"教授治校"与欧洲大学的"教授治校"的本质和内涵进行了区别。他认为,欧洲大学传统的"教授治校"是一种学者行会自治权力的体现;而美国大学实行的"教授治校",在本质上只是一种民主参与权力的体现,教师的民主参与权力主要体现在对一些学术领域如课程设置、教学计划、招生政策、学位要求、教师聘任、晋级和解聘等的控制上,在部分大学教师还拥有对学校主要学术行政领导的选择权。与欧洲大学的"教授治校"传统相比,美国大学的"教授治校"并不是反映在少数讲座教授对大学学术事务的强有力的控制权力上,而是体现出一种相对平等主义的特征。[③]

徐峰根据学术管理的权力结合方式把西方大学的"教授治校"划分为三种模式:欧陆模式、英国模式和美国模式,并从三个层次对这三种模式进行了分析与比较。[④]

邢克超比较研究了法国和德国大学教师在学校管理中的权力介入、地位、作用等方面的共性和差别。[⑤]

① 〔美〕伯顿·R·克拉克. 高等教育系统——学术组织的跨国研究 [M]. 王承绪,等,译. 杭州:杭州大学出版社,1994:137-143.

② 欧阳光华. 教授治校:源流、模式与评析 [J]. 高教发展与评估,2005,21(4):12-15.

③ 别敦荣. 中美大学学术管理 [M]. 武汉:华中理工大学出版社,2000:68-69.

④ 徐峰. 西方大学教授治校研究 [D]. 武汉:华中师范大学硕士学位论文,2006:22-28.

⑤ 邢克超. 必须建立有效的机制——简析法、德两国大学内部管理 [J]. 比较教育研究,1996(3):1-5.

第四,关于"教授治校"的合理性及局限性的探讨。

在西方大学发展史上,"教授治校"虽然经过了曲折的发展历程,但其地位却一直是稳固的。那么,这一制度的合理性是如何体现出来的?它有没有局限性?这些问题也是学者们非常关注的焦点。

关于"教授治校"的合理性,学者们主要是从大学属性、民主管理、专家权威、集体智慧、教师权利等视角来论证的。

眭依凡认为,对"教授治校"的理论基础应当从大学组织自身的属性来分析。他通过分析认为,大学是由高深知识及其集结——学科主宰的,而高深知识及学科又是由教授、学者主宰的,依此推理,教授自然成为大学这一学术组织发展的决定力量,于是"教授治校"的理论基础得以成立。他还认为,大学科层管理目标的过分明细性与大学学术目标的宽泛性不甚兼容,与大学必须依靠教授的力量来制定学术政策、规范学术活动也格格不入,因此,对大学这样一个特殊的组织,其科层管理的方式必须进行改革,以使它能够充分发挥和运用教授的主观能动性和智能,满足教授关于学术自由、学术自主的要求,体现大学的学术性和既按目标管理又按民主管理的灵活性。而"教授治校"就是将科层权力与学术权力合理平衡的有效途径,这便构成了"教授治校"的实践基础。①

高田钦也是从大学属性出发分析了"教授治校"存在的合法性基础。在他看来,大学是一种传递深奥的知识,分析、批判现存的知识,并探索新的学问领域的特殊机构,探究高深学问是大学存在的核心基础。高深学问的探究不仅需要进行理智分析和必要的专业训练,而且需要自由地运用理性而非受制于外部权力,只有高水平的学者才能深刻地理解高深知识的复杂性,所以应该让精通高深学问的专家来解决这一领域的问题。因此,教师就应该广泛管理学术活动,而大学的其他事务又与传递和探究高深知识息息相关,所以也必须由精通高深学问的专家来管理。而高深学问的探究既然需要自由地运用理性,那么学术自由对于大学来说就尤为重要。大学的这种组织特性只有在自由、松散、寂寞的氛围中才能得以更好的发展;即使需要一些必要的约束,也只能是学者的"学术自觉"和"学者的公决",任何外在的约束,如教会的规约和国家行政管理只能给大学带来负面的影响。因此,大学的本质特征决定其管理应当实行"教授治校"的模式。②

---

① 眭依凡. 教授"治校":大学校长民主管理学校的理念与意义 [J]. 比较教育研究,2002(2):1-6.

② 高田钦. 西方大学教授治校的内涵及其合法性分析 [J]. 高校教育管理,2007,1(1):31-34.

别敦荣认为,"教授治校"是从中世纪大学继承下来的大学学术管理传统,并非资本主义社会大学学术管理的创造。教授是大学学术力量的骨干,对大学学术问题有着更深刻的理解,能够更好地把握大学学术发展规律。尽管"教授治校"的思想在某些方面与时代精神有一定的差距,但"教授治校"的基本思想符合大学的性质和大学的内在逻辑对学术管理的要求,与大学学术民主管理思想有着内在的一致性。①

李福华等认为,"教授治校"是一种把学者与教授的学术尊严与权力居于首位的制度设计,符合大学组织应遵循的逻辑规律,能够彰显大学的民主精神,同时蕴含着丰富的生命论哲学思想,充分重视了人的价值与尊严。②

陈海春、姚启和认为,在现代大学中,"教授治校"既可以克服大学教授的"行会传统"所带来的某些弊端如散漫、偏执、保守等,又可最大限度地发挥大学教授们在办学中的智慧和积极性。③

黄学辉认为,"教授治校"有利于提高学校的行政效率,有利于促进学术的繁荣,有利于淡化行政本位和官本位,形成良性竞争。④

魏进平等认为,教师参与大学决策这一大学内部治理机制的积极意义主要体现在五个方面:第一,做出更加合理的决策;第二,促进决策的执行;第三,调动教师工作的积极性;第四,改善教师与行政人员的关系;第五,营造民主氛围,实施民主监督。⑤

包国庆提出"教授治校"的三个理由:一是高校科技活动中,教授在促进国家生产力发展中的先进作用;二是高校文化活动中,教授在促进民族文化发展方面的先进作用;三是在高校教育规律和管理效率上,传统的行政系列和官僚体制所代表的"生产关系"已经暴露出诸多弊病,实行"教授治校"有利于促进高校生产力的发展。⑥

张意忠认为,"教授治校"体现了专家办学的思想,体现了对知识、对人才的尊重,使教授从决策的被动执行者转变为决策的制定者,成为学校真正的主人,能够发挥教授应有的作用,促进学校的改革和发展。"教授治校"顺应了现代教

① 别敦荣. 中美大学学术管理 [M]. 武汉:华中理工大学出版社,2000:217.
② 李福华,陈晨. 西方教授治校思想的理性思考与借鉴 [J]. 教师教育研究,2015,27(5):94-100.
③ 陈海春,姚启和. 大学教授与大学教育政策 [J]. 高等工程教育,1988(4):17-21.
④ 黄学辉. 简论"教授治校"与我国高等教育治理 [J]. 中国成人教育,2007(1):41-42.
⑤ 魏进平,刘志强,何小丰. 教师参与大学决策的积极意义和激励措施 [J]. 国家教育行政学院学报,2008(5):46-50.
⑥ 包国庆. 教授治校的理由 [J]. 现代大学教育,2002(4):70-72.

育管理民主化潮流,可以提高学术决策的科学性,可以制约校长治校。①

孔垂谦认为,"教授治校"制度的确立,既是大学教师学术地位提高的结果,也进一步巩固了他们在大学发展中的核心地位,明确了学术权力的突出作用。它成为阻止大学行政权力强势扩张的制度堡垒,有利于防止行政权力的泛化和学术权力的"行政化"与官僚化,从而保持大学"学人社会"和"知识性社会"的学术本色。所以,"教授治校"是学术自由的制度根基。②

陈运超从教授权力的视角深入分析了"教授治校"的合理性。首先,大学管理中的主要权力来源于知识,最拥有知识的主体就最应当拥有治校的权力,而教授是掌握知识的最重要的主体,由此,大学应当主要由教授来管理。其次,教授管理大学的权力具有悠久传统。从中世纪的巴黎大学开始,其管理模式的重要特征就是置教授于大学的核心,把教授自治视为大学精神的重要部分,使得"教授治校"成为一种重要的教育理念和实践制度。尽管经历了千年的历史沧桑,大学的这种重要传统仍然受到知识共同体的广泛尊重。再次,大学以学术为中心决定着教授拥有不可替代的权力。学术是大学生命的真谛。学术水平的提升和学术声誉的改善是大学管理的中心任务。作为高深知识的拥有者,大学教授是大学学术形象的化身和学术水平的标尺,只有他们,才能真正理解学术工作的本质与规范,才能决定学术工作的方向与思路,因此,大学中的实质性权力自然应当落到教授们的肩上。最后,无论从教授在大学发展中所居的重要地位还是从教师数量所占的绝对比例来看,教授都处于大学组织的核心位置,因此应当让他们有效地参与学校的管理;否则,大学管理的有效性和针对性必将受到质疑。③

龙宝新认为,教授只有参与治校才能保证大学学术力量的牢靠存在与持续发展,才能有效地平衡专业权利与行政权利之间的关系,才能实现大学治理的真正专业化。④

伯恩鲍姆(Birnbaum R)描述了"教授治校"的四项职能,即可以促进大学的管理,能够为教师讨论和政策的制定提供论坛,可以促进教师对教育目的或组织目标的共识,还象征着对专业价值和权威的承诺。⑤

① 张意忠. 论"教授治校"及其现实意义 [J]. 江西教育科研,2007(9):71-74.
② 孔垂谦. 论大学学术自由的制度根基 [J]. 江苏高教,2003(2):15-18.
③ 陈运超. 论教授治校权力与实现 [J]. 高教探索,2007(5):38-40.
④ 龙宝新. 论教授治校的合理诉求与资质优势 [J]. 中国人民大学教育学刊,2014(2):105-115.
⑤ Birnbaum R. The Latent Organizational Functions of the Academic Senate:Why Senates Do Not Work But Will Not Go Away[J]. The Journal of Higher Education,1989,60(4):423-443.

格博(Gerber L G)等认为,大学教师参与决策是保护教师利益的一种方式,可以使大学坚守学术使命。①

拉尔夫·布朗(Ralph Brown)认为,教师参与大学决策是教师进行教学和研究的一种权利和责任。②

阿格钦和梯若尔(Aghion P & Tirole Jean)认为,教师参与决策就是权力在代理人(大学行政人员)与委托人(教师)之间的一种转移,这种权力来自对特定事物的决定权。它分为实际权力和正式权力。实际权力指有效决定权,正式权力指理论决定权。教师的知情权是教师参与大学决策的最低形式,而赋予教师正式权力是教师参与大学决策的最高形式。③

尽管"教授治校"的理念和制度历史悠久,而且展现了充分的合理性价值,但也不是完美无缺的,存在一定的局限。这些问题同样引发了很多学者的关注。

欧阳光华认为,"教授治校"的现实局限性表现在三个方面。第一,教授们通常是以学术标准作为治校的准则,对社会其他方面的需求则考虑不多,从而容易形成大学管理的封闭性,不利于发挥大学服务社会的功能。第二,教授在治校过程中往往从自己特定的学科和专业出发,本位倾向性非常大,容易形成学术寡头统治,破坏学校的整体驾驭能力,导致零碎决策和学校分裂的危险。第三,教授在治校过程中,由于相互之间价值观念、学科专业和利益驱动的不同以及对于各种学术事务的观点和看法的差异,再加上决策过程中的责任恐惧心理和从众心理,可能导致"教授治校"的效率低下和决策偏差等问题。④

张君辉认为,一方面随着国家和社会对大学地位和作用的日益重视和依赖,使得大学自治的权力相对削弱;另一方面随着大学规模的膨胀和内部事务的增多,大学管理的复杂性大大提高,内部的分权变得越来越明显,这些环境的变化,使得西方大学"教授治校"的传统逐渐失去了往日的辉煌。他认为,"教授治校"已经不能准确地反映教授在现代大学中的地位和职责,"教授治学"才适合现代大学的实际情况。⑤

魏进平等认为,教师参与大学决策可能存在四个方面的负面影响:第一,延

① Gerber L G, Clausen D M, Poston M E, Perley J E&Ramo K. Behind Closed Doors ? Reaffirming the Value of Shared Governance. Academe, 1997, 83(5):22-24.

② Ralph Brown. Rights and Responsibilities of Faculty. AAUP Bulletin, 1966.

③ Aghion P, Tirole Jean. Formal and Real Authority in Organizations. Journal of Political Economy, 1997, 105(1):1-29.

④ 欧阳光华. 教授治校:源流、模式与评析 [J]. 高教发展与评估, 2005, 21(4):12-15.

⑤ 张君辉. 中国大学教授委员会制度的本质论析 [J]. 教育研究, 2007(1):72-75.

缓决策速度,增加决策成本;第二,存在从众现象,在参与决策的过程中,教师个人有可能屈服于行政人员或群体的压力而放弃自己的观点或采取折中的办法;第三,维护局部利益;第四,影响教师工作。[①]

徐峰从教授精力的限制、全局观念的缺乏和双重角色的尴尬三个方面阐述了"教授治校"的局限性问题。[②]

周辅成认为,在共产党领导下的大学,重提旧日"教授治校"的口号不具有积极意义。学校作为一个组织单位,它们仍是整个中国社会或国家各种组织的一部分,既然如此,它们本身就不能离开政治而独立。一个国家的事业单位,它的治理必然要涉及政治问题,而且也只有受正确的政治领导即党的领导,才能符合社会主义原则。今天的大学再搞"教授治校"是不利于社会主义事业的。[③]

第五,关于当代中国大学如何借鉴"教授治校"的研究。

大学是学术组织,学术即大学的生命。作为学问渊博、对学术事务最有发言权的大学教授理应参与学术事务的管理与决策活动,但我国大学的现实情况却是,在相当长的时间内,不论在学校层面还是在院(系)层面,教授为代表的学术权力在很大程度上受行政权力制约,其作用没有得到应有的发挥。学者们对当代中国大学应当如何借鉴"教授治校"的研究首先是从关注学术权力的地位开始的。比如,谢安邦、阎光才认为,我国高校"在学校层次上,除个别领域如职称的评审由学术性组织——职称评审委员会负责以外,高校的学术权力在很大程度上为行政权力所取代。……在校、学院和系间形成了严格的等级,权力中心明显向上偏移。在基层,教授一般很少有机会介入各个层次的决策过程,即使是对学术事务也没有太多的发言权。尽管系主任常常是学术上的权威,但他通常是作为校长在基层行政权力的执行代表,不大可能全面地关注教授的意见"[④]。实际上,诸如此类以批判我国高校"行政化"管理倾向为主题的文章数量颇丰,这说明该问题已经成为共识了。

鉴于我国大学长期以来实施行政主导的管理模式,从而导致学术权力不彰的现实。很多学者认为,我国高校很有必要借鉴西方大学"教授治校"的经验与做法,不断改革和完善内部治理结构。具体如何借鉴,学者们提出了很多建设性

① 魏进平,刘志强,何小丰.教师参与大学决策的积极意义和激励措施[J].国家教育行政学院学报,2008(5):46-50.

② 徐峰.西方大学教授治校研究[D].武汉:华中师范大学硕士学位论文,2006:33-34.

③ 周辅成.不赞成重提旧日"教授治校"的口号[J].人民教育,1980(5):24-25,19.

④ 谢安邦,阎光才.高校的权力结构与权力结构的调整——对我国高校管理体制改革方向的探索[J].高等教育研究,1998(2):23-27.

的意见和建议。

顾海良认为,在目前的领导体制中要健全民主管理和民主监督机制,强调教师参与,实施"教师治教"。①

韩骅提出建立中国式的"教授治校"模式:第一层,党政主要负责人员由具有学术和行政双重造诣的教授担任;第二层,建立由校长主持的新的校级行政权力机构和学术权力机构;第三层,在院(系)一级建立以院长(系主任,均由教授担任)为首的院(系)务委员会,讨论和决定院(系)内全部重大问题。②

曹卫星等认为,中国式的教授治教模式的基本定位是为学校内部重要的教育问题和学术事项的研究决策提供一个科学民主的教授参与式的组织体系和管理平台,其核心是建立横向三元(基于校党委会的政治体系、基于校务委员会或校长办公会的行政体系、基于教授会或学术委员会的权力体系)一体和纵向三层(校、院、系)一统的管理模式,关键是建立教授会。③

杨兴林认为,当今中国要切实建立教授主导治学、参与治校的大学治理结构,确需解决两个层面的重要问题:在理性层面上,应着力认识教授主导治学、参与治校的深刻内在缘由;在实践层面上,应着力探寻适宜教授主导治学、参与治校的相应路径。④

还有一些学者结合我国大学教授委员会制度的现状、特点等方面的情况,研究了我国大学"教授治校"的实施状况。

张君辉认为,中国大学教授委员会制度具有自身突出的特点,它的基本类型是二元权力分离适度渗透型,它的基本定位是基层学术组织学术事务的决策机构,它的核心职能是治学。中国大学教授委员会制度的本质是"教授治学"。"教授治学"并不是对"教授治校"的否定,而是目前对我国大学教授委员会核心职能更为准确的表述。"教授治学"的内涵是对学术事务包括学科、学术、学风和教学进行管理与决策。"教授治学"的内涵包括"治学科""治学术""治学风"和"治教学"。⑤

李方从观念和实践两个方面分析了我国"教授治校"的现状。他认为,在观

① 顾海良. 关于加强和改进党委领导下的校长负责制的思考 [J]. 中国高等教育,2003(18):11-13.
② 韩骅. 再论教授治校 [J]. 高等教育研究,1998(1):39-43.
③ 曹卫星,赵跃民,高翅. 提升高校学术权力探索中国的教授治校模式 [J]. 中国高等教育,2004(1):23-24.
④ 杨兴林. 论教授主导治学与参与治校的统一 [J]. 复旦教育论坛,2015,13(1):18-23,87.
⑤ 张君辉. 中国大学教授委员会制度的本质论析 [J]. 教育研究,2007(1):72-75.

念方面,教授参与治校的观念在高校已经基本确立。学校和学者自身对"教授治校"及学术自由的理念都有了一定的认识,不管大学教授是否已享有完全的管理和决策权,参与决策和建议监督的观念已经深入人心。在实践方面,近年来部分高校已设立相关教授委员会,这表明大学对学术本位的认知、学者对学术权力的追求已经从理念进入操作层面。①

姚剑英选取浙江大学、四川大学、中国科学技术大学、厦门大学、东北师范大学、山东农业大学、上海财经大学、沈阳师范大学八所所在地不同、类型和排名层级不同的高校,研究分析了我国高校教授委员会现状,发现我国高校教授委员会主要设立在二级学院,多数具有学术决策与重大事项咨询功能。②

张献勇通过对东北师范大学、上海财经大学、中国矿业大学、武汉大学四所高校设在院(系)一级的教授委员会规章进行比较研究认为,我国教授委员会是在我国高校存在较为严重的行政权力与学术权力不分、行政权力侵蚀学术权力的背景下建立的。它的出现,有利于学术权力与行政权力的适当分离,体现了增强学术权力的趋势。③

李琳通过对35所高校的教授委员会章程文本的比较分析发现,我国当前教授委员会存在功能定位模糊、权力弱化、运行机制不健全等问题。④

还有研究者在分析学术权力与行政权力之间的关系时,提出要健全"以教师为主体的教职工代表大会"制度、明确教授参与学校重大问题决策的发言权和主动权、改造学术委员会制度、建立和健全专业委员会及学科委员会制度。⑤

综上所述,国内外关于"教授治校"相关问题的研究已经取得了比较丰硕的成果,诸多的研究结论都具有十分重要的学术价值和政策价值。这些成果特别是有关"教授治校"发展历程和合理性价值的研究成果为本书提供了丰富的素材和可资借鉴的分析理路,是我们进一步开展"教授治校"研究的重要基础。当然,目前的研究成果也还存在一些不尽人意之处,如相关研究较多而系统性研究成果仍然比较缺乏,关于历史现象描述的成果较多而在叙述的同时深刻揭示"教授治校"的精神实质和核心内涵的研究还需要进一步加强等。这些遗憾为进一步的研究留下了比较广阔的空间。

① 李方. 我国高等学校教授治校的现状及发展趋势 [J]. 扬州大学学报(高教研究版),2005,9(1):42-45.
② 姚剑英. 中国高校教授委员会现状分析及思考 [J]. 辽宁教育研究,2007(6):30-32.
③ 张献勇. 我国高校教授委员会规章比较 [J]. 黑龙江高教研究,2007(12):31-34.
④ 李琳. 我国大学教授委员会制度研究——基于章程文本的分析 [D]. 南昌:江西师范大学硕士学位论文,2014:46-51.
⑤ 眭依凡. 论大学学术权力与行政权力的协调 [J]. 现代大学教育,2004(1):7-11.

第四节　研究思路与内容

　　基于对现有的关于"教授治校"的研究文献的认识与评判,本书试图整合相关学术思想进行专题研究,力图全景式地阐释西方大学实施"教授治校"的历史背景和运行机制,深入解析其核心内涵与精神实质,从而为我国大学改革提供有效的建议。就研究思路而言,本书主要遵循"是什么—为什么—怎么样"的基本思路,重点解决"教授治校"是什么、为什么要实施"教授治校"、怎样实施"教授治校"以及"教授治校"对我国大学内部管理改革的启示等基本问题。

　　依据上述思路,本书主要安排了以下几部分内容。

　　梳理"教授治校"在西方大学的发展源流与现代变革。"教授治校"在西方大学经历了一个曲折、悠久的发展过程,并沉淀为一种经典的管理模式。研究事物发展的历史脉络,既可以探索出关于研究对象的基本规律,又可以发掘出其对现实的指导意义。这一部分主要通过对与"教授治校"相关的历史文献的分析与梳理,厘清"教授治校"在西方大学的历史源流,以及随着经济社会迅速发展和大学办学环境的变化传统的"教授治校"制度所面临的挑战、所发生的变革和影响其变革的主要因素等内容,以达到剖析"教授治校"核心内涵的根本目的。通过对这部分内容的研究,旨在解决"'教授治校'是什么"的问题。

　　辨识"教授治校"的核心价值。"教授治校"发轫于中世纪大学,经历了数百年历史沧桑,在西方大学管理中的地位却经久不衰、永葆活力。那么,这道永恒的风景线为什么会有如此魅力? 其合理性价值主要表现在哪些方面? 这种制度会是完美无缺的吗,或者说存在局限性吗? 对这些问题的辨明,是进一步理解"教授治校"精神实质的基础,同时也为回答"为什么要实施'教授治校'"的问题提供了参考答案。

　　解析"教授治校"的实现机制。在大学管理的实践中,"教授治校"要依仗一定的组织平台与运行机制来实现。从西方大学的发展历程看,不同的国家以及相同国家的不同历史时期,"教授治校"的实现机制都有一定的差别,分别形成了各自鲜明的特点。那么,这些机制是怎么形成的并应如何具体运作? 怎样去平衡所涉及的各类矛盾关系? 总体上体现出什么样的特征? 这些是本部分要着力解决的问题。这部分内容主要以欧洲大陆国家大学和美国大学为案例,重点考察了西方大学"教授治校"的实现机制及其特点。

　　探讨实施"教授治校"的条件。尽管作为管理理念的"教授治校"已经普遍地得到了人们的认同,但作为制度来实施却不是自然而然的,而是需要一定的条件作为支撑的。那么,这些条件包括哪些? 这些条件是如何支持"教授治校"的? 这是本部分需要解决的主要问题。这部分和上一部分的内容,实际上是在具体回答西方大学"怎样实施'教授治校'"的问题。

探寻"教授治校"对于我国大学内部治理结构改革的意义。20世纪二三十年代,中国大学从西方引进并实践了"教授治校"的管理机制,对促进当时大学的崛起发挥了非常重要的作用。但1949年之后,由于多方面的原因,"教授治校"在我国出现了长时间的中断,甚至关于"教授治校"的提法还曾被当作高教界的错误言论受到严厉批判。直到近些年来,随着我国大学的改革和发展驶上快车道,"教授治校"的理念才在我国大学内部机构改革过程中重新引起了人们的关注。那么,这种发源于西方大学的管理制度对我国大学究竟有什么样的借鉴意义并如何借鉴,这是本部分着重探讨的话题,也彰显了本书强烈的现实意义。

第五节　研究方法

本书重点采用以下研究方法。

文献分析法。文献分析法主要指通过对相关文献资料的搜集、鉴别、整理、分析,形成对研究对象的科学认识的一种研究方法。由于任何科学研究都是建立在他人的研究成果之上的,因此文献分析法是一种最为普遍的研究方法,特别是对于人文社会科学的研究来说更加不可或缺。本书通过对与"教授治校"相关的历史资料、政策文件、研究报告、学术论著、法律法规、大学章程以及教师手册等文献的搜集、阅读、分析与整理,比较清晰而全面地厘定了"教授治校"这一管理模式的历史源流、运行机制以及在其发展过程中所涉及的一些基本的逻辑关系等问题。

历史研究法。所谓历史研究是指把已经发生的历史事件作为考察对象,在对历史的叙述中,运用逻辑分析手段,归纳、总结、提炼出带有一定规律性的结论,揭示事物的矛盾和本质的一种科学研究方法。在人文社会科学的研究中,历史研究法也是比较普遍使用的一种方法。"教授治校"的管理模式在西方大学具有悠久的发展历史,剖析其历史可以帮助人们更好地廓清事物的发展脉络,"如果你想要知道你要去哪儿,它帮助你了解你曾去过哪儿"[1]。当然,对历史的研究不能局限于历史描述,其最终目的还在于对事物的矛盾和本质的揭示。这就要求,在描述历史的同时,还必须从事实出发,把历史描述和理论分析结合起来,在历史描述中渗透逻辑推理,以揭示事物的内在矛盾和本质。为此,本书一方面注重对于纵向历史的考察,同时还运用教育学、管理学、社会学以及组织行为学等

---

① 〔美〕伯顿·R·克拉克. 高等教育新论——多学科的研究 [M]. 郑继伟,等,译. 杭州:浙江教育出版社,1998:21.

学科的相关理论和概念进行多维视角的分析,力求全面、具体地把握"教授治校"的演变轨迹、运行机制和主导关系等问题。

比较研究法。比较研究法一般是指对两个或两个以上的对象进行比照,通过发掘对象属性之间的异同,达到全面认识研究对象的目的的一种研究方法。比较研究的要旨在于两个方面:一是"同中求异",通过相互比较发现差别;二是"异中求同",通过比较吸收和借鉴别人好的经验,从而为自己解决问题找到好的途径和方法。这就是说,比较分析法既要寻找共同的规律,又要充分重视问题之间的差异。从发展过程来看,在不同的国家和一个国家不同的发展时期,"教授治校"具有不同的发展特点和运行方式,在社会转型的背景下还经历了不同的变革模式。面对研究对象所呈现出来的多样化的复杂形态,唯有通过比较的方法,才能帮助我们更清晰、更深刻地认识和把握其精神实质。因此,本书深入地运用比较研究的方法,对不同国家、一个国家不同发展时期"教授治校"制度的演变和运行机制等进行比较与分析,努力总结出一些规律,以期为我国大学制度的改革和创新提供有益的借鉴。

第二章

"教授治校"的历史源流

　　列宁指出,要科学地解决社会科学问题,就"不要忘记基本的历史联系","考察每个问题都要看某种现象在历史上怎样产生、在发展中经过了哪些主要阶段,并根据它的这种发展去考察这一事物现在是怎样的"[①]。我国著名的高等教育研究专家潘懋元先生也曾提出认识教育规律的三条基本途径,其中第一条说的就是教育规律是纵观教育的历史演变推论出来的。[②]可见,通过历史考察推演社会科学的规律是一条十分有效的路径。作为西方大学普遍实施的一种内部管理模式,"教授治校"有着深厚的历史渊源。从中世纪教师型大学构建起来的全体学者集体治校,到19世纪德国现代大学创建的"正教授治校",再到后来美国大学的教师参与治校,尽管在具体制度形态上呈现出一定的差异,但"教授治校"是随着大学的产生而产生、随着大学的发展而发展,它犹如一道永恒而独特的风景线,纵贯于大学发展的历史长河。全面透视"教授治校"的"历史联系",弄清楚它的历史源流和演变轨迹,是深入把握其核心内涵与精神实质的基础。

第一节　欧洲中世纪大学的"教授治校"

　　"历史从哪里开始,思想进程也应当从哪里开始。"[③]一般认为,现代大学起源于欧洲中世纪大学,考察"教授治校"的发展历史,自然要把眼光投向遥远的中

[①] 中共中央马克思恩格斯列宁斯大林著作编译局. 列宁选集. 第四卷 [C]. 北京:人民出版社,1995:26.

[②] 潘懋元. 比较高等教育的产生、发展与问题 [J]. 外国高等教育资料,1991(3):29-36.

[③] 中共中央马克思恩格斯列宁斯大林著作编译局. 马克思恩格斯选集. 第二卷 [C]. 北京:人民教育出版社,1972:122.

世纪,从大学的源头探寻其历史渊源。

"中世纪"(the Middle Ages)一词是由 15 世纪后期的人文主义学者开始使用的,指欧洲(主要是西欧)历史发展中的一个时代。但关于其具体的时间跨度,史学界没有形成统一的说法,大体上是指从 476 年西罗马帝国灭亡的时候开始到文艺复兴之后极权主义抬头时期为止。有意思的是,人们对于这一段在人类社会演进过程中具有重要地位的历史的评价,却存在两种截然不同的观点。一种观点主要以保守主义者为代表,认为中世纪是一个为人类社会树立了优秀的文化形态和社会形态典范的时代;而以启蒙运动知识分子为代表的另一种观点则认为,中世纪只是一个充斥着无知、愚昧和恐怖的"黑暗时代"。之所以出现如此对立的观点,原因肯定是多方面的,在此不进行深入辨析。实际上,中世纪早期,思想文化禁锢,民主自由缺乏,其"黑暗"是无须辩驳的,但 11 世纪之后的中世纪为人类文明的进步所做的贡献也是不容抹杀的。中世纪大学的产生和兴起就是其中的典型代表。著名的法国社会学家涂尔干(Émile Durkheim)曾说,"在所有中世纪的机构中,时至今日,显然只有一种机构留存下来,尽管它的确有某些变化,但依然与当时的面貌极为相似,这种机构就是大学"①。大学是欧洲中世纪留给后世的一项极为宝贵的文化遗产,且不说其在保存、传播和创新人类科学知识过程中所做出的巨大贡献,单就其在组织模式和管理机制等方面对近代大学和现代大学的影响来说,都是意义非凡的。在近代大学和现代大学身上,我们都可以非常明显地看出其组织模式和管理机制深受欧洲中世纪大学影响的痕迹,"教授治校"便是例证。

一、中世纪大学的产生

欧洲中世纪大学产生于中世纪独特的社会背景下,这种背景主要体现为教权、王权以及社会其他权力既共存又相互争斗的局面。一般认为,中世纪开始于西罗马帝国灭亡之时。空前强大的帝国,在一夜之间轰然倒塌了,这一事实给当时的人们造成了极为强烈的心灵震撼。苦难、罪恶和堕落等社会问题纷纷涌现出来且日趋泛滥,人们心里开始普遍地产生绝望和厌恶的情绪,信仰上出现了真空。在这样一种社会心理氛围中,于 392 年被罗马皇帝狄奥多西一世(Theodosius I,379—395 年在位)确立为国教的基督教会适时地站了出来,以来世说和救世福音说的宣言开始为民众充当精神救赎的角色,进而担当起重建整个欧洲文化的历史重任。

---

① 〔法〕爱弥儿·涂尔干. 教育思想的演进 [M]. 李康,译. 上海:上海人民出版社,2003:130.

随着教会影响力的加强和权力的扩展,基督教会逐渐取得了能站在欧洲政治舞台上与世俗王权争夺西欧最高统治权而进行博弈的资本。但毫无疑问,这条博弈之路注定不会一帆风顺,因为世俗王权显然不会轻易地将已经享有的权力拱手相送。于是,教权和王权之间经常发生争斗,当然有时为了需要也有相互勾结和妥协,使得当时的社会形成了宗教势力与世俗政治势力相互制衡的格局。

在两大势力相互制衡、相互争斗的背景下,任何其他的社会力量都可能成为双方力图拉拢的对象。这样的社会结构,客观上为其他社会力量的产生和发展提供了一定的空间,也为城市自治创造了有利的条件。中世纪的欧洲,在"每一个城市都是自治的市民社会"①的背景下,市民阶层通过取得城市特许状的方式获得了相当大的自治权,基本上能够制定自己的法律,依法选举自己的城市议会,组建行会进行行业的自治管理,逐步建立起民主参与和自治管理的制度。中世纪大学就是在这种社会环境中产生和兴起的。

中世纪大学是在社会政治经济发展、人们产生文化需求的背景下,由一部分杰出的学者带领一批渴求知识的学生模仿当时社会上盛行的行会的组织形式而建立起来的利益共同体。行会(guild)约于 10 世纪发源于意大利,至 12 世纪已经成为遍及法、英、德等西欧国家的社会经济组织形式,并在很大程度上影响和控制着西欧城市的经济和社会生活,时间长达数百年之久。行会是"中世纪倾向于社团联合的一种自然表现"②。最初的行会是从事相同职业、彼此共同生活的人们自然而然地结合在一起构成的协会(universitas)。通过行会的组织形式,人们既互相帮助形成职业的归属,又有利于自我防卫为其职业领域和行业利益寻求保护。行会是平等的共同体,内部实行自治和民主管理,行会成员集体充当管理和决策的主体。联结行会的誓言必须由行会成员自由赞同,行会拟定的义务也要经事先共同讨论后才能公布。行业的自治性和管理的民主化成为中世纪行会最明显的组织特征。

行会对于大学最根本的影响就在于为大学的产生和发展提供了组织模式,催生了学者行会的形成。自 10 世纪左右开始,欧洲封建制度进入巩固和发展时期,在农业生产进一步发达的同时,商业和手工业也逐渐兴起,导致城市如雨后春笋般在中世纪欧洲迅速建立或复兴起来。城市的兴起和复兴,不仅促进了贸易和经济的发展,而且为社会带来了新的思想,激发了人们对于文化和知识的新

---

① 〔美〕詹姆斯•W•汤普逊 . 中世纪晚期欧洲经济社会史 [M]. 徐家玲,等,译 . 北京:商务印书馆,1992:174.
② 〔美〕詹姆斯•W•汤普逊 . 中世纪晚期欧洲经济社会史 [M]. 徐家玲,等,译 . 北京:商务印书馆,1992:539.

的需求。适应这些新的社会需求,一批以知识和学术为业的专门人员在中世纪西方社会应运而生。他们"以写作或教学,更确切地说同时以写作和教学为职业","以教授与学者的身份进行专业活动"。① 新兴知识分子一出现,便给已经沉闷多时的西欧社会吹进了一股新鲜的文化气息,并逐渐成长为振兴中世纪西欧文化的最重要的社会力量。但这一群体的发展在始生阶段却存在着明显的缺陷,主要表现为由于得不到体制化的支持,他们更多地只能依靠个体的努力去开创发展的空间,这使得他们的生活特别是学术生活不能完全得到保障。而在此之前能够让他们偶然栖身的修道院和教会学校之类的组织,由于存在过多的来自外部的限制,很快被证明不能从根本上支撑其学术专业的发展。② 这样一来,如何借助新型的组织形式,构建一套更加合适的运行机制来助推其教学、研究等学术活动,便成为这些努力寻求发展空间的新兴知识分子积极谋划的大事。而当时盛行的行会组织的产生和发达正好给他们提供了有益的借鉴。于是,这批知识分子迅速模仿行会的组织形式建立起自己的专业组织,即学者行会。

学者行会的建立也是学者们保护自身利益的必然选择。知识生产和知识消费具有相辅相成、互为支撑的关系。从事学术职业的学者越来越多,接受教育的学生也越来越多,便形成了一个个由学者与求学者组建的利益共同体。这些团体在给城市带来利益和繁荣的同时,也不可避免地会与城市居民发生生活上的冲突,从而必然引发城市管理当局对他们的生活进行干预和限制。如何对抗和抵御这些干预? 靠个人肯定力有不逮,最好的解决办法就是大家团结起来形成强大的合力。于是,不同的师生群体便仿效了当时社会上十分盛行的职业行会的形式,自发地组建起自己的行会,期望通过集体的力量守护自己的权益。这种学者行会就是欧洲中世纪大学的雏形。当教会或王权正式向这些学者行会颁发"特许状"——办学许可证时,合法的大学便形成了。从发生学的意义上看,大学就是一种行会,当然,它不是一般意义上的手工业者或商人的行会,而是"行会的一种特殊形式"③,即学者的行会。巴黎大学于 1252 年拥有的校印上,所镌刻的就是"巴黎师生行会(Universitas Magistrorumet Scholarium Parisiensium)"的字样。④

① 〔法〕雅克·勒戈夫. 中世纪的知识分子. 第 1 版 [M]. 张弘,译. 北京:商务印书馆,1996:4.

② 陈伟. 大学如何产生? ——中世纪晚期欧洲大学的逐步形成及其历史意义 [J]. 现代大学教育,2005(3):82-86.

③ Hastings Rashdall. The Universities of Europe in the Middle Ages[M]. New York: Oxford University Press,1987:151-152.

④ 李兴业. 巴黎大学 [M]. 长沙:湖南教育出版社,1988:21.

二、中世纪"教师型"大学的"教授治校"

依据内部管理方式的不同,中世纪大学有两种典型的模式。一种是以学生行会为基础的"学生型"大学,另一种为以教师行会为基础的"教师型"大学。"学生型"大学以博洛尼亚大学为代表,其显著特征就是由学生社团或相当于学生协会的组织把持着学校重大事务的决策权和控制权。之所以能够形成这种在今天看来有些难以理解的大学管理模式,可能主要与学生的构成特点有关。这类大学的学生一般都是成年人,且大多是有薪俸的教会牧师或律师,在年龄和经历上都具备直接参政议政的资格;而这类大学的教师的薪俸报酬都来自学生缴纳的学费,这些因素为学生直接管理大学奠定了基础。在大学的演变过程中,随着学生身份和来源的改变,这类大学及其管理模式逐渐退出了历史舞台。

"教师型"大学,以巴黎大学为代表。巴黎大学诞生于加佩王朝时期,由教会学校发展而来。随着经济、文化的复苏,12 世纪的巴黎开始成为法国的中心,吸引了大批学者的到来。尤其在巴黎圣母院的主教学校、圣珍妮夫(St. Genevieve)的教堂学校和圣维克多(St. Victor)修道院聚集了一批来自欧洲各地的学者,这些学者中不乏一些著名人士,神学教授阿伯拉尔(Peter Abelard)就是其中的典型代表。有名学者的召唤,大批来自欧洲各地(如英格兰、德意志、意大利等)的学生被吸引过来,使得该地区一度成为当时法国学术、文化生活的中心。在名学者的影响下,巴黎圣母院附属的主教学校(the Cathedral School of Notre Dame)保持着越来越强劲的发展势头,而其他几所学校则逐渐衰微下来。特别是到 12 世纪末期的时候,这个主教学校已经无法容纳越来越多的求学者,甚至造成了近乎失控的局面。规模快速增长给学校办学带来了很多问题。首先是物质方面的,比如住宿、食物供应和公共秩序问题等。然后是组织和精神方面的,一方面是教师对于凌驾于头上的被主教和圣母院教长控制的权力感到焦躁不安,另一方面是主教和教长本人同样也为学校人数的剧增及其造成的"混乱"局面而忧心忡忡。[①] 在此背景下,教师们被允许选择在教堂附近举办新的学校,以缓解矛盾。于是,不少新学校陆续开办起来。但新的问题又接着出现了。由于新学校的教师和学生一般都是身处异乡的游学者,所以经常会因房租、食品的价格遭受市民的盘剥,导致师生与市民之间不断发生冲突;同时,为争夺学校管理权,他们还要经常与教会抗争。如何抵制外界的欺侮呢?教师们想到了当时在社会上盛行的行会组织,因为从当时的社会条件看,一门职业的劳动者只有自愿联合起来结成持久的行会,强大到足以与外部强权相抗衡的地步,劳动者的合法

---

① 〔比〕希尔德·德·里德-西蒙斯. 欧洲大学史. 第一卷 [M]. 张斌贤,等,译. 保定:河北大学出版社,2008:53.

权利才能得到有效保障。这些学校的教师们受此启发,组建起他们自己的行会(学者行会)。多个学者行会联合起来,便形成了大学的雏形。

当然,大学从雏形到最终成型,一路上充满了荆棘与艰辛。比如,这些来自欧洲各地的学者或学生为了获得追求学问的尊严、安全和自由,与主教和教会代表(Chancellor)为争夺组织的控制权进行了持续 25 年之久的曲折、艰难的斗争。他们首先于 1215 年得到由罗马教皇的使节代表教皇颁布的第一个章程,该章程取消了圣母院主事的控制权,为教师协会争得了合法团体的必要资格,也完成了由习惯认可的大学到被法律承认的大学的转变。[①] 在获得基本的资格以后,巴黎大学的师生们又通过迁校和罢课等手段与教会力量斡旋,最终迫使教皇格里高利九世(Pope Grgeory IX)于 1231 年 4 月颁布了"知识之父"(Parens Scientarum)的谕旨。通过这个被称为真正的"大学大宪章"[②]的教皇谕旨的规制以及后续的完善,大学开始真正享有自己制定章程、选举官员、自由教学、独立审判、罢课等权利,同时再经过国王圣路易(St. louis)对于大学法人资格的承认后,巴黎大学作为独立团体的身份地位正式得以确立。

由教师行会集合而来的巴黎大学,其管理模式具有典型特点,集中体现为大学教师集体管理大学,在学校管理中享有权威性的地位。教师们联合结成的行会组织被称为教授会,在现代英语中一般用 faculty 来表示。该词来源于拉丁语中的 facultas,本意为"才能",即教授某种科目的能力。在 13 世纪之前,facultas 只是 scientia 的一个同义词,都是指某一个特定的学问分支。从 13 世纪中期以来,除了表示学科或研究领域的原有含义之外,这个名词渐渐地开始被理解为致力于教授某个特定主题的学术群体。[③] 在巴黎大学,就整体而言,出现了艺术(Faculty of Arts)、法律(Faculty of Law)、医学(Faculty of Medical)和神学(Faculty of Theology)四个教授会。教授会一般都具有相对的独立性,有权颁发本学科的教学许可证书,可以决定本学科的教学规则等重大事务。与当时社会的其他行会一样,各教授会所实施的管理是内部人员自治、民主管理的方式。每个教授会都由其内部成员集体决定诸如课程的设立、学位的授予、教师的聘任、学生的遴选等一切学术事务和其他相关事务。而大学层面的一切相关重大的行政工作也是由这几个教授会共同会商决策的。随着大学规模的发展,facultas 一词的外延进一步扩大,使得教授法团组织、专门教学部门以及学生管理部分等的

① 贺国庆,王保星,朱文富,等. 外国高等教育史 [M]. 北京:人民教育出版社,2003:53.
② 〔法〕雅克•韦尔热. 中世纪大学 [M]. 王晓辉,译. 上海:上海人民出版社,2007:26.
③ 宋文红. 欧洲中世纪大学:历史描述与分析 [D]. 武汉:华中科技大学博士学位论文,2005:106.

职能逐渐融合为一体,形成了相当于我们今天所说的二级学院。学院是大学最重要的分支机构,但仍是具备独立权力的法人团体和组织,在大学中具有权威性的地位。学院继续沿用教师集体会商、共同决策的管理方式,其负责人(即院长,dean)由教师选举产生,具体行使管理教学、辩论和考试等事务的职权,同时接受授权作为学院代表去参与整个大学事务的管理,但他仍旧是从事教学的高级教师,要对整个学院负责。为了综合协调各个团体业已通过的决议,中世纪大学在学校层面一般采取由校长主持的"全体集会(general assembly)"的管理形式。在巴黎大学早期,其全体集会完全是由各学院的摄政教师组成,集体发挥作用,校长只是充当执行全会决议的角色。到14世纪中期之后,教会和政府中身份高贵的人士开始被校长召集来参加会议,但教师代表仍是会议的主要组成人员,仍然担当管理主体。校长虽然是学校的负责人,但其尊贵地位主要是象征性的。首先,其任职期都很短(最初为1个月或者6个星期,后改为3个月,直到16世纪之后才延长至1年);其次,他自己没有投票权,其角色更多的是宣布大会的集体意愿,主要承担召集人和"黏合剂"的作用。

作为"欧洲大学之母"和中世纪"教育的西奈山"①,巴黎大学对其他大学的影响作用非常明显。美国历史学家威尔·杜兰(Will Durant)曾赞美说:"自亚里士多德以来,没有一个教育机构能与巴黎大学所造成的影响相比拟。"②牛津大学、剑桥大学、布拉格大学、维也纳大学、海德堡大学、科隆大学等大学的组织形式、教育传统和管理模式均效仿了巴黎大学。

中世纪教师型大学实质上是学者或教师的行会组织。行会成员为了探求知识、传播知识聚集在一起,共同行使管理大学的权力。行会的每个成员都有权参与决定学校的重大事务。这一管理方式集中体现了大学教师在学校管理中的基础性地位,形成了"教师治校"的理念和模式。

中世纪大学由全体教师民主管理大学的模式,对于维护和促进大学的发展有着特别重要的意义。首先,它为大学获取合法地位提供了强有力的支持。中世纪大学在创立之初即面临着教会和王权的双重控制。在势单力孤的环境中,大学要突破重重包围以取得独立的身份和地位,就必须依靠全体成员的力量和智慧。实际上,中世纪大学与教会和王权所进行的各种斗争,如罢课、迁徙、与城市当局的直接争斗等,都是由学者们仿效行会组织,依靠全体教师的齐心协力,

① 转引自:董立平,王永杰.从大学组织演化的视角看大学的本质[J].教育与考试,2010(5):52-59.
② 〔美〕威尔·杜兰.世界文明史·信仰的时代.下卷[M].幼狮文化公司,译.北京:东方出版社,1999:1285.

采取一致的行动,最终才取得了胜利。可见,有效地发挥全体教师的力量,让全体教师为大学的发展负责是中世纪大学取得合法身份和独立地位的支持与保障,在当时的社会环境中这也是必然的选择。

然后,这一管理模式有效地促进了学术生产活动的体制化进程。[①] 所谓"体制化"(institutionalization),本•戴维给予了三个方面的界定:其一,指社会根据某种特定活动的本体性价值把它作为一种重要的社会功能接受下来;其二,在这个特定活动领域中存在着的特定行为规范,作为有效的管理方式调整该领域中的实践活动,使其表现出有利于在其他活动的独特性、自主性的基础上实现既定目标;其三,由于特定活动领域中的行为规范日趋成熟,其他活动领域中的行为规范要在一定程度上适应该特定领域活动中的行为规范。[②] 概而言之,形成固定的功能、产生特定的规范并发挥一定程度的辐射作用是评判"体制化"的三大要点。[③] 对于学术活动来说,这三个方面都是极为重要的,不仅可以为学者的学术生活提供更具合法性的保障,而且能够促进其学术活动的专业化和影响力。合法性是任何社会职业的基础,而专业化对于学者学术性生存的意义尤为重要,因为"无论就表面还是本质而言,个人只有通过最彻底的专业化,才有可能具备信心在知识领域取得一些真正完美的成就"[④]。中世纪大学全体教师共同行使治校权。在这种机制下,学术共同体可以较快地酝酿统一的专业意识,锻造共同的专业标准,加速推动大学的学术活动作为一种具备特定功能和规范的活动定型下来,并对社会其他活动形成一定的辐射和影响;实际上,是为学术工作者构筑了一个认同身份与职业保障的机制,对加快学术生产活动的体制化进程具有极其重要的意义。

第二节　德国现代大学的"教授治校"

德国大学发源于中世纪末期,但直到19世纪之前都没有取得令德国人特别引以为傲的成绩。然而,从1810年柏林大学创建到1914年第一次世界大战爆发的这段时间里,德国大学却迎来了发展的黄金时期,声誉达到了历史的巅峰。德国大学之所以能获得巨大的成功,不仅因为其独特的办学理念和学术生产方

---

① 陈伟. 西方大学教师专业化 [M]. 北京:北京大学出版社,2008:27-28.

② 〔美〕约瑟夫•本•戴维. 科学家在社会中的角色[M]. 赵佳苓,译. 成都:四川人民出版社,1988:147.

③ 陈伟. 西方大学教师专业化 [M]. 北京:北京大学出版社,2008:27.

④ 〔德〕马克思•韦伯. 学术与政治 [M]. 冯克利,译. 北京:生活•读书•新知三联书店,1998:23.

面所取得的辉煌成就,也得益于大学组织管理模式上的创新。

一、德国现代大学的产生和发展

虽然同属中世纪的产物,但与意大利、法国、英格兰等国的大学相比,德国大学要年轻得多。在意大利、法国、英格兰等国家的大学已经存在了两个世纪以后,德国一些雄心勃勃的诸侯才开始创造条件按照邻国的模式建立自己的大学。尽管来得晚一些,但德国早期的大学对中世纪文明同样做出了很大的贡献。相关资料显示,到16世纪初期,德国在校大学生规模已经达到了4200人,与14世纪通常的1200人相比,其增长数量是相当可观的。^①可惜的是,这种良好的发展态势没有持续下去。到17—18世纪,与整个欧洲大学一样,德国大学也陷入了危机之中,社会声誉一落千丈,大学的糟糕状态一度受到社会的全面抨击。以哲学家莱布尼茨(Gottfried Wihelm Leibniz)为代表的激进派学者甚至认为,大学作为中世纪的产物已落后于时代,应由新的其他形式的机构予以取代。在这种情况下,大学改革势在必行。

危机中往往孕育着新的生机。到18世纪中叶以后,以理性为基本原则的启蒙运动在德国进入全盛时期,成为一股最具革命性的力量强烈地冲击着当时的思想文化领域。它以雷霆之势向宗教传统和神学权威发出强硬的挑战,从而也为新型大学的诞生奠定了良好的社会环境。18世纪德国两所最出色的大学——哈勒大学和哥廷根大学就是启蒙思想的产物。在启蒙思想的影响下,哈勒大学强烈地抨击神学教条主义,宣称大学要成为"自由的殿堂"。哥廷根大学更是把思想宽容和研究自由看作大学的根本原则,取消了神学院自中世纪以来享有的对其他学院的监督权,赋予大学教授"教学的自由和不受检查的权利"^②。哥廷根大学的创立者明希豪森(Jerlach Adolf von Münchhausen)非常重视教授的学术声誉,不仅不惜重金鼓励教授们争取出版研究成果,还想方设法从其他王国争抢著名教授。这两所大学所实施的令人耳目一新的改革措施,有效地激发了大学教授们的学术生产力,大学教授在学校中的地位进一步得到巩固,两所大学的声誉也一路攀升。到18世纪末期,德国所有的大学都纷纷仿照这两所大学进行了不同程度的改革或重组。

虽然哈勒大学和哥廷根大学为代表的德国大学改革取得了很大的成功,但从整体上看,19世纪之前德国大学的发展还是远离时代的要求,大部分学校仍然身陷困境,而真正引导德国大学走出危机并使德国大学迎来了发展黄金时期

① 贺国庆,王保星,朱文富,等. 外国高等教育史 [M]. 北京:人民教育出版社,2003:129.
② 陈洪捷. 德国古典大学观及其对中国大学的影响 [M]. 北京:北京大学出版社,2002:16.

的标志性事件还是柏林大学的创建。

柏林大学是在德意志民族和国家最困难的时期登上历史舞台的。1806年耶拿战争后，普鲁士大败于拿破仑的军队，致使德国一半以上的国土屈辱地被割让出去，且随着国土的丧失还失去了七所大学，其中就包括哈勒大学，整个国家陷入了深重的危机和灾难之中，但这一变故却"意外地"为柏林大学的创建提供了契机。为了挽救生死攸关的德意志民族，普鲁士包括国王腓德烈·威廉三世在内的一批有识之士，迫切希望通过学术教育上的繁荣和精神上的胜利来洗刷军事上失利带来的国耻。1807年8月，当来自原哈勒大学的教师代表团在法学教授施马尔茨（Schmals H）的率领下，去晋谒腓德烈·威廉三世并请求国王支持他们在柏林重建一所大学时，国王欣然答应，并鼓励说："国家要用脑力来补偿物质方面所遭受的损失。"[1] 不出一个月，国王便颁布法令，将原哈勒大学的一切经费全部改为柏林大学的补助费用，并拨出专款供新建大学之用，同时捐赠华丽的王子宫殿作为教学楼，还将一座博物馆归入新大学的版图。在柏林重建大学之所以受到如此待遇，一个重要的原因可能是与特殊历史时期赋予大学身上的特殊期望有关。可见，柏林大学从创建开始，就已经承载了帮助恢复国家尊严、重整民族雄风的时代使命。

柏林大学的最终成功，很大程度上归功于洪堡等人的贡献。1808年，身兼德国学者和政治家身份的威廉·冯·洪堡（Friedrich Wilhelm Christian Carl Ferdnant von Humboldt），被任命为当时新建的普鲁士内政部文化司的第一任司长，负责全面改革普鲁士的教育。上任5个月后，他便开始按照其新人文主义思想实施创建柏林大学的计划，并且在为期仅16个月的任职中，便将创建柏林大学的理想付诸实施。经过一年的筹备和努力，柏林大学在1810年秋如期开始了教学活动。法学教授施马尔茨（Schmals H）被任命为临时校长；1811年，费希特（Johann Gottlieb Fichte）经过四轮角逐被选为第一任校长。很快，柏林大学获得了极大的成功，成为德国大学未来发展的榜样。同期新建的伯恩大学、慕尼黑大学以及一些古老大学如莱比锡大学、海德堡大学等都纷纷仿效柏林大学的模式进行改革。就如史学家们所宣称的，"柏林大学的创办像一个燃烧点发出耀眼的光芒，一切光线全都从这里发出"[2]。德国的高等教育自此走上了迅速发展的快车道。

---

① Daniel Fallon. The German University[M]. Colorado: Colorado Associated University Press, 1980: 9.

② 〔英〕克劳利. 新编剑桥世界史. 第九卷 [M]. 中国社会科学院历史研究所，译. 北京: 中国社会科学出版社，1987: 169.

二、柏林大学的"教授治校"

从哈勒大学和哥廷根大学实行改革的时候起,德国大学就开始注重加强教授在学校中的作用和地位;柏林大学建立起来之后,更是将这些理念推向极致,形成了德国现代大学最鲜明的管理特色。

柏林大学从创建开始,就深受在启蒙运动中兴起的新人文主义思想的影响,使得柏林大学从一开始便完全体现出迥异于传统大学的办学风貌,在组织模式上更是呈现出独树一帜的特征。新人文主义者最重要的思想主张就是极力推崇古希腊文化,倡导人性自由和个性发展。从青年时代起就开始接受新人文主义思想熏陶的威廉·冯·洪堡,深为新人文主义追求自由、个性的思想所折服,当后来重建德国高等教育的重担落到他身上的时候,新人文主义思想烙印自然就会在他的办学思想和实践中显现出来。在洪堡看来,修养或者说通识性的修养是人作为人最应该具有的素质,大学培养人才自然也应当从这个基本点出发。那么,在大学如何达成"修养"呢?洪堡认为,唯有探求纯科学的活动才是达成修养的不二门径。[1] 当然,洪堡所说的科学的内涵比较广,他眼中的科学是建立在深邃的观念之上的、可以统领一切学科的纯科学,即我们讲的哲学。[2] 在"由科学达至修养"的原则的指引下,柏林大学的创建者认为,从事科学研究的学术工作应当成为学者的最高职责,也应当是优秀的大学教师必须承担的责任。基于这种理解,柏林大学从一开始就把科学研究的学术任务认定为教授们的正式职责和要求。正如鲍尔生(Friedrich Paulsen)指出的,"柏林大学从最初开始就把专门的科学研究作为首要要求……它认为在科研方面成就卓越的学者,也就是最好和最有能力的教师"[3]。为此,柏林大学聘请了一批具有学术热忱和耐得住寂寞的著名学者,像神学家施莱尔马赫、哲学家费希特、古典语言学家奥古斯特·柏克、历史学家尼布尔、法学家萨维尼、农学家塔埃尔、化学家克拉普罗特等,都是在各自学科领域首屈一指且享誉全欧洲的杰出学者。在开学之初,柏林大学所聘请的教授就达到了 24 位,神、法、医、哲四个学部分别拥有 3、3、6 和 12 位。[4] 这样一张"值得自豪的聘任表"[5] 绝对是空前的。

---

① 陈洪捷. 德国古典大学观及其对中国大学的影响 [M]. 北京:北京大学出版社,2002:30.

② 陈洪捷. 德国古典大学观及其对中国大学的影响 [M]. 北京:北京大学出版社,2002:30.

③ Friedrich Paulsen. German Education, Past and Present[M]. London: T. Fisher Unwin, 1908:185-186.

④ 田培林. 教育与文化(下) [M]. 台北:五男图书出版公司,1988:559.

⑤ 〔德〕彼得·贝格拉. 威廉·冯·洪堡传 [M]. 袁杰,译. 北京:商务印书馆,1994:80.

在崇尚理性、自由的新人文主义者看来,学术研究要有效地进行,只能坚持理性的原则,要以理性为出发的原点,同时必须把自由精神作为学术研究的主旨。那么,如何才能让大学学者完全遵循理性的逻辑和享受自由的要求呢?大学创建者认为,首要的、必备的条件就是不能让他们无端地受到其他外部力量的干涉和牵制。要实现这样的目的,大学在组织模式的设计上首先就必须充分保障学者的权力,所以柏林大学在成立之初,其设计者在大学章程里便明确将大学定位为"(正)教授们的大学",它所实施的基本管理原则就是"(正)教授治校"。首先,在学校层面,柏林大学建立了主要由正教授代表组成的评议会等管理机构。大学的各项事务,包括学术事务和非学术事务基本上都由教授们做主,大学的校长也是由教授们选举产生。在基层,柏林大学采用了研究所和讲座相结合的学术组织形式。讲座原指学者们发表讲演的座位,后演变为一种学术组织制度。尽管讲座不是由柏林大学首创的,早在 16 世纪初由政府资助的永久性讲师职位及其讲座基金就开始在神、法、医、哲各学部中固定下来,[1]不过,到柏林大学时期,这一学术制度得到了强化。研究所以及类似的研讨班、实验室、医科诊所等都是与讲座并行的机构,都是教授们开展学术研究的场所。在这些基层学术组织中,大学教授们几乎掌握着所有的管理权力,比如,能够自主地选择教学内容和研究项目,能够独立地确立学科的发展方向,自己能够聘用工作人员(学术与非学术人员),能够自主地确定经费的使用,等等。可以看出,讲座及其主持人在德国大学中拥有举足轻重的自主权力,其地位是如此特别;也正是由于这种特别的运行机制,使得它为德国大学的迅速崛起发挥了不可替代的作用。正如有学者指出的,"似乎可以说,德国学术系统在 1914 年之前数十年所取得的巨大科学进步可能是由于学术专业(借助讲座制度)拥有一种独特的社会地位;它享有一种在德国其他部门中不可能出现的非常巨大的自主"[2]。处于基层和学校之间的层级是学部,也是由所属讲座教授组成的部务委员会实施管理。综合起来看,柏林大学从基层到学部再到学校层级的所有事务都是由教授负责管理和决策的。

柏林大学的教授在学校管理中享有至高的权力,典型地体现了"教授治校"的管理模式。与中世纪大学一样,这一管理模式的实施对促进德国大学的迅速崛起有着无可替代的功效,尤其在以下两个方面最为突出。

首先,教授们享有学术管理自主权,有效促进了大学学术水平的发展与提

① 陈伟. 西方大学教师专业化[M]. 北京:北京大学出版社,2008:27.

② Burton R Clark. The Academic Profession: National, Disciplinary, and Institutional Settings[M]. Berkley, Los Angeles, London: University of California Press, 1987:70.

升。据陈洪捷教授的研究，19世纪的德国在科学研究的各个领域中都毫无例外地居于领先地位，仅德国一国所取得的科学成就，已经远远超出了世界其他各国科学成就的总和。德国在科学中的优势堪与英国的贸易和海上优势相媲美，甚至更有超越之势。而德国人之所以能够在科学界产生如此之深的影响力，主要归功于其大学。[1] 而德国的大学之所以能够取得如此辉煌的成就，首先得益于大学拥有一大批潜心科研的教授和赋予教授自主权的管理机制，其次才是基础和保障。其原因正如新人文主义者指出的那样，学术活动只能服膺于理性的逻辑，而理性的逻辑要求从事研究的学者是不能受非学术力量制约的，应当拥有一个自由和自主的研究环境。德国大学的管理正是满足了这种要求，给从事学术活动的学者们在大学范围内非常大的自主权，从而有效地激发了教授们的学术能力和学术水平，也进一步吸引了诸多优秀学者纷至沓来。德国教育史家鲍尔生（Friedrich Paulsen）曾略带自豪地写道"举世的学者不断到德国走访或留学"[2]，足见德国大学的魅力和影响。至"纳粹"执政之前，曾在柏林大学工作或学习过的诺贝尔奖获得者就达30人之众。[3] 比如，埃米尔·菲舍尔从1892年到去世一直在柏林大学工作，因对生物化学的突出贡献于1902年获诺贝尔化学奖；冯·贝林从1889到1895年在柏林大学工作，于1901年获诺贝尔生理学及医学奖；马克斯·普朗克1888—1926年在柏林大学工作，以量子理论的创立于1918年获诺贝尔物理学奖；爱因斯坦于1914—1932年在柏林大学任教，因成功解释了光电效应于1921年获诺贝尔物理学奖。这些，都是柏林大学学术精英的代表。

其次，德国大学的管理机制为正确处理政府与大学以及学术与政治之间的关系建构了可资借鉴的模式。如何妥善处置政府和大学、学术与政治之间的关系，一直是高等教育管理和研究的难题，柏林大学的管理模式则为这道难题的破解提供了有益的参考。柏林大学主要是由政府出面新建的，在建立之初便承载了帮助恢复国家尊严、重整民族雄风的时代使命，自然不能脱离政府的控制和政治的深刻影响；可以说，柏林大学"本来就是学者与政府、学术与政治之间积极合作的产物"[4]。但深受新人文主义思想影响的洪堡等人在关于大学地位等问题上坚持以"文化国家观"作为思想基础和价值准则，认为国家也是文化的体现，国

① 陈洪捷. 德国古典大学观及其对中国大学的影响 [M]. 北京：北京大学出版社，2002：2.

② 〔德〕鲍尔生. 德国教育史 [M]. 滕大春，译. 北京：人民教育出版社，1986：121.

③ 陈廷柱. 大学的理想——价值取向及其言说立场与限度 [M]. 青岛：中国海洋大学出版社，2008：132.

④ 陈伟. 西方大学教师专业化 [M]. 北京：北京大学出版社，2008：62.

家和学术均以统一的理性原则为出发点,大学和国家都应当共同服从于理性原则,二者互相结合,共同依存。[①] 因此,国家应当认识到大学组织和学术活动的特殊性,对大学的管理必须尊重其与社会其他组织的区别,更多地为大学的学术发展提供支持,而不是直接、具体地干预大学的运行,也就是说,必须赋予大学相应的自治权。为实现这种自治权,大学的运行显然不能受政府官员的直接指挥;否则,大学就有可能沦为政治的附庸。德国大学的处理方法就是把大学的管理权限直接交付到最通晓学术逻辑的大学教授手中,政府更多的是为大学的发展提供条件支持。在这样的组织构架下,大学和政府才能各得其所。可见,德国大学"教授治校"的管理模式,一方面支持了政府对大学的管理;另一方面也保障了学术的自治,促进了大学学术的发展,为正确处理政府和大学、学术与政治之间的关系提供了有效解决问题的典范。

柏林大学的巨大成功,给德国大学树立了良好的标杆。德国大学纷纷学习其办学理念和管理模式,整体上促进了德国大学办学水平的提升。19 世纪,世界上最好的大学在德国,这已经得到了公认,英国著名的高等教育管理专家阿什比(Eric Ashby)勋爵便誉之为"19 世纪大学的理想模式"[②]。在德国模式的影响下,欧洲大陆的一些国家,如法国、意大利等都开始效仿德国大学的运行机制,"教授治校"的管理模式在欧洲大陆得到了更加充分的发展。

第三节 美国大学的"教授治校"

从创建到 19 世纪,美国大学的发展曾深受欧洲大学的影响。但富于创造的美国人在学习别国经验的同时,不只是被动地模仿他人的做法,而是结合自己的文化和国情不断推陈出新,使美国大学的管理模式走出了一条有别于他人的道路。

一、美国大学的发展之路

在 1776 年宣告独立之前,美国是英属殖民地,美国大学就是起源于其殖民地时期创建的学院。1636 年,为了"把古老的英国大学的传统移植到北美的荒野"[③],英属北美殖民地诞生了第一所学院,即后来的哈佛学院(Harvard College)。在哈佛学院创建约半个世纪以后,威廉·玛丽学院(College of William

---

① 陈伟. 西方大学教师专业化 [M]. 北京:北京大学出版社,2008:62.

② 吴丽萍. 理顺高校内部行政权力与学术权力的关系 [J]. 江苏高教,2005(2):32-34.

③ John S Brubacher & Willis Rudy. Higher Education in Transition[M]. New York:Harper & Row, Publishers, 1976:6.

and Mary, 1693 年）、耶鲁学院（Yale College, 1701 年）、费城学院（College of Philadelphia, 1740 年）、新泽西学院（College of New Jersey, 1746 年）、国王学院（King's College 1754 年）、罗德岛学院（College of Rhode Island, 1764 年）、皇后学院（Queen's College, 1766 年）、达特茅斯学院（Dartmouth College, 1769 年）等殖民地学院相继成立。与欧洲大学是在长期存在的学者行会的基础上自然演进而成的方式不同，美国殖民地学院是由非学者群体"造"出来的，基本上都依附于宗教组织，属于教会的私有财产，其主要任务也是培养宗教人才。殖民地学院的教师一般都是临时聘用的教士，完全缺乏"主人翁"地位。殖民地学院在创建初期也是完全由校外人士组成的董事会控制学校事务的管理模式。

独立战争是美国历史发展中的重大转折。这场战争的胜利，不仅让美国彻底摆脱了英国的殖民统治，而且为其进一步发展经济、振兴国力提供了契机。在这片广袤的土地上，美国的拓荒者们依托来自欧洲的先进技术和生产手段，开启了美国的产业革命，促使美国逐渐朝向一个统一的、强大的资本主义国家迈进。然而，在国家独立后相当长的一段时间里，美国人在大学发展方面却没有承续其在独立战争中表现出来的激情和锐气，不但在创建国立大学和州立大学的问题上停滞不前，就是针对已有学院的改革也鲜有作为。直到 1819 年达特茅斯学院案判决后，美国大学的发展才进入一个全新的时期。

达特茅斯学院创立于 1769 年，也是美国早期的 9 所学院之一。学院的管理权也是通过董事会授予院长，但该学院院长的办学要"相对独立于董事会"[①]，这是它与同期其他学院最大的不同之处。也正是这一区别，为院长和董事会之间产生分歧和矛盾埋下了隐患。1815 年 8 月，由于在学院管理事务上的分歧，子承父业继任学院院长的约翰·惠洛克（John Wheelock）被董事会免去了职务。不甘失败的小惠洛克转而谋取共和党的支持。几个月之后，共和党人执掌的新罕布什尔州的一些官员以解决达特茅斯学院内部纷争为名，趁机介入学院事务。州立法机关取消了达特茅斯学院过去的特许状，决定重设董事会，企图把学院改办成一所州立大学。这一做法自然遭到董事会的抵抗。董事会将这一事件先诉诸州立法院，败诉后再诉至联邦最高法院。最高法院于 1819 年做出裁决，认为达特茅斯学院系"私人的慈善机构"，州政府没有权力随意更改其所有权，因此改判原董事会胜诉。这样，达特茅斯学院的控制权又回到了董事会手中，而新罕布什尔州政府欲将私人机构"掠"为政府机器的计划宣告破产。这就是美国高等教

---

① Victor Baldridge. Policy Making and Effective Leadership[M]. San Francisco: Jossey-Bass Publisher, 1978: 243.

育史上一度闹得沸沸扬扬的达特茅斯学院案。达特茅斯学院案的判决导致了美国公私立院校的分野，不但鼓舞了私立学院的创办和发展，也激发了州政府创办州立院校的热情，为美国高等教育向多样化方向发展奠定了基础。1862年，美国议会又通过了著名的《莫里尔赠地法案》。作为美国高等教育史上的第一部法律，该法案充分肯定了自1787年就已经开始实行的由联邦赠地资助建立大学的做法，并决定在全国普遍推行。各州利用联邦赠地基金和拨款纷纷创建了一批新的州立大学和学院，许多已有的州立大学、私立学院或大学也利用赠地基金，纷纷制订了新的教育计划，为促进美国大学的进一步发展注入了强大的动力和活力。这样，美国大学进入了提速发展的阶段。

19世纪后半期，大量前往德国留学的人士返回美国，并开始在美国高等教育领域发挥重要作用。以约翰·霍普金斯大学（The Johns Hopkins University）为例，其1884年的教师名册显示，该校有53位教授和讲师在德国学习过，其中13人获得过德国大学的博士学位。[1]特别是在这时期，有一批曾留学德国的大学校长，如弗雷德里克·巴纳德（Frederick Barnard，1865—1889年任哥伦比亚大学校长）、查尔斯·埃利奥特（Charles Eliot，1869—1909年任哈佛大学校长）、安德鲁·怀特（Andrew White，1871—1888年任康奈尔大学校长）、詹姆斯·安吉尔（James Angel，1871—1910年任密歇根大学校长）、丹尼尔·吉尔曼（Daniel Gilman，1876—1901年任约翰·霍普金斯大学校长）、本杰明·蕙勒（Benjamin Wheeler，1899—1919年任加州大学校长）、斯坦利·豪尔（Stanley Hall，1889—1895年任克拉科大学校长）等，开始在美国高等教育舞台发挥重要的作用。同时，一大批"其价值比金钱重要得多"[2]的德国学者和著名科学家也相继被聘请到美国大学执教。在这两股力量的带动下，以"洪堡原则"为基础的德国大学观对美国大学产生了重大影响，美国高等教育也掀起了深入学习德国经验的高潮。约翰·霍普金斯大学、哈佛大学、密歇根大学、康奈尔大学、克拉克大学、哥伦比亚大学、耶鲁大学、斯坦福大学、芝加哥大学等为代表的美国大学开始注重科学研究，并逐渐使科学研究与教学一起成为大学的主要职能，从而促成了美国研究型大学的兴起和发展。研究型大学的兴起又一次为美国大学带来了全新的发展，特别是随着高校在校学生和课程数量开始激增，一些新的教学研究单位也纷纷设立，促使整个美国的高等教育系统变得日益庞大、复杂起来。

---

① Walter P Metzger. Academic Freedom in the Age of the University[M]. New York: Columbia University Press, 1978: 103.

② Charles Franklin Thwing. The American and German University, One Hundred Years of History[M]. New York: The Macmillan Company, 1928: 103.

二、美国大学的"教授治校"

尽管美国大学在从创建到发展都深受欧洲大学的影响,但由于大学创建机制及其所处环境的差异,美国大学的管理走的是一条迥异于欧洲大学的道路。

在独立战争之前,美国的殖民地学院是非学者群体"造"出来的,作为大学最重要力量的教师群体是在学校建起来之后才逐渐形成的。校长之外的其他内部成员一般都是临时聘用人员,不仅待遇不好,而且没有社会地位。耶鲁学院老院长蒂莫西·德怀特(Timothy Dwight)的第八个儿子亨利·德怀特(Henry Edwin Dwight)曾感叹道:"我们所从事的教育,在大多数情况下,只是一种次等的职业,也是我们学院的毕业生干上几年然后就永远放弃的职业。"① 很多教师只是把这门职业"当成通向其他需要学问的职业的垫脚石"②。尽管美国殖民地学院的创立者大都来自英国,也都熟悉英国学院教师自治的管理模式,但即便他们在创办殖民地学院过程中有仿效英国学院管理模式的意图,③ 而由于缺乏专业化的学者团体,更没有像欧洲大陆那样形成学者行会性质的组织,使得殖民地学院的创建者不得不转向探寻其他形式的管理模式。校外人士组成的董事会治校的模式就是在这样的背景下建立起来的。校外人士治校的管理模式主要体现为由创办该院校的团体(主要是教会势力)建立一个权力机构,掌管大学的决策权。这个机构名目繁多,除了"校董会(Board of Trustees)"这一常用名称之外,还有"校务委员会(Board of Regents)""督导委员会(Board of Visitors)""管理委员会(Board of Managers)"或"学监委员会(Board of Curators)"等。④ 然后,这一机构按照自己的意愿把权力委托给校长为首的行政管理人员。这时的"校长(也)被认为是董事会的代表,而不是教师中的一员"⑤。掌握着控制权力的董事会不仅在物质上而且在思想上都与学院有着密切联系,能够并且愿意对他们所雇用的人在政策方面施加影响,并对他们的行动进行检查,以免其偏离政策。⑥ 这样一来,由外部委员会控制的管理模式开始成为美国大学的办学传统。而此时大学

---

① 转引自:Richard Hofstadter & Wilson Smith. American Higher Education-A documentary history[M]. Chicago:University of Chicago Press,1983:305.

② Richard Hofstadter & Wilson Smith. American Higher Education-A documentary history[M]. Chicago:University of Chicago Press,1983:305.

③ 和震. 美国大学自治制度的形成和发展 [M] 北京:北京师范大学出版社,2008:65.

④ 王国均. 美国高等教育学术自由传统的演进 [M]. 上海:学林出版社,2008:33.

⑤ Arthur M Cohen. The Shaping of American Higher Education [M]. San Francisco:Jossey-Bass Publishers,1998:85.

⑥ 〔加〕约翰·范德格拉夫,等. 学术权力——七国高等教育管理体制比较 [M]. 王承绪,等,译. 杭州:浙江教育出版社,2001:107.

学者沦为校董会的雇员,在大学管理过程中基本上处于无权状态。这种局面给当时的大学所造成的负面影响是不言而喻的,不仅妨碍了美国大学学术自治机制的创建,也延滞了大学教师学术意识的觉醒和学术职业的发展。直到 18 世纪末,典型的美国学院的教职员团体基本上就是由一个校长(通常是牧师)外加几个助教(很少超过三个,而且他们本身通常是准备当牧师的年轻人)构成,精通某种学术专业的教授则非常少。[①]显然,这对彰显大学学术组织的身份是极其不利的。

　　尽管美国大学一开始构建的是校外人士控制大学的管理模式,但在大学具体运行中,如何发挥教师的作用以实现大学自治的思想在殖民地时期也有过相关的诉求和实践。以哈佛学院为例,其成立之初,是由包括马萨诸塞州的总督、副总督和司库在内的六名行政官员和六名牧师组成的监视会(Board of Overseers)充当学院的管理权威,但这一机构并没能为学院带来法律上的自治,在深受英国学院自治理念影响的办学人士看来,这是不能令他们满意的。于是,被聘为哈佛学院第一任校长的亨利·邓斯特(Henry Dunster)于 1650 年向马萨诸塞大议会提出特许状请求,要求建立一个单一的董事会行使大学的管理权,以保障大学能够取得真正意义上的自治地位。在邓斯特草拟的特许状中,董事会的成员除了校外人士代表外,他已经把校内人士也就是学院教师也列入了组成人员中。这一举动就明显体现了仿效英国模式的意图。邓斯特校长的特许状获得了马萨诸塞大议会的批准,但没能被同意建立一个单一的董事会,而是确定在继续保留原来的监视会的同时,另行组建一个由一名校长、五名评议员(fellows)、一名司库或会计组成的法人会(A Corporation)的管理机构,从而形成哈佛管理上的双会制。需要注意的是,依据特许状成立的法人会,其成员已经包括了五名评议员。按照英国模式,评议员是由大学教师充当的角色,而哈佛学院从创立之后的 100 年间,其教师人数没有超出过五个,[②]这实际上就是把教师们都纳入代表学院法人身份的机构中去了。威廉·玛丽学院在 1729 年也成立了由校长和六位教师组成的法人会的管理机构,连同先前的理事会,该学院也形成了双会制。哈佛学院和威廉·玛丽学院双会制的建立,很大程度上反映的是美国大学一度希望仿效欧洲国家建立学者自治的管理模式,从某种意义上说,也是对教职员工参与学校管理的回应。

　　独立战争后,尽管殖民地时期形成的管理构架在美国大学依然存在,但随

① 和震. 美国大学自治制度的形成和发展 [M]. 北京:北京师范大学出版社,2008:65.
② 和震. 美国大学自治制度的形成和发展 [M]. 北京:北京师范大学出版社,2008:69.

着美国领土的扩张、经济的发达、政治的成熟以及高等教育本身的发展,使得美国高校的管理体制和管理制度开始发生明显的改变。一方面,掌管高校的董事会的结构发生了很大的变化,众多的相关利益者特别是以工商业界人士和以校友为主要代表的世俗力量开始打破教会人员一统董事会天下的局面,纷纷进入董事会,共同影响和决策大学的发展;另一方面,高校学者社群在不断崛起,像耶鲁学院教师数量在 1800—1820 年便翻了一番,哈佛、布朗学院的教师都增长了50%,[①] 这为高校教师的专业化发展奠定了重要的基础,在身份意识上他们也不再满足于"临时工"的定位。作为专业人员的教师,他们最了解学校教育教学所面临的问题和需要,因此他们越来越希望能够有权决定学校内部的、与他们利益密切相关的学术政策和其他相关政策。但这种要引发权力的重新分配的维权过程一般都是非常艰辛、曲折的。以哈佛学院为例,在 18 世纪初,哈佛学院的教师们曾进行过一次反对非住校的牧师进入法人会、争取法人会空缺职位的斗争,但以失败而告终。1825 年,哈佛学院的教师们为了进一步争取和维护自身的利益,利用当时学生因为对传统课程不满而引发的严重骚乱为契机,再次试图在法人会中获取席位,但这一要求也再次遭到了法人会和监视会的拒绝。尽管教师们在这两次大规模的抗争中都没有取得胜利,但哈佛学院对教师们权力的承认还是向前推进了一大步。1826 年,校监委员会公布了一套新的学院管理规章,把学院的外部控制和内部管理区分开来,同意赋予教师享有在新生招收、学生训练和确定教育方向等方面的管理权限。哈佛学院对管理权力的划分和归属,正式承认了教师对大学内部管理权的合法拥有,这一权力的内涵在后续的实践中还不断得以充实,而且也没有再遇到过挑战。[②]

当然,教师争取权力之路并不都是这么复杂,同期的耶鲁学院的管理却相对容易一些地跨入民主管理的进程中。早在 1795 年,蒂莫西·德怀特(Timothy Dwight, 1795—1817 年在任)开始执掌耶鲁,成为耶鲁学院的第八任校长。在他当政期间,董事会已经不参与具体校务的管理,并形成一种模式作为法定政策被固定了下来。特别是在全面了解了欧洲大学以"教授治校"为特征的管理模式后,德怀特校长仿效欧洲大学的模式,指定了三名教授组成教授会,共同决策学校大事。遗憾的是,由于他本人在性格上比较专断,使得当时的教授会徒有其名,在学校管理中并没有取得应有的权力。德怀特校长之后,教授会成员之一的杰里迈亚·戴(Jeremiah Day, 1817—1846 年在任)继任耶鲁学院的新校长。戴校

---

① 陈伟. 西方大学教师专业化 [M]. 北京:北京大学出版社,2008:102.

② Brubacher, John S and Rudy Wills. Higher Education in Transition: A History of American College and University [M]. New Brunswick: Transation Publishers, 1997:29.

长一改其前任的作风,把教授们完全视为可以信赖的朋友,一直坚持与教授会一起讨论和决定学院的各项重要决策,使得耶鲁学院成为美国历史上"最先将权力转让给教授的著名大学"①。到戴校长的继任者西奥多·德怀特·伍尔西(Theodore Dwight Woolsey)出任校长时,坚持与教授会共同讨论和决定学院的各项重要决策的做法被固定形成了一种模式和传统,甚至达到了如果没有教授会的推荐和支持,学院董事会就不能做出决策的程度。自此,"教授会治校"得到了董事会的认可,也成为耶鲁的一条管理法则。此后的耶鲁学院每增加一个系或学院,都要再相应地设置一个教授会,到哈德利(Arther Twining Hadley)任校长时,"教授会立法、校长赞同、院董事会认可"逐渐成为耶鲁学院治校的"格言"。②首位研究耶鲁大学历史的历史学家乔治·W·皮尔逊(George W Pierson)曾这样描述耶鲁学院的"教授治校":"在耶鲁学院,每个教师都是代表,共和体的活动由每个教师亲自参加。只有当人民对任命存异议时,永久教师委员会才会解决。绝大多数事务都是由耶鲁学院的全体教师协商解决。"③受耶鲁学院重视教授会作用的影响,美国很多高等学校的内部决策模式开始呈现权力由董事会、校长向教师转移的倾向。许多大学为此建立了由全体教授组成的大学评议会或教授会,负责大学的学术管理。比如,加州大学在 1868 年建立了教授会,康乃尔大学在 1889年也建立了一个包括所有教授和大学校长的教授会,还有密歇根大学、伊利诺伊大学、威斯康星大学和其他中西部的大学都纷纷仿效这一做法。这一时期教师参与学院管理的方式为美国大学"教授治校"制度的确立奠定了基础。

到 19 世纪后期 20 世纪初期,美国研究型大学不断涌现并取得了巨大成功,进一步促进了大学教师专业人员身份意识的转变,"教师开始要求提升自己专业人员的地位,并强调他们的正式训练和专业领域比附属的任何院校更为重要,借以坚持独立的专业人员身份"④。专业人员时代的到来使得大学教授的地位迅速攀升。各大学为了提高自身的科研实力和研究生教育质量,纷纷聘请权威学者任教,高水平教师的数量开始成为衡量学校质量水平的一个最重要的指标。这一变化使得 1865—1920 年这段时间内美国大学历史被视为"那些将大部分时光投入其中并以在复杂的机构中以研究和教学为业的学者和科学家取得胜利的

① 〔美〕克拉克·科尔. 大学的功用 [M]. 陈学飞,等,译. 南昌:江西教育出版社,1993:15.

② 陈学飞. 美国日本德国法国高等教育管理体制改革研究 [M]. 北京:教育科学出版社,1995:17.

③ 刘永. 耶鲁人的追求 [M]. 延吉:延边大学出版社,2001:321.

④ Burton J Bledstein. The Culture of Professionalism: The Middle Class and the Development of Higher Education in America[M]. New York: W. W. Norton & Company, 1978:303.

历史"①。

　　教师身份变化所带来的显著影响,就是他们所从事的学术职业在人才市场越来越具有竞争力,他们在大学办学过程中的重要性与日俱增。与此同时,美国大学规模逐渐扩大,学校内部的组织结构不断分化,比如,新的教学科研单位——学部、学系、研究所等纷纷出现并不断发展,像哈佛大学在 1891 年重组了 12 个学部、芝加哥大学在 1893 年便设置有 26 个学系。② 规模扩大和新的教学科研单位的出现,必定促进大学学术工作和行政管理工作的分工和复杂化。这种背景下,以往那种由校长等少数几个人承担学校全部管理工作的状况便难以为继了,其局限性和不适应性也越来越明显。为此,美国大学不得不适应形势的变化和要求,开始考虑进一步改革传统的管理模式。一方面,大学开始聘请大量的行政管理人员专门从事行政事务的管理,使得"在大科学中或大科学周围,一种新的事业结构,一种全新的专门职业成长了起来";③ 另一方面,大学把一些重要的关于学术管理的权力逐渐转移到影响力日益强大的教师群体手中,教师们因此而获得了在"决定他们自己工作的准确性质问题——如教些什么、研究些什么"等方面的优先权,"并且在决定为谁服务的问题上一门科目一门科目地、一个教室一个教室地施加影响"。④

　　但行政管理和学术管理的分化对大学的影响却有利也有弊。一方面,可以使得大学教师不需要再花更多时间和精力去应付繁杂的行政事务,可以专心地从事学术工作;但另一方面,由于"学术人"和"行政人"在价值观上的隔阂以及行政权力天然形成的强势,从而经常引发一些行政权力贬抑、损害教师利益的事件,罗斯事件就是其中的著名一例。爱德华·A·罗斯(Edward A Ross)曾任斯坦福大学教授。他不仅学术水平高,在经济学、社会学、政治学等诸多学术领域都颇有建树,而且还是一个在"言论自由和学术自由方面的不屈不挠并具有自我牺牲精神的捍卫者,以及公民自由的推动者和保护者"⑤。这样的性格也许注定他是一个"麻烦制造者"。1900 年 11 月,罗斯在《旧金山纪事报》上发表了其《对

---

①　John D Millet. The Academic Community[M]. New York: McGraw-Hill Book Company, 1962: 105.

②　别敦荣. 中美大学学术管理 [M]. 武汉: 华中理工大学出版社, 2000: 68.

③　John Ziman. The Force of Knowledge: The Scientific Dimension of Society[M]. Cambridge: Cambridge University Press, 1976: 225.

④　Burton R Clark. The Academic Life: Small Worlds, Different Worlds[M]. Princeton: The Carnegie Foundation for the Advancement of Teaching, 1987: 16.

⑤　Edward A Ross. Sociological Pioneer and Interpreter[J]. American Sociological Review, 1951, 16(5): 597-613.

解雇的愤怒》的文章,强烈谴责了政府的亚洲移民政策,从而直接触犯了斯坦福大学创办人的遗孀利兰·斯坦福夫人的铁路经营利益,导致罗斯被解雇。"罗斯事件"以及这一时期先后发生的一系列教授由于与学校行政当局观点不一致而遭到随意解聘的事件,让美国学界对大学教师的职业安全和利益受到威胁和损害的状况感到强烈不满。为维护大学教师的职业安全,在霍普金斯大学教授阿瑟·洛夫乔伊(Arthur Lovejoy)和哲学家约翰·杜威(John Dewey)的发动下,一个捍卫大学教师学术自由的组织——美国大学教授协会(the American Association of University Professors,简称 AAUP)于 1915 年宣告成立,并发表了著名的《关于学术自由和终身职位的原则声明》,宣布大学教师和学者有权自由发表言论,主张大学教师的职位安全必须得到保障。AAUP 的成立,"标志着美国学术人(academic man)的来临"[①],其所主张的原则得到了学术职业者的热情拥护,并深深植根于美国学术界,而且还在美国大学的管理中落地为相应的制度,从而为大学教师进一步强化在处置学术事务上的自由度和影响力提供了重要的保障。从 AAUP 成立起,美国大学教师主宰的时代就从萌芽状态逐渐展开了。[②]1966年,美国大学教授协会又联合美国教育委员会和学院与大学董事会协会等机构共同发表了《学院与大学管理声明》(*Statement on Government of Colleges and Universities*),明确了教师"对课程、教学内容和方法、研究、教师地位,以及与教育过程相关联的学生生活负有首要责任",并强调了院系负责人的产生必须征得教师同意并对教师的其他权力做了说明。[③]这一声明后来成为美国大学制定关于教师管理和教师权力制度的重要基础,为美国大学教师参与治校权的落实发挥了极其重要的促进作用。到这时,大部分美国大学的教师已经作为与行政权力平起平坐的一方力量,比较牢固地掌握了参与大学事务管理的权限,特别是"多数一流大学的教师获得了与校长同等重要的权力"[④],使得美国大学教师在争取治校权的征程上迎来了胜利的曙光。

与中世纪大学和德国大学一样,美国大学教师治校权力的复归对于促进大学的发展也是意义重大的。第一,它为大学学术属性的彰显提供了最根本的保

① Frederick Rudolph. The American College and University: A History[M]. New York: A division of Random House, 1962: 415.

② Burton R Clark. The Academic Life: Small Worlds, Different Worlds[M]. Princeton: The Carnegie Foundation for the Advancement of Teaching, 1987: 16.

③ American Association of University Professors. Statement on Government of Colleges and Universities[EB/OL]. http://www. aaup. org/statements/Redbook/Govern. htm.

④ George Keller. Academic Strategy[M]. Baltimore: The John Hopkins of University Press, 1984: 31.

障。从产生之日起,大学所肩负的就是传授知识、培养人才的学术任务,柏林大学将科学研究引入为大学职能后,大学的学术活动得到拓展,学术功能进一步显现。就是在大学机构的功能变得越来越复杂的今天,只要有人谈起"大学"两个字,首先浮现在人们眼前的也主要还是其作为学术组织的形象。可见,大学的学术属性是与生俱来的,而且是永不褪色的。如果学术属性不能在大学的身上予以体现,则大学也就失去了存在的基础。然而,美国大学在成立之初,其学术特征和学术生产的能力相对于欧洲大学而言差距是非常明显的,即便到1876年约翰·霍普金斯大学的建立标志着美国现代大学时代来临的时候,如果严格地按照19世纪以来欧洲大陆大学的学术标准去评判,那时美国仍然"没有一所大学是合格的"①。这除了美国大学本身不是由学者行会发展而来的原因外,还与美国大学管理中学者的主体地位一直得不到彰显有很大关系,因为这明显妨碍了学术职业的发展和学者们学术意识的觉醒。到后来,由外行人士组成的管理机构同意将一部分管理事务让渡到学者身上,一方面是因为学者自身努力争取权力的结果;另一方面,也是由于董事会和一些视野开阔的校长认识到仅凭他们的力量是无法包办大学所有事务的,特别是日益丰富的、专业化的学术事务。这从20世纪初康奈尔大学校长舒曼(Jacob Gould Schurman,1892—1920年在任)的表态可以得到印证。在舒曼看来,董事会是不能代表大学的,因为大学是一个知识分子组织,主要由致力于知识的人组成,不管他们从事调查、交流还是从事探究,所有的人都献身于智力生活,大学的管理就应该与这一基本事实相一致,而现行管理体制(指董事会"专权"体制——笔者注)下,校长和董事会是实现这一理想的障碍。②从运行机制看,"教授治校"就是让懂得学术逻辑和发展规律的学术人员决策大学组织的发展,而不是让原来的外部人士完全控制大学的大小事务,从而可以在最大限度上不让大学偏离学术组织的发展轨道。可见,这一管理机制对于大学有效彰显其学术属性的本质特征是极为重要的。

第二,"教授治校"的实施为保障教师利益提供了强有力的支撑。美国大学在创立之初,大学教师基本处于临时雇员的地位,其利益保障机制没有有效地建立起来。即便到19世纪末期,在大学教师的专业化已经相当成熟的时候,作为大学最重要的利益相关者的教师群体也还经常出现利益无端受损的状况。而"教授治校"的实施,为切实保障大学教师的合法利益提供了一种有效的机制。也正是在这一机制的作用下,大学教师的地位得到进一步的提升、利益得到进一步的

---

① John Brubacher, Willis Rudy. Higher Education in Transition: An American History: 1936-1956[M]. New York: Harper & Row, Publishers, 1958: 140.

② 转引自:谷贤林. 美国研究型大学管理[M]. 北京:教育科学出版社,2008:214.

保障。

　　第三,实施"教授治校"有效促进了大学学术水平的提升。如上所述,直到18世纪末,在美国大学教职员中,精通某种学术专业的教授一直非常少。哈佛学院在成立之后相当长的一段时间内,其教师人数几乎未超出五个。在这种状况下,大学学术水平自然可想而知。出现这种状况,一个重要原因可归结为当时美国学术职业不发达,另一原因则是大学教师在美国学院中地位低下。因为学者的地位得不到保障,必然会妨碍其学术创新的意识和学术责任感。随着教师主体地位的恢复和治校权力的获得,必然会增加其主人翁的意识,会让他们感觉到更加有责任、有义务为大学的学术事业贡献更多的力量。另外,大学教师拥有参与治校的权力,在很大程度上防止了非学术力量对学术事务的无端干预和伤害,使学者们的学术生活能够在自由、理性的环境中进行,从而为更多、更优秀的学术成果的涌现创建了支持环境。可见,实施"教授治校",对于提升大学学术水平的作用是非常明显的。

第四节　"教授治校"的现代变革 [①]

　　中世纪大学全体教师共同治校、德国大学"正教授治校"与美国大学教师参与治校,展现了"教授治校"制度在西方大学发展中所呈现出来的三种基本形态。毫无疑问,不同历史时期、不同国家所形成的制度形态都是植根于其深厚的历史背景和社会土壤之中的。进入 20 世纪,人类社会发生了重大变化,特别是20 世纪上半叶两次世界大战的爆发,彻底改变了人类历史的进程和社会发展的格局。战争结束之后,世界各国在迅速恢复创伤和专心发展经济的过程中,进一步加深了对科学技术和智力人才在促进生产力发展中的极端重要性的认识,这从客观上刺激和促进了世界范围内教育事业尤其是高等教育事业的迅猛发展。为顺应社会的发展与变迁,世界各国都不同程度地调整了高等教育的管理模式,各国大学在内部管理制度方面都相应地进行了一些变革,其普遍实施的"教授治校"制度便也随之出现了一些新情况、新变化。

一、德国大学"教授治校"的现代变革

　　德国高等教育是中世纪的产物,其传统的管理机制效仿的是巴黎大学学者自治的模式;特别是洪堡理念在德国付诸实践后,德国大学完全成为"正教授大学"。当然,另一方面,由于德国大学是由国家建立的,因而与政府当局有着天

---

① 彭阳红.　"教授治校"的现代变革 [J]. 现代教育管理,2011(4):122-125.

然的联系,特别是在中世纪以后的几个世纪中,国家对大学的控制更加强化,这使得德国大学传统的管理模式又呈现出"国家官僚—正教授"控制的典型特征。一方面,正教授在学校管理中的权力达到极致;另一方面,大学的管理严格地受到国家的控制。

尽管上文一再赞誉了德国柏林大学"(正)教授治校"模式的合理性、有效性,但随着科技和大学自身的发展,这一传统的组织形式的不适应之处开始逐渐显现出来。在19世纪之前,大学的规模很小,科学技术的分化也不是十分明显,大学的事务相对比较简单,按学科设置教席并由教席教授全权负责大学事务的形式并没有表现出很多的不适。但在19世纪之后,大学入学人数迅速扩张。资料显示,在1810年,德语国家的在校大学生约为4000人,到1875—1876年达到16611人,到1900—1901年达到了33986人,到1975—1976年已经到了439254人。[①]学生人数的增加使得原来只对应于面向较少学生教学的讲座;越来越不能适应较大规模的教学需要,不仅更多的学生不能被有效施教,教授的工作量也越来越难以承受,严重导致了效率低下问题的出现;另一方面,自19世纪中叶以后,知识和学科的分化得到迅速发展,而遵循洪堡理念完全按学科设置教席的学术组织方式,不利于新型学科及时引入到大学中来,而且讲座教授近乎"学阀"式的工作模式在新形势下具有明显的保守性,极可能成为影响学术创新和新人成长的障碍,与日趋成熟的民主文化也相抵牾。在这样的背景下,由一两位正教授完全控制的讲座的学术组织形式日渐显示出局限性。学生人数的大量增加和知识的进一步分化还带来了大学规模的扩张,增加了大学管理的复杂性,使得增加负责行政事务的专门人员成为现代大学管理的必然要求。总而言之,随着大学的发展,德国大学传统的管理机制和组织形式开始表露出一定程度的局限性,改革已经是大势所趋。

1848年的德意志革命发生后,德国大学其他教师(讲座教授之外的教师)以及大学生要求参与学校管理的运动拉开序幕。比如,该年9月,在耶拿(Jena)举行的德意志高校教师大会上,有人就提出了所有高校教学人员都应该参与学校管理的建议。[②]魏玛共和国时期,在普鲁士文化部部长贝克(Carl Heinrich Becker, 1876—1933)进行统一教授类型改革之后,很多高校把讲座教授之外的教师代表也纳入了学院一级的委员会中参与学校管理。但随着"纳粹"政权上台,这些改革措施没有坚持多久便停止了。

1933年1月,希特勒在德国建立了法西斯独裁统治。希特勒上台后十分重

---

① 周丽华. 德国大学与国家的关系 [M]. 北京:北京师范大学出版社,1995:151.

② 周丽华. 德国大学与国家的关系 [M]. 北京:北京师范大学出版社,1995:152.

视利用国家机器强化对教育的控制,完全以"纳粹"的意识形态指导教育,不仅严重破坏了德国大学的优良传统,还把德国高等教育带入了灾难性的深渊。特别是 1939 年希特勒发动第二次世界大战到 1945 年战败的短短几年,给具有数百年光荣历史的德国大学造成了几乎毁灭性的打击,不但优秀教师大量流失、学生人数锐减,而且学校的建筑、实验室和藏书都遭到了严重破坏。

"二战"结束后十多年间,德国大学面临着艰巨的重建、复兴任务,但具体如何重建却是横亘在人们面前的一道难题。尽管人们对于大学的重建提出了各式各样的建议,但曾经给德国带来辉煌的传统大学模式最终仍然得到了人们的眷顾。于是,当时大学的重建目标主要还是继承和恢复传统大学特别是魏玛共和国时期的大学教育模式。在大学的内部管理方面,过去那种正教授在法律范围内享有绝对权力,掌握着大学各层级决策权的管理模式得以重现。但正如上文已经提及的,这种曾经对促进德国大学的勃兴发挥过重大作用的少数讲座"教授治校"的管理模式,在新的社会和政治条件下却逐渐呈现出一系列问题。因为该模式是针对 19 世纪大学的功能、培养目标及科学发展水平建立起来的,[①] 在德国已经成为一个比较发达的工业国家的社会背景下,大学的管理仍然坚持套用传统的模式就有些不合时宜了。传统模式所表现出来的封闭性在科学技术迅猛发展和学生人数急剧增加的背景下,导致大学愈加脱离社会和时代发展的需要,越来越遭到人们的批评;另外,在民主化诉求日趋高涨的社会背景下,传统模式管理决策可能会严重损害一些相关利益者的权益,很容易激发矛盾。1968 年,德国爆发了大学生运动,其矛头直接指向德国的科学界和高等学校。在政治民主化的口号声中,大学生运动极力要求修改大学宪章,改变"(正)教授治校"的管理体制,代之以全体教师代表和学生代表参与决定大学事务的"集体治校"。[②]

在这些运动的推动下,联邦德国出现了空前的高等教育改革运动。高等教育的机会均等和民主化成为改革的主要目标。[③] 机会均等是指高等教育要进一步为广大的社会阶层敞开高等教育的大门,让尽可能多的人接受高等教育。民主化主要涉及参与管理的问题,旨在打破传统的正教授一统天下的格局,让学生、青年教师及员工参与学校管理,这成为改革的主要议题;但意见分歧也很大,直到 1976 年《高等学校总纲法》(简称《总纲法》)的颁布才基本上平息了争议。《高等学校总纲法》在大学管理问题上采取了折中方案,既吸收了教师参与管理

---

① 陈学飞. 美国日本德国法国高等教育管理体制改革研究 [M]. 北京:教育科学出版社,1995:132.

② 贺国庆,王保星,朱文富,等. 外国高等教育史 [M]. 北京:人民教育出版社,2003:640.

③ 贺国庆,王保星,朱文富,等. 外国高等教育史 [M]. 北京:人民教育出版社,2003:640.

的一些要求,同时也保证了教授在各决策层尤其是学术事务方面的主导地位。在《总纲法》的规制下,学校一级管理机构的权力开始得到加强,特别是其人员组成发生了重大变化,校代表大会、评议会以及常设委员会等有关领导机构开始让高校各类人员选代表参与,人员主要由教授、学生、学术性协同工作者(指教授的助手)、艺术性协同工作者(指高等艺术学校、高等音乐学校的教授助手)、助教以及其他协同工作者(指一般职工)四类人员代表组成,各类人员所占比例的分配依各州法规而定。在新法律的规制下,尽管更多的利益相关者被纳入学校的管理机构中来,但教授比例一般仍然占据多数,特别是在涉及科研、艺术发展计划,教学或聘任教授等事务决策机构中,教授的席位占绝对多数。而且,为突出教授团体的影响力,该法还规定了"多数中多数"的差别性的表决原则,即在涉及科研、教学、教师评聘等学术事务的决策时,除了要得到相关委员会的多数人通过外,还必须得到委员会中多数教授的通过。1985 年,德国政府对《总纲法》做了一些修改,在原来基础上进一步扩充了教授们在校内各级决策机构中的话语权,同时也加强了校级管理决策机构的职能,特别是校长的权限,从而使得校评议会和校代表大会的权力得到加强,而校长也开始真正成为大学管理中一位举足轻重的人物。始于 20 世纪 60 年代的这一场全面改革,不仅改变了整个大学的权力配置模式,其学术组织形式也经历了重大变革。最突出的变化就是原来以某个专业讲座教授为主宰的众多讲座和研究所遭到了摒弃,被合并或重组为类似于美国大学的学系。全德国大约有 190 个系代替了原来的 960 个研究所。柏林大学就形成了由 26 个系取代原先的 169 个研究所和 7 个学部的格局。①

　　从德国大学内部管理制度战后改革的一系列措施可以看出,德国大学"教授治校"的现代变革主要呈现出两个方面的趋势。在管理主体上,少数讲座教授完全控制大学的局面得到改观,更多的教师、员工及学生等参与学校管理的局面开始出现,德国大学由原来的"正教授管理的大学"变为了"团体管理的大学"。在各管理层级的权力配置上,学校一级的管理机构和校长的管理职能都得到较大程度的加强。这些都是明显有别于之前的大学管理模式的。然则这样,是不是可以判定德国大学里教师的地位和影响力已经衰微了呢?我们认为,不能简单、轻易地做出这样的结论。原因很简单。尽管原来的讲座教授的权力受到了一定程度的削减,但作为整体的教师群体在大学管理中的权威地位并没有从根本上得到削弱,只是以另一种代议的方式在学校各级管理机构里与更多的主体分享话语权,而且他们仍然占据优势地位,特别在学术性事务的管理和决策中,

---

① 〔美〕伯顿•R•克拉克. 高等教育系统——学术组织的跨国研究 [M]. 王承绪,等,译. 杭州:杭州大学出版社, 1994:211.

大学教授仍然具有决定性的影响力。这显示出"教授治校"的管理模式仍然散发着常青的活力。

二、法国大学"教授治校"的现代变革

法国大学素有"教授治校"的历史传统，其诞生于中世纪被视为世界现代高等教育"母大学"的巴黎大学，就是通过学者行会的组织形式建立起来的一个具有自治特权的团体。在稍后的发展中，巴黎大学学者自治的传统得到了很好的延续。到法国资产阶级革命之前，法国都比欧洲其他国家更早、更多地建立起自治性的大型院校，这为法国在相当长的一段时期内处于欧洲文明的领先地位发挥了重要作用。直到拿破仑执政法国后，这一传统才被迫出现了中断。

1806年，拿破仑决定创立帝国大学。帝国大学虽名曰大学，但实际上不是具体实施高等教育的大学，而是掌管全国教育的行政领导机构，也就相当于中央政府的教育部。实行帝国大学制后，中央集权的教育管理体制在法国建立起来了。各大学任命教师、院长及文凭发放等权力都被收归到帝国大学的控制之下，大学的"大多数决策，无论巨细，都是由巴黎的教育部甚至内阁做出的"[①]，大学的自主权和大学教师在学校管理中的地位自然受到了极大的损害。虽然这种中央集权的高等教育管理体制曾经也在一定程度上带来了法国高等教育的发展，但所造成的弊端明显严重得多。由于政府统得过多，使得大学缺乏自主性和活力，教师和学生参与学校管理的积极性受到压制，大学内部管理的自主化与民主化程度不高成为严重制约法国高等教育进一步发展的障碍。拿破仑下台后的半个多世纪的时间里，法国高等教育一直是在徘徊中几经进退，整体上处于停滞状态。

直到19世纪80年代，大学的办学模式才重新在法国引发思考和争论。1896年，法国政府颁布法令，决定恢复大学的法人资格，同时对院系设置、教学等方面实施改革。尽管这一次的改革并不彻底，也没能使得法国高等教育发生本质上的变化，但这次改革却带来了大学的复兴，法国高等教育开始出现转机。

第二次世界大战的爆发给法国带来了巨大的损失，对法国高等教育的破坏极其严重。战争结束后，国家陆续出台了一系列的措施，才使得高等教育在学校数量和入学人数上逐渐得到恢复，但在体制和管理方面的变化不大，拿破仑时代遗传下来的那种高度集权化的管理体制仍然没有得到本质的改观。从帝国大学创立到20世纪60年代之前，法国一直没有一所能够在真正意义上享有自我管

---

① 〔加〕约翰·范德格拉夫，等. 学术权力——七国高等教育管理体制比较 [M]. 王承绪，等，译. 杭州：浙江教育出版社，2001：52.

第二章 "教授治校"的历史源流

49

理权限的大学的存在。① 随着经济社会的迅速发展和全球范围内民主化思潮的影响,法国大学僵化的管理体制越来越凸显出局限性,不仅使得大学难以发展、学生就业困难,还不时激发出系列的社会问题。多重矛盾的累积最终导致 1968 年 5 月爆发了震惊西方世界的"五月学生风暴"。这次事件从学生举行罢课和示威游行开始,随后得到工人的响应和支持,然后蔓延为一场大规模的政治运动,其矛头重点直接指向沿袭了几百年的高等教育管理制度。

"五月学生风暴"得到平息后,法国国民议会通过了时任教育部长富尔(Edgar Faure)提出的教育改革计划。1968 年 11 月,该计划以法律的形式(即《高校教育方向指导法》)正式颁布。由于此法是在当时的教育部长富尔的主持下制定的,故又称作"富尔法"(Loi de Faure)。这一法案明确规定了大学的三大办学原则:自治、参与和多科性。三大原则的前两项主要针对大学管理制度改革。所谓"自治",就是"在国家宪法和有关教育法所允许的范围内,大学享有对内部管理、教学与科研组织、人事安排、经费分配以及与外界联系等方面的广泛的自主权"。② 所谓"参与",主要指"集体管理",即"在教育部长和大学区总长的领导下,大学的所有成员乃至社会人士,均可以通过各种委员会的代表参加对学校本身的管理"。③ 在这些原则的指导下,法国大学的校、系均设立了由大学教师、科研人员、学生代表、行政管理人员及校外知名人士代表经选举组成的理事会作为大学的决策机构,并设常委会领导和管理学校和系一级的行政、教学、科研和财务工作。在学术组织形式方面,与德国大学一样,法国大学也进行了重大改革,原来的讲座制被系科制取而代之,原来的学部被改造为所有教师和研究人员不分资历深浅都可安排入内的教学科研单位(UERs),这样的单位可以包括若干个系,也可以就一个系。④

《高等教育方向指导法》顺应时代的要求,在战后第一次以法律的形式为法国高等教育管理体制的调整指明了方向,推动了法国高等教育民主化和现代变革的进程。但由于法国高等教育的传统根深蒂固,而本次与以往改革一样,仍然只涉及大学的内部结构,而没有从根本上触动整个国家的教育及政治体制,从而导致该法案所确定的原则在贯彻过程中遇到了巨大的阻力,所以此次改革还是不彻底的。在国际形势日新月异的背景下,进一步改革的呼声大起。1984 年,密

---

① Christine Musselin. The Long March of French University[M]. New York: Tayloy & Francis Books, Inc, 2004: 28.

② 贺国庆,王宝星,朱文富. 外国高等教育史 [M]. 北京:人民教育出版社,2003:573.

③ 贺国庆,王宝星,朱文富. 外国高等教育史 [M]. 北京:人民教育出版社,2003:574.

④ 〔美〕伯顿·R·克拉克. 高等教育系统——学术组织的跨国研究 [M]. 王承绪,等,译. 杭州:杭州大学出版社,1994:211.

特朗政府又颁布了新的《高等教育法》，即《萨瓦里法》。该法案不但确认了《高等教育方向指导法》的三原则，而且在管理方面给予高等学校更多的自主权。依据《高等教育法》相关条款的规定，每所大学在原有的行政和科学两个委员会之外，增设教学与生活委员会，并对三个委员会的组成、职能、人员产生办法进行了明确的规定。三个委员会都由师生员工的代表组成。行政委员会由 30 ~ 60 人组成，教学科研人员一般占 40% ~ 45%，主要负责决定本校的政策，尤其是审议与国家签订的多年合同的内容，表决和批准学校预算，分配人员编制，批准和授权校长签署的协议、协定，批准其他财政收支等。科学委员会一般由 20 ~ 40 人组成，教学科研人员一般占 40% ~ 55%，主要就学校科研政策的方向和科技资料政策的导向以及科研经费的分配提出建议并接受相关咨询。教学与生活委员会一般也是由 20 ~ 40 人组成，教学科研人员一般占 37.5% ~ 40%，主要负责就入学教育和继续教育的方向向行政委员会提出建议，审查设立新专业的申请，制定落实对学生进行方向指导的措施，以及为学生学业、生活相关方面提供支持和服务等。[①] 根据《高等教育法》的规定，法国大学校长必须是大学的教授，由三个委员会全体成员组成的大会选举产生，任期五年，不能连任。

可以看出，自 1968 年以来所实施的系列改革措施，刷新了法国大学的内部管理系统，同时也展现了法国大学"教授治校"现代变革的历程和特征。经过重新布局和调整，法国大学与德国情况相似，过去那种只重视少数知名教授意见的现象也不复存在，其他教师、学生代表、学校行政人员、职工代表及校外人士代表共同参与学校管理的构架开始形成。但尽管如此，作为教师代表的大学教授在学校各级管理机构里占有多数名额，仍然保障了他们在大学治理中的影响力，特别是在学术事务方面的主导性的话语权。实际上，尽管学生和校外人士被吸收进了学校管理机构，但由于他们对理事会的工作并不是很关心，在理事会的出席率较低，会议程序基本上还是被学术人员特别是高级学术人员控制着。所以说，与德国大学一样，法国大学"教授治校"的制度安排虽然发生了一些变化，但其理念和精神实质并没有出现根本意义上的转向。

三、美国大学"教授治校"的现代变革

法国大学和德国大学"教授治校"现代变革的原点，就是如何变革传统大学由一部分教师把持大学事务的权力分配格局。在大学自身和社会民主思潮迅猛发展的背景下，传统意义上的权力分配模式逐渐显现出不适应性，导致改革势在

---

① 陈学飞. 美国日本德国法国高等教育管理体制改革研究 [M]. 北京：教育科学出版社，1995：192-193.

必行。所以,德国大学和法国大学"教授治校"制度的变革过程有一个共同的趋势,那就是都在改革传统意义上的"正教授大学",适当地、有针对性地增加其他利益相关者在大学管理中的话语权。然而,与欧洲大陆国家大学相比,美国大学没有形成完全由"正教授治校"的传统,其权力配置模式从一开始就有很大的差别,所以美国大学内部管理机制现代变革的原点与德国大学和法国大学是完全不同的,从而也使得美国大学的改革没有德国大学和法国大学那样深刻。

第二次世界大战结束后到 20 世纪 60 年代末期,是美国大学继续大发展的时期,也是大学教师地位进一步迅速上升的时期。尽管 50 年代初期曾经发生了倒行逆施的以反苏反共和迫害进步势力为目的的麦卡锡运动,曾一度严重地压制了学校中教与学的民主气氛,并对大学师生的学术自由造成严重破坏,但这个插曲并没有改变美国大学教师地位持续上升的趋势。随着大学入学人数的增长,人们对大学解决社会问题的期望迅速增加,迫切需要教师进一步发挥作用。尤其在联邦政府拨出大笔资金资助一些著名教师的科研所形成的"教授明星制度"(Faculty Star System)实施后,大学教师的学术职业得到空前发展,在学校管理中的权力和地位都随之得到大力加强。广大教师不仅在诸如课程设置、教学内容、教师评聘、学生录用等学术领域里掌握更多的控制权,许多学校的教授甚至还拥有对学校主要行政官员的选择权。这段时期仍然还是美国大学"教授对大学支配权"的上升时期。[①]

从 20 世纪 60 年代后期开始,美国大学入学人数增长速度开始放缓,大学办学经费也开始不同程度地出现拮据的局面,美国的高等教育事业从急剧扩张时期转而进入了放慢发展的时期,甚至处于一定意义上的危机时期。许多大学被迫调整教育计划,开始裁减教职人员、削减教师工资,这从客观上使得大学教师的地位和权力开始受到一定程度的削弱。当然,尽管如此,大学教师特别是教授群体对大学政策的影响力并没有就此衰微下去。据卡耐基委员会 1978 年的一项调查显示,58% 的大学校长认为自 1969 年以来大学教授对于学校政策和运营的影响还在持续增强;[②] 但也就是从这一时期开始,在社会民主化思潮风起云涌的影响下,大学其他利益相关者要求获取权力的运动进一步高涨。比如,从 60 年代末期开始,美国大学学生运动开始升温,大学生要求参与学校管理的诉求日趋强烈。很多大学也对此进行了回应。据 1969 年对 875 所美国高校的一项调查发现,88.3% 的院校允许学生代表至少参加学校一个管理决策机构的工作,其

---

① David Riesman. On Higher Education[M]. San Francisco:Jossey-Bass Publishers. 1980:Foreword.

② Verne A Stadtman. Academic Adaptation[M]. San Francisco:Jossey-Bass Publishers. 1980:69.

中 2.7%的院校给予学生在董事会上的表决权,41%的院校允许学生作为处理诸如教师的选任、提升、任期委员会的观察员。[①] 这一趋势后来还得到进一步的加强。另外,从这一时期开始,美国大学内部管理还有一个明显的变化,就是随着大学规模的扩张和开放性的增强,大学组织管理的复杂性更加显现,这从客观上要求大学不得不大幅增加各类行政管理人员和教学辅助人员。据相关资料显示,1883 年美国高校中的非教学人员仅占 17%,1933 年增长为 34%,到 1976 年已经高达 66%。[②] 特别在"专家统治论"的影响下,行管人员和教辅人员中的财务管理专家、人事管理专家、谈判专家、信息管理专家等也开始获得参与治校的权力。

这一系列的变化,必然给美国大学教师进一步谋求治校权带来了不同程度的影响。多方利益博弈的结果,就是美国大学的内部管理演化形成由大学各利益相关者参与的"共同治校"(shared governance)的格局。在共同治校的框架内,各利益群体都分别享有自己的"势力范围"[③]。比如,董事会的成员主要对学校的长远规划和财经预算产生重大影响,以校长为首的行政管理人员在学校的整体运营过程中有着强有力的控制力;对于教师来说,其管理权限更多地体现在与学术和专业职责相关的事务上。但需要指出的是,不要对这种"势力范围"进行绝对化的区分。实际上,在美国大学的管理过程中,众多的利益主体不但相对形成了自己的权力范围,同时也形成了互相制衡的机制。比如,全体教师可以通过教授会或民意投票等机制对大学校长和相关行政人员的工作进行实质性的监督和约束。

四、欧美大学"教授治校"现代变革的归因

经历了两次世界大战,世界各国的经济社会都遭受了灾难性的重创,战争一结束,如何迅速恢复经济并尽快取得在经济竞争中的有利地位成为各个国家面临的最紧迫的任务。随着科学技术在推动经济发展中的作用日趋重要,在经济恢复和争夺经济地位的过程中,科技创新迅速成为各国竞争的核心要素。也正因为如此,世界各国特别是西方发达国家在战后重建过程中,不仅比较迅速地恢复了经济、稳定了社会秩序,同时也加快了科学技术的发展,并由此带动了世界

① John S Brubacher & Willis Rudy. Higher Education in Transition[M]. New York: Harper & Row, Publishers. 1976:377.

② 陈学飞. 美国日本德国法国高等教育管理体制改革研究 [M]. 北京:教育科学出版社, 1995:39.

③ 陈学飞. 美国日本德国法国高等教育管理体制改革研究 [M]. 北京:教育科学出版社, 1995:80.

范围内的科技革命。

在恢复经济和迎接科技革命到来的时候,整个社会比以往任何时候更需要接受过高深知识学习和专业技术训练的各类人才,积极发展高等教育遂被各国政府看作提升国家竞争力的最有效的手段,这从客观上要求高等教育承载更加重要的时代使命,从而强有力地刺激了世界范围内高等教育前所未有的大发展。这种大发展首先表现在高等教育入学人数的节节攀升上。以美国为例,在1958—1968 年的 10 年,美国高等学校在校生人数由 322 万人猛增到 692 万人,年平均增长率为 7.9%;到 1970 年,在校生数已经增加到了 850 万。① 战后美国高校先后出现了两次特别明显的入学高峰:一次是战后大批的退伍军人在《军人权利法案》支持下纷纷涌入高校校园,截至 1956 年,进入高等学校的退伍军人人数就达到了 220 多万;另一次是 20 世纪 60 年代在战争和战后婴儿潮中出生的一代人开始达到入学年龄形成的高峰。面对巨大的高等教育需求,一方面,世界各国都需要大量增加各种类型的高等学校的数量;另一方面,各国高校的规模都趋向于迅速扩张。仍然以美国为例,1955 年美国具备万名学生的大学仅占高校总数的 2.2%,到 1968 年就已经发展到了 7.2%。② 而哈佛大学在 1945—1970年(由于扩张需要)新增加的校舍面积就相当于其建校 300 多年的总建筑面积。③一些超大规模的巨型大学体系也开始建立和发展起来。像加州大学,到 20 世纪60 年代,就已经在 100 多个地方雇用了 40000 多人,这种规模超过了 IBM 公司的雇员数量。克拉克·克尔(Clark Kerr)在其名著《大学的功用》中就提出了"多元巨型大学"的概念,他还用"一个居住僧侣的村庄""一座由知识分子垄断的工业城镇""一座充满无穷变化的城市"三个比喻,十分形象地勾勒出了大学规模扩张及组织日趋复杂化的变化过程。④

量变带来质变。随着世界范围内高等教育的大发展,高等教育的管理必然会受到很大的影响。就外部影响来说,为适应社会对高等教育日益增加的需求,高等教育开始改变其一贯保持的生产者导向的内向性特征,向消费者导向的开放体系转变,从而导致越来越多的外部因素开始介入大学的管理和运营过程。如果说中世纪大学作为纯粹意义上的学者行会还有可能以独立自治机构的身份来运行的话,那么现代大学是无法再望其项背的。随着大学规模的扩张,大学与

① Christopher J Lucas. American Higher Education: A History[M]. New York: ST. Martin's Griffin, 1994: 228.
② 陈学飞. 美国高等教育发展史 [M]. 成都: 四川大学出版社, 1989: 163.
③ Nathan M Pusey. American Higher Education: 1945-1970[M]. Cambridge: Harvard University Press, 1978: 102.
④ 〔美〕克拉克·科尔. 大学的功用 [M]. 陈学飞, 等, 译. 南昌: 江西教育出版社, 1993.

外界的联系越来越紧密,已经完全走向了社会的中心;特别是在大学的资金来源日益呈现多元化的背景下,大学愈来愈依赖政府和社会其他组织的资助及政策方面的支持,其结果必然导致国家或社会其他组织通过诸如行政的、经济的或者直接介入董事会等各种方式干预大学的管理。就内部影响来说,在高等教育机构的资源支撑日益呈现多元化,特别是越来越依靠市场化运作方式时,客观上刺激了这一机构的领导者必须更加富于企业家精神,同时也要求其在决策过程中更加具有话语权。另外,由于社会对高等教育的需求大众化、工具化取向越来越明显,大学作为学术机构一直流传下来的学者共同体的文化保守主义和传统的专业主义都将受到一定程度的挑战,一种新的共同参与型的组织文化在大学校园内弥散开来。

以上的背景分析适应于全球高等教育的环境变化。这些环境变化必然对传统的学者自治的高校管理模式产生重大的影响。首先,在越来越多的外部因素开始介入大学的管理和运营过程,特别是政府或社会其他组织通过各种形式干预大学管理的行为日趋加剧的时候,学者群体管理大学的空间当然会被"逼"得越来越小,这对传统意义上的"教授治校"的模式形成了一种有力的威胁。在大学受市场化影响越来越深刻,从而刺激了大学的领导者必须更加富于企业家精神,在大学的决策过程中更加具有话语权的时候,"专业管理者"管理大学的模式不断盛行,行政权力得到攀升,这更是对"教授治校"权力的戕害。其次,随着参与型的组织文化在大学校园内逐步形成,大学生群体要求参与大学管理的呼声越来越高涨,并且已经在世界范围内得到实践的时候,这对传统的大学管理模式也构成了严峻的挑战。概而言之,在上述环境变化的影响下,大学各类利益相关者要求参与学校管理的要求越来越迫切,从而使得由中世纪大学遗传下来的、传统意义上的完全由学者自治的大学管理模式发生了一些转向,逐渐朝向各利益相关者共同参与治校的航向演进。这是通过综合分析欧美大学"教授治校"的现代变革历程后所展示出来的基本图景。

然而,尽管现代大学"教授治校"的权力在深度和广度上都有所降低,但切不要以此作为否定"教授治校"或者轻易认定"教授治校"已经过时的依据。通过上文的分析可以看到,尽管现代大学的教授已经不能全然决定大学的所有事务,但整体意义上的教师群体在大学学术事务中的权威地位一直坚如磐石而不可撼动。而在其他事务的决策和管理中,教师作为大学学术权力的一方代表仍旧拥有强大的话语权,也能够对行政权力构成强有力的制衡和监督。这一点在欧洲大学中表现得特别明显,而在行政权力一直比较强势的美国大学中,情况大致也是如此。以哈佛大学为例,在 20 世纪 50 年代,其"真正的权力属于大学教授,行政管理仅占次要地位"①;1957年哥伦比亚大学的董事会也曾感叹道:"在实际管理中,他们离大学正在发生的事情越来越远"②;于2002年在北京举行的中外大学校长论坛上,斯坦福大学前校长仍然表示,教师才是大学的实际控制者③。即便是在美国大学校长权威迅速凸显的历史时刻,其校长"在大学校园里运用管理的权威(也)不单是行政权威的展现,更是一种责任分担和共同努力的展现,这需要涵盖校内各重要部门,尤其强调教师的参与"④。这些事实都在比较充分地证明,即便是行政权力一直比较强势的美国大学,教师在大学管理中的地位和影响力都是非常重要的。

在本质上,大学是一种传递、分析、创造以及批判深奥知识的特殊机构,这是其他社会组织所不可比拟的。由于其精深的专业特征,使得探究高深学问需要进行必要的专业学习和严格的理智训练;显然,只有高水平的学者才具有这样的素质,只有他们才能够深刻地理解高深知识的复杂性,主要让他们来解决这一领域的相关问题成为大学管理的通则。适应于大学的本质特征,大学学者参与学校管理的模式已经传承近千载,其内在的合法性永远不会丧失。这也就表明,"教授治校"的管理理念放到任何时代的大学都是适应的,是不会过时的。说其变化,更多的是指在具体的制度形态上的革新,而其背后蕴含的管理理念并没有发生根本位移。

第五节　"教授治校"的内涵

结合"教授治校"在欧洲大陆国家大学和美国大学的发展历史和演变趋势可以看出,"教授治校"的内涵实际上可以从两个视角来理解。传统意义上的"教授治校",指的是教授群体完全掌管大学的管理模式;而现代意义上的"教授治校"则可理解为大学教师群体作为最核心的力量参与大学事务的决策和管理,发挥实质性的影响作用。它既是一种大学管理理念,同时通过一定的制度安排予以体现。

关于"教授治校"的内涵,有三个方面的问题需要予以辨明。

第一是关于权力主体的问题。"教授治校"的权力主体是一个集体概念。传

---

① Alain Touraine. The American System in American Society[M]. New Brunswick: Transaction Publishers, 1997: 163.

② Ted I K Youn, Patricia B Murphy. Organizational Studies in Higher Education[M]. New York: Garland Publishing, 1997: 31.

③ 教育部中外大学校长论坛领导小组. 中外大学校长论坛文集[C]. 北京: 高等教育出版社, 2002: 117.

④ 〔美〕阿特巴赫. 21世纪美国高等教育:社会、政治、经济的挑战[M]. 杨耕,周作宇,译. 北京:北京师范大学出版社,2005: 324.

统意义上的"教授治校",其权力主体主要是正教授群体。现代意义上的"教授治校",权力主体已经得到了扩展,不再限于正教授群体。从美国大学教师参与学校管理的模式来看,"教授治校"的权力主体并没有严格按照职衔来划定,既包括具有正教授职称的教师,也包括了副教授、讲师在内。欧洲大陆国家传统意义上的"教授治校"是由一部分正教授完全把持治校权力,而且在当时的环境下也具备了合法性;但随着大学自身的发展和社会环境的变化,对这种权力配置模式很快也与时俱进地进行了改革,在更加广泛的范围内把更多的教师纳入了权力体系中来。所以说,现代意义上的"教授治校",权力主体不再限于高校教师中的"最高职称"群体,而是指以他们为代表的学者群体。当然,随着大学教师规模越来越大,具体到治校的组织形式上(如教授会、学术委员、校务委员会等组织形式),不可能把数量众多的所有教师全都吸纳进去,而只能选取一部分代表,从而使得"教授治校"在议事机制上体现为一种代议制民主的方式。这些代表一般是通过民主推选的方式产生的,都具有较高的学术水平,在大学组织中有较好的声誉和威望,整体上能够代表学术专业的价值取向和教师群体的利益。显然,具有较高学术成就的教授仍然会在这些代表中占据多数。

第二是关于治校方式的问题。传统意义上,"教授治校"的方式是正教授群体独立治校,即大学内部一切事务均由教授说了算;但在现代意义上,"教授治校"的方式则主要体现为参与式治校。像美国大学的教师是在随着自身实力不断增强的背景下,经过较长时间的斗争才逐步获得了大部分学术事务的决策权力和参与其他事务的管理权力;其"教授治校",在本质上是一种民主参与权力的实现,[①]教师代表的学术权力与行政权力统整在一起,共同构成大学管理的主体。至于欧洲大陆国家,虽然其传统意义上的"教授治校"实行的基本上是正教授独立治校的模式,但随着社会和大学的发展,这种模式逐渐改观,不仅更多的教师被纳入权力体系中,而且增强了以校长为首的行政人员的影响力,使得教师管理大学的方式也发生了转向,更多的也是作为参与性力量与行政权力一起共同发挥治校的权力。综合欧美大学的情况来看,现代意义的"教授治校"方式都主要表现为参与管理的方式。但必须强调的是,参与性权力和参与管理绝对不是可有可无的装饰品,或者成为其他权力的"橡皮图章",而是享有实质性的话语权和影响力的,这是理解"教授治校"的关键。

第三是关于治校领域的问题,也就是大学教师的权力应该涉及大学管理中哪些领域的问题。依据一般的分类,大学的事务可区分为学术事务和行政事务两大类(实际上,这两类事务界限非常模糊,是很难截然分开的,后文将做进一步

---

① 别敦荣. 中美大学学术管理 [M]. 武汉:华中理工大学出版社,2000:69.

阐释）。由于"教授治校"权力的合法性来源主要在于其学术专业人员的身份特征，因此，教师的权力指向学术事务领域是毫无疑问的。从西方大学"教授治校"的发展历程看，不论是欧洲大陆国家大学还是美国大学，其教师参与对大学的管理首先也是体现在学术领域，比如确定学科的发展方向、选择教学内容和研究课题、招收学生、评聘教师等，但这只是展现教师权力的一个方面。事实上，这些国家大学教师的权力和职责并不只限于学术事务领域，而是在更宽泛的范围内同样享有"参政议政"的权力。这在欧洲大陆国家大学是非常明显的。在传统管理模式下，欧洲大陆国家大学的学术事务以及与学术工作紧密相关的其他事务的管理，如经费的使用和分配、非学术人员的聘用、财政预算等，都被纳入了大学教授的权力范畴；经过现代变革后，教师在非学术领域同样可以发挥决定性的影响力。至于美国大学，教师参与治校的权限相对狭窄，其权力重心指向的主要是学术事务的管理与决策，但对于非学术性事务，美国大学的教师也不是没有话语权；相反，作为学校管理中相对独立的参与主体，教师群体既能对学校重大决策施加影响，同时也可以对行政人员做出的决策给予有效监督，特别是对于那些与教师切身利益紧密相关的事务更加会受到教师的关注。如果学校的管理与决策从根本上不符合教师的价值理念，很可能就会遭遇反对或抗争。这里试举发生在西德克萨斯州立大学和哈佛大学的两个事例予以说明。

西德克萨斯州立大学事件发生在1986年。当时大学的办学经费非常紧张，但学校管理当局却在没有征求教师意见的情况下将建设校长新官邸的预算提高了一倍，引起了教师们极大的反感。在教师们看来，这完全是滥用学校资源的行为，而且认为就是这样的行为导致了用于学术事务上的经费的衰减，批判的靶子直指当时的洛克校长。但在学校高级行政人员看来，即便经费再紧张，学校也需要一个更加象征学校精神的建筑物，为更好地筹集经费增加影响力。更严重的是，此风波还没有消停，洛克校长旋即又实施了一项重组计划，削减了教师数量，合并了若干个系，而如此重大的变革却没有征询教师的意见，教师们完全被排除在决策之外。尽管学校行政解释说这些改革是学校在面对危机时不得不采取的措施，但教师们坚持认为其权益受到了侵犯，并指控洛克校长是在涉嫌报复，校园紧张气氛在两种权力的争斗中不断升级，最终教师们通过对校长投不信任票表达了自己的不满，导致洛克校长下台。①

另一个案例是为哈佛大学"重振了本科教育，且筹集了20亿美元捐赠基金"的第27任"功劳"校长劳伦斯·萨莫斯（Lawrence H Summers）的辞职事件。表

---

① 转引自：王英杰. 大学学术权力和行政权力的冲突解析——一个文化的视角 [J]. 北京大学教育评论, 2007(1)：55-56, 189-190.

面上看,引发萨莫斯辞职的导火索源于其提出的男女科学家的差异主要是性别差异的假设,但深层次的原因还是因为他把在政府部门任职所习得的粗暴专断的管理作风带到了学术组织内,从而触犯了学术组织的基本规范,与教师们的积怨越来越深,最终才落得被迫辞职的下场。

这些案例传递了一种信息,美国大学教师群体对行政人员,哪怕是最高行政领导也仍然具有较强的监督和制衡能力,显示了美国大学教师群体在学校治理中所表现出来的巨大的影响力。

综合起来看,"教授治校"在权力和职责范围上,体现的是对大学的一切事务而不只是局部事务的影响。

本章小结

本章主要梳理了"教授治校"在西方大学的发展历程以及随着经济社会的迅速发展和大学办学环境的急剧变化,这一管理机制所发生的改革动向。

纵观西方大学的发展历史,"教授治校"的管理模式呈现了中世纪大学全体教师集体治校、欧洲大陆国家大学"正教授治校"、美国大学教师参与治校三种典型的制度形态。

"教授治校"机制的实施,对于促进大学发展具有重要意义。中世纪全体教师集体治校的机制,为大学取得合法性身份地位提供了强有力的支持与保障,同时也有效地促进了学术生产活动的体制化进程。欧洲大陆国家"正教授治校"的机制明显促进了大学学术水平的发展和提升,为正确处理政府和大学之间以及学术和政治之间的关系提供了比较理想的模式。美国大学教师参与治校的机制不仅为大学学术属性的彰显提供了有效保障,而且在保护教师的合法权益和促进大学学术生产力迅速发展中发挥着极其重要的作用。

进入 20 世纪,特别是第二次世界大战结束之后,世界范围内高等教育的办学环境发生了巨大变化,对大学的管理产生了一定的影响,使得自中世纪大学遗传下来的、传统意义上的大学管理模式发生了一些转向。无论是欧洲大陆国家的大学还是美国大学,其"教授治校"模式均发生了不同程度的变革,比较一致的趋势就是朝着教师群体作为最重要的主体与其他利益相关者共同治校的方向演进。尽管如此,教师群体在大学管理中的主体性地位并没有发生实质性的改变,"教授治校"的理念也不会过时。

综合对"教授治校"在欧美大学的发展历史和演变趋势的分析可知,传统意义上的"教授治校",指的就是正教授完全掌管大学的管理模式;现代意义上的"教授治校",则应理解为大学教师群体作为最核心的力量参与大学所有事务的决策和管理,发挥实质性的影响作用。

第三章

"教授治校"的价值

从西方大学的发展历程可以看出,"教授治校"的管理理念犹如一道永恒的风景线纵贯于大学发展的历史长河。这道风景线之所以能够长久地呈现出如此大的魅力,关键在于其蕴含着丰富的合理性价值。因为具有这些价值,"教授治校"的管理模式能够得到普遍认同和广泛支持,展现出长盛不衰的生命活力。

第一节 "教授治校"之于大学发展的意义

实施"教授治校",对于促进大学的健康发展具有非凡意义,可以从根本上保证大学发展不会偏离学术组织的轨道,有效地保障大学自治,展现大学制度的合法性,激发大学教师的学术生产力。这几个方面是保证大学精神和大学事业能够薪火相传的基本要素。

一、"教授治校"能彰显大学的本质属性

所谓本质,指的是事物特有的内在属性,这种属性决定了"你之所以为你""我之所以为我"的根本原因,或者说本质表明的是一事物区别于其他事物的最根本的特征,是事物存在的内在根据。"根据是在自身中存在着的本质,这个本质实质上就是根据。"① 如何把握大学的本质?最关键的就是要揭示出大学之所以为大学而不是其他社会机构的内在根据。本书认为,大学之所以为大学而没有成为其他社会机构的内在根据就在于其学术特征,或者说学术属性是大学的本质属性。

把大学的本质属性定位于学术属性,有必要先阐述一下对于"学术"的理

---

① 〔德〕黑格尔. 逻辑学 [M]. 梁志学,译. 北京:人民出版社,2004:232.

解。毫无疑问，学术与知识是紧密关联的。《现代汉语词典》把"学术"解释为"有系统的、较专门的学问"①，而"学问"就是"正确反映客观事物的系统知识"②。知识一般又涵括结果和过程相互环扣的两个方面，即人类认识的结果和探究的过程。依此，学术的范畴应当包含结果和过程两个方面。首先，学术指称的是知识活动的结果，也就是指人类在不同历史时期对自然、社会和人类自身的认识所取得的成果。当然，不是所有的认识成果都能称之为学术，能列入学术层面的知识成果是有其特殊性的：第一，称得上学术的知识应当是一种"普遍的知识"，只有揭示普遍意义的知识才是学术；第二，称得上学术的知识应当是"理性的知识"，只有出自人们理性思考而不是经验感性的，且具有一定的系统性理论的知识才是学术；第三，称得上学术的知识应当是"高深的知识"，是人类在不同时代认识客观世界所达到的最高程度。③

从过程视角看，学术反映的是人们对知识的创造、保存、传播和应用等系列活动。1990年，美国卡耐基教学促进会前主席、著名高等教育战略专家欧内斯特·博耶（Boyer）将学术活动概括为四种类型：第一是"探究的学术"，表现为学者们通过科学研究来发展新的知识、拓展新的知识领域，并以专业的方式沿着自己确定的方向前进；第二是"综合的学术"，就是要建立各个学科间的联系，把专门知识放到更大的背景中去考察，促进更多的跨学科交流与对话，发挥相邻学科的综合优势；第三是"应用的学术"，即便是最形而上的哲学和宗教也可以通过知识的应用而变成个人的内在的洞察力；第四是"教学学术"，指为了确保学术之火不断燃烧，学术必须持续不断地交流，而且要与教室里的未来学者进行交流，同时教授自身也将被推向新的创造性的方向。④博耶的分类大大拓展了之前人们关于学术过程的认识。

综上所述可以认为，学术是人类通过一定的技术手段和方式方法对自然、社会以及人类自身进行真理性探究，以获得相关知识的过程和结果。在高等教育领域，人才培养、科学研究、知识应用等过程以及所取得的相关成果都可以统归到"学术"名下。

与其他活动相比，学术活动具有非常鲜明的特征和要求。第一，学术活动是探究的活动，学术成果是探究的结晶。探究是通过一定的技术手段和方式方法去发现隐匿在事物内部的规律或者是创造出新事物的活动过程。在学术成果没

---

① 中国社会科学院语言研究所. 现代汉语词典 [R]. 北京：商务印书馆，2002：1429.

② 中国社会科学院语言研究所. 现代汉语词典 [R]. 北京：商务印书馆，2002：1430.

③ 张俊宗. 学术与大学的逻辑构成 [J]. 高等教育研究，2004，25（1）：6-11.

④ Boyer. Scholarship Reconsidered：Priorities of the Professoriate[M]. San Francisco：Jossey-bass Publishers，1990.

有得到明晰之前,它如何存在、怎样知道它的存在都是未知数。要解决这个未知的领域的问题,就必须依靠人类的聪明才智和专业技术,充分进行挖掘和探索;否则,学术成果是不会自动展现在人类面前的。可以说,只要是学术活动,就必定以探究为基础,探究是学术的灵魂。第二,学术活动是一项独立自主的活动。也就是说,学者所从事的学术活动应当是不受无端干涉的自主行为。一方面,学术活动必须建立在学者自觉的基础上,只有自觉,学者才能发挥出积极性和创造性,探究学术的活动才可能取得效果;另一方面,正如上文所言,在学术成果没有得到确认之前,它如何存在、怎样知道它的存在对人们来说都是未知数,未知领域可能把人们的探究活动引向任何可能的方向,这就要求学术活动必须让学者在充分的自由状态下独立地进行,而不受外力的无端干预。正如哲学家贺麟先生所指出的,"学术在本质上必然是独立自由的,不能独立自由的学术,根本不能算是学术。学术是一个自主的王国,它有它的大经大法,它有它神圣的使命,它有它特殊的范围和领域,别人不能侵犯"①。第三,学术活动日趋成为高度专业化的活动。在初级阶段,由于人类理性和社会条件所限,学术的范围十分有限,没有出现非常细致的分化,所取得的学术成果相对较少。随着社会的不断进步和人类认识水平的持续提高,不仅为学术体系的复杂化和分化创造了条件,而且也实质性地推动了这一进程。当知识体系庞杂到不进行分门别类就无法取得更大进展的时候,人们有意识地将知识归纳为不同的类属,也就是我们经常所说的学科。比如,哲学、经济学、法学、教育学、文学、历史学、理学、工学、农学、医学、管理学等就是分化而来的几大学科门类,在这些学科门类之内又分为更多更细的类别。知识的分化和学科的形成促使学术活动日趋呈现专业化的发展趋势,因为人类的认识能力和精力等十分有限,一个人不可能在所有知识范畴中都进行探究并取得成果,而只能经过专门训练后,有选择地在自己擅长的专业领域中去攻克学术难关、获得学术荣誉。

学术性是大学的本质属性,是大学形成和存在的内在根据,也是推动大学发展和改革的根本逻辑。高等教育刚刚萌芽时,就为其学术属性的形成奠定了基础。早在古希腊时期,哲学家柏拉图在雅典首创"学园"(Academy)时,学术活动已经开始在这个"名副其实的高等教育机构"②里安营扎寨。柏拉图带领一班人既从事着传播的学术活动(讲学),又从事探究的学术活动(哲学研究),而且创造了辉煌的学术成果,《理想国》等传世哲学名著就是其学术活动的结晶,当然他还培养了很多优秀的人才。后来,柏拉图的学生亚里士多德也仿效其师创立

---

① 贺麟. 文化与人生 [M]. 北京:商务印书馆,1988:247.
② 贺国庆,王保星,朱文富,等. 外国高等教育史 [M]. 北京:人民教育出版社,2003:23.

了吕克昂(Lyceum)哲学学校,一边进行讲学,一边从事自然哲学及生物学、物理学的研究。亚里士多德还直接把实验探究发展为吕克昂学校的学术活动方式,大大创新了学术研究的技术手段和方式方法。在希腊化时期建立的亚历山大学校,凭借其丰富的图书馆藏与相对完备的研究场地和研究设备,吸引了大批学者去从事学术研究工作。当然,在人类社会还不充分发达以及人类的认识水平还非常有限的背景下,这一时期的学术活动主要是学者们的自发行为,并没有成为一种专门的职业,但学术作为高等教育机构的主体活动已经初现端倪。

布鲁贝克指出:"每一个较大规模的现代社会,无论它的政治、经济或宗教制度是什么类型的,都需要建立一个机构来传递深奥的知识,分析、批判现存的知识,并探索新的学问领域。"[①] 在随着人类社会迅速发展、过去那种简单化的认识活动已不能满足社会需求的时候,从事专门化的学术活动的机构就应运而生了,这种机构就是大学。作为现代大学源头的欧洲中世纪大学,就是当时在翻译阿拉伯文化、重拾古希腊罗马文化之光辉的过程中,那些"以教授与学者的身份进行专业活动"的人通过行会的形式聚集而形成的,这种体制化的机构能够为学者们的学术生活提供有效的保障,并取得了可观的学术成果。一方面,中世纪大学为社会培养了大量的神学、医学、法学、文学方面的人才。比如,从12世纪40年代起,在巴黎大学学习过的人在教会法庭、红衣主教团体以及教廷中都表现卓越。由英诺森三世任命的红衣主教中有 1/6 的人、由格列高利九世任命的有 1/2 的人都在巴黎学习过或者任教过。[②] 对于中世纪大学在人才培养方面的历史贡献,科班(Alan B Coobban)曾称赞道:"中世纪大学的毕业生,既能胜任专门化的职业工作,又是社会有用的成员,他们构成了中世纪社会劳动力的精英。"[③] 另一方面,中世纪大学创造了一批在今天看来都值得瞩目的科研学术成果。例如,巴黎大学著名学者阿伯拉尔相继创作了《是与否》《基督教神学》《神学导论》等名著,布里丹教授在自然科学研究做出了重大创新,文学院的阿威罗伊是亚里士多德著作最为卓越的评注者;还有索尔兹伯里的约翰、阿尔伯特马格努斯、托马斯·阿奎拉、罗杰·培根、邓斯司各特等人,他们"几乎构成了从公元1100年到1400年的哲学史"。[④] 中世纪大学在成立之初,并没有引起王权和教权的很多重

---

① 〔美〕约翰·S·布鲁贝克. 高等教育哲学 [M]. 王承绪,等,译. 杭州:浙江教育出版社,2001:12.

② 〔比〕希尔德·德·里德-西蒙斯. 欧洲大学史. 第一卷 [M]. 张斌贤,等,译. 保定:河北大学出版社,2008:272.

③ Alan B Coobban. The Medieval University: Their Development and Organization[M]. Livepool: Methuen & Co Ltd, 1975: 234.

④ 〔美〕威尔·杜兰. 世界文明史·信仰的时代. 下卷 [M]. 幼狮文化公司,译. 北京:东方出版社,1999:718.

视,到后来却逐渐成为"一种令其他势力感到不安的力量"(雅克·勒戈夫),其原因也正是由于中世纪大学在人才培养和科学研究方面所取得的巨大成就,使得其在社会上的影响力与日俱增。换言之,大学的学术功能推动了大学机构的发展。

　　文艺复兴时期许多近代大学开始建立,如埃尔富特大学(1392年,德国)、莱比锡大学(1409年,德国)、爱丁堡大学(1582年,英国)、达布林大学(1592年,爱尔兰)。这些大学里的图书资料和其他从事学术研究的设备都已经相对充足了,加之一大批著名的科学家,如人们熟知的伽利略、开普勒、牛顿等都在大学工作,更是增添了大学学术研究的氛围。美国历史学家丹尼尔·布尔斯廷(Daniel J Boorstin)曾赞叹道,欧洲大学及其学院发展到这时,已经成为"一群骄傲与杰出的有学识者聚集的中心"。① 尽管这时人才培养的教学活动还是大学的主体活动,作为重要学术活动的科学研究还没有成为大学的基本职能,但此时的大学除了继续依靠人才培养扩大影响力之外,它们在科学研究方面所取得的成就也越来越赢得社会的赞誉,进而促进了自身的进步和发展。

　　到19世纪初,德国的威廉·冯·洪堡提出了"教学与科研统一"的原则,并按照这一原则创办了著名的柏林大学后,科学研究正式成为大学的职能。柏林大学从创建开始,就不仅把自由、理性的科学研究认定为教授们的首要学术职责,而且要求"学生以大学教师为导师,协助教授进行科研,然后在研究过程中受到教育并培养自己在学术上的爱好"。② 在这种氛围的影响下,科学研究被赋予了崇高的地位,大学里有组织的、集体化的科学研究活动随之兴起,同时也标志着现代大学学术活动全面化、规模化时代的开始。学术活动在柏林大学的全面拓展,大力促进了大学的发展,不仅使得柏林大学创造了先后有30人之多的学者获得诺贝尔奖的辉煌,在人才培养方面更是吸引了全球的学子慕名前来。这些成果为柏林大学迅速成为世界各国高等教育的学习典范发挥了奠基性的作用,其成功模式对世界高等教育的发展产生了巨大的影响。此后,全球许多国家的高等教育都不同程度地参照柏林大学的办学模式进行了改革。以美国为例,自1876年约翰·霍普金斯大学成为美国第一所研究型大学之后,哈佛大学、密歇根大学、康奈尔大学、克拉克大学、哥伦比亚大学、耶鲁大学、斯坦福大学、芝加哥大学等都建立了自己的研究院或研究部,相继走上了研究型大学之路。非常明显,柏林大学的成功之路,突出证明了学术活动之于大学发展的重大意义。

　　当前,随着科学技术进一步发达,特别是在人类迎来了知识经济时代之际,

_____

① 〔美〕丹尼尔·布尔斯廷. 美国人——殖民地历程 [M]. 时殷弘,等,译. 上海:上海译文出版社,1997:233.

② 符娟明. 比较高等教育 [M]. 北京:北京师范大学出版社,1987:303.

大学的学术属性尤其得以彰显。一方面,科学技术的进步及其在社会生活中的应用已经成为促进经济社会快速发展的根本动力和重要源泉,必然使得作为科学研究与创新重镇的大学,在承担更多的科学研究任务和创造更丰富的科学研究成果中肩负起越来越重要的责任,进一步成为推动社会前进的力量。另一方面,在高度发达的现代经济社会,世界各国对专业人才的需求越来越大,对人才素质的要求越来越高,客观上要求大学培养更多更优秀的、既能掌握高深知识和专业技能又具备较高综合素养的现代人才。两方面需求叠加起来,使得学术特征对于现代大学来说比以往任何一个时候都要表现突出。实际上,现代大学也正是通过满足社会的人才需求、产生更多的科研成果并提供更加有效的社会服务,为自己开拓出更广阔的发展空间。

回顾大学的发展历程不难看出,学术活动自大学产生之日起,就开始成为其主体性的活动。在大学的发展过程中,学术活动更是成为促进其不断成长、迅速壮大的根本因素。正是由于大学机构自始至终地秉持学术属性,才使得其不会丢失"大学"之名,能够以鲜明的特色区别于一般的其他社会组织。

大学的本质在于其学术性,这不仅为大学发展的历史所证实,从不同时期的高等教育研究专家和大学管理专家们对大学职能的认识和论述中也能得到深刻的反映。19世纪,西方历史上较早对大学教育做出系统论述的约翰·亨利·纽曼(John Henry Newman)在其名著《大学的理想》一书中,开宗明义地提出大学"是一个传授普遍(universal)知识的地方"[1]。尽管纽曼不赞成在大学里进行科学研究,但当我们按照博耶的观点把大学的教学视为学术活动的重要类型时,就不难看出纽曼的话实际上是在注解大学的学术属性。柏林大学创立者威廉·冯·洪堡认为大学的特征就"在于常常将学问看作没有解决的问题不断地进行研究……(大学的)教师和学生都为学问而存在……不断地研究、追寻学问是大学必须坚持的原则"[2]。曾任美国普林斯顿大学校长的亚伯拉罕·弗莱克斯纳(Abraham Flexner)在《现代大学论——美英德大学研究》中提出,"现代大学的最重要的职能,是在尽可能有利的条件下深入研究各种现象:物质世界的现象、社会世界的现象、美学世界的现象,并坚持不懈地努力去发现相关事物的关系"[3],并且是"在最高层次上全心全意并毫无保留地致力于增进知识、研究问题

① 〔英〕约翰·亨利·纽曼. 大学的理想 [M]. 徐辉,等,译. 杭州:浙江教育出版社,2001:1.
② 转引自:胡建华. 思想的力量:影响19世纪初期德国大学改革的大学理念 [J]. 清华大学教育研究,2004,25(4):1-6.
③ 〔美〕亚伯拉罕·弗莱克斯纳. 现代大学论——英美德大学研究 [M]. 徐辉,译. 杭州:浙江教育出版社,2001:18.

（不管它们源自何方）和训练学生"①。德国著名的哲学家、教育学家卡尔·雅斯贝尔斯（Karl Jaspers）在《什么是教育》中，提出"大学是研究和传授科学的殿堂，是教育新人成长的世界，是个体之间富有生命的交往，是学术勃发的世界"②。美国加州大学伯克利分校前校长克拉克·克尔（Clark Kerr）用三个"无与伦比"回答了关于大学独特的价值或功能的问题，即"在维护、传播和研究永恒真理方面的作用简直是无与伦比的，在探索新知识方面的能力是无与伦比的，在服务于文明社会众多领域方面所做的贡献也是无与伦比的"。③显然，这三个"无与伦比"深刻解读了大学的学术特征。

在我国，现代意义上的大学出现得较晚，但人们对大学本质属性的认识与西方是一致的。1916年，蔡元培受命主掌北京大学，他在校长就任仪式的演说中开宗明义地讲："大学者，研究高深学问者也。"④在很多不同的场合，他还多次强调大学是"教员与学生共同研究之机关"及"研究学理的机构"。梅贻琦在就职清华大学的演说中也首先表明了他对大学本质特征的看法。他说："我希望清华今后仍然保持它的特殊地位……我所谓的特殊地位，并不是说清华要享受什么特殊的权利，我的意见是要清华在学术的研究上，应该有特殊的成就，我希望清华大学在学术研究方面应向高深专精的方向去做。办学校，特别是办大学，应有两种目的：一是研究学术，二是造就人才。"⑤朴实的话语，却深刻地诠释了中国20世纪两位最著名的大学管理专家对于大学学术属性的理解。更为可贵的是，两位著名的大学校长不只是理解在口头上，而是把这些理念充分落实到办学实践中去，他们所主张并实施的学术自由、"教授治校"和大学自治等都有效地保障了大学作为研究高深学问之所在，为两所大学的迅速崛起发挥了根本性的作用。

古今中外大学发展的基本事实和众多教育专家关于大学本质的认识，充分论证了大学组织学术属性的典型特征。大学主要是由从事学术活动的学者构成的，独特的学术属性是推动大学发展和改革的内在逻辑，是大学区别于其他社会组织的最重要的依据。既然大学在本质上是一类从事学术活动的特殊机构，显然，管理这一特殊机构的重任天经地义地落在最懂得学术发展逻辑的学者们的

① 〔美〕亚伯拉罕·弗莱克斯纳.现代大学论——英美德大学研究 [M].徐辉，译.杭州：浙江教育出版社，2001：19.
② 〔德〕雅斯贝尔斯.什么是教育 [M].邹进，译.北京：生活·读书·新知三联书店，1991：150.
③ 〔美〕克拉克·科尔.大学的功用 [M].陈学飞，等，译.南昌：江西教育出版社，1993：29.
④ 蔡元培.就任北京大学校长之演说 [A]//中国蔡元培研究会.蔡元培全集.第三卷 [C].杭州：浙江教育出版社，1997.
⑤ 刘述礼，黄延复.梅贻琦教育论著选 [C].北京：人民教育出版社，1993：109.

身上。因为这一机构的管理事务主要是与学术相关的,处理与学术相关的事务需要广博的学术知识、高深的专业能力以及丰厚的学术阅历和经验,只有这样,才会尽可能地实现对于学术事务的科学判断和妥善处置。而大学学者由于在学术知识、专业技能、学术阅历等方面的绝对优势,自然决定了他们在大学管理中的权力与地位。

从全球范围的情况来看,世界各国对在大学从事学术职业的学者一般都制定了非常严格、规范的评聘标准与程序。就标准来说,很多国家都把拥有博士学位作为取得学术职业资格的一项基本条件,像德国、美国的大学原则上都有这样的规定,我国大学也趋向于这样的规定。博士学位处于学位领域的最高等级,一般可视为"学术尊严的标志"和"专业能力的象征","是一定标准化的训练和学历的保证"。⑥ 从程序上说,大学教员的招聘一般都要经过初选、面试、学术报告、全面考评等严格的环节,在很大程度上保障了学术职业的质量。而且,大学的学者一旦进入了学术职业的殿堂,学术活动基本上也就伴其终身,"以学术为生"与"以学术为业"便成为他们的职业要求和生活写照。至于在大学教师职称序列中达到最高层级的教授,其学术要求更为严苛。就其评聘过程来看,一般而言,能够被聘为教授,除了要有高级学位且应当已经取得相当的从事学术职业的工作经验外,还需要在教学和科研上取得突出成就,在道德修养方面也要堪当楷模,否则就没有资格申请教授职务。就程序来说,尽管各国的情况各有差异,但一般都有一套严格、规范的教授招聘和晋升程序,比如要信息要公开、要经过同行评价、要公示等,并且国家一般都要出台相关法律予以保障。各国大学对于教授的评聘之所以要规定这些严格的标准和规范的程序,关键就在于要高度保证学术职业的"含金量"——这一群体不仅学识渊博,是各自研究领域的专家,能够精通专业的学术问题,而且在道德等其他方面也是楷模。

可见,相对于大学的其他族群而言,学者是从事学术活动的主体,只有他们才能够深刻地理解高深学问的复杂性,他们才是守护大学精神的核心,让他们广泛地控制学术活动并参与管理与学术相关的其他事务,才能从根本上保证大学生活围绕学术这一核心主旨而展开,而不会偏离轨道,从而"永葆大学的学术青春,坚挺大学的学术秉性,激扬大学的学术活力";⑦ 也就是说,只有让通晓学术逻辑、充满学术热情、以追求知识与真理为己任的学术人深度参与大学的治理,

---

⑥ Frederic Rudolph. The American College and University: A History[M]. New York: A Division of Random House, 1962: 398.

⑦ 龙宝新. 论教授治校的合理诉求与资质优势 [J]. 中国人民大学教育学刊, 2014(2): 105-115.

才能深刻彰显和守护大学的学术本质。

二、"教授治校"能保障大学自治

作为一种抵御和反抗外力干预与控制的机制,自治的理念一直为大学所尊奉、所追求。事实上,从中世纪起,大学就开始了自治的旅程,自治与大学相伴而生,具有悠久的历史传统。最初,一批"以教授与学者的身份进行专业活动的人"为了更好地从事知识的探究,按照当时社会十分盛行的、能够高度自治的行会形式自愿结成学者团体,这一大学的雏形便形成了内部成员自我管理的特征。中世纪的行会本就暗含着独立性和凝聚力的意思,而且,在多种势力共同存在且相互制衡的中世纪,自治已经成为十分盛行的社会概念,像城市自治、行会自治都成为普遍的社会现象。这样一来,大学自治不仅在情理之中,而且也为势所迫。因为在一个自治流行的时代,不获得自治就意味合法身份的丧失,从而使得自治的身份对于包括大学在内的所有社会组织的合法存在和发展来说都是至关重要的。

学者行会自诞生之日起便有自治的诉求,首先是因为要摆脱来自外部力量的干预。随着学者行会的规模和影响力不断地扩大并成为"一种令其他势力感到不安的力量"[①] 时,社会上的其他势力,包括王权、教会以及城市当局等就开始了对大学的关注和干预。各方力量从各自的利益出发,纷纷采取笼络、压制等手段向大学组织施加影响,妄图把大学网罗到自己的势力范围之内,使之成为为自己服务的工具。毫无疑问,这种干预对大学会形成伤害,自然会引发大学的抵御和抗争,从而直接导致学者团体与王权、教会之间的一系列的冲突和斗争。斗争是艰辛的,最终以大学的胜利而结束。能够取胜的原因可能是多方面的,但关键还在于其学者行会成员的共同努力,通过罢教、迁徙等一些灵活的策略,不仅迫使王权和教权颁布了承认其自治地位的特许状,还帮助大学分别从王权和教会那里获得了一些"法外特权"。在此过程中,全体教师共同充当管理主体的机制发挥了重大作用,学者们集体控制大学内部事务,有效地激发了全体成员的身份意识和主人翁精神,提升了行会组织的自律、自强能力,使得大学组织自我管理的水平不断上升,为大学自治得以延续提供了最根本的保障。

19世纪以后,世界民族主义运动高涨,新兴的民族国家都意识到大学所显示出来的强大社会影响力,都希望大学能够为国家政治、经济和文化的发展做出贡献。在这种背景下,各国政府纷纷出资创办大学,或者通过行政的、法律的手段加强对大学的支持与管制。政府的支持特别是经费上的支持当然可以让大学如

---

① 〔法〕雅克·勒戈夫. 中世纪的知识分子 [M]. 张弘,译. 北京:商务印书馆,1996:60.

虎添翼,但对于大学自治而言却也相当于戴上了一个"紧箍咒"。庆幸的是,尽管政府的影响和控制在加剧,但自治的理念在近代大学还是得到了较好的继承和发展。以德国柏林大学为例,这所由政府出资兴办的大学,从一开始就被纳入了国家管理的范畴,但柏林大学却通过创新组织形式和管理机制很好地处理了与政府的关系,创造了一种有效的大学自治模式。

在柏林大学创办者洪堡等人看来,国家对社会生活的影响是不可避免的,但这种影响应当保持一个限度,特别是对于公民事务而言,应当"最大限度地限制国家的作用",因为"国家本身不是目的,国家的基本任务是保障人的自由",[①]而不是控制自由。这样的国家观在大学的管理上同样得到了反映。洪堡等人极力主张国家应当给大学组织自主发展的空间,应当尽可能少地对大学事务特别是学者的工作进行直接的干预或限制;否则,国家只会阻碍大学的发展。为了践行这些理念,柏林大学创建了讲座制度和教授会制度,把大学内部事务的处置权都交到了最懂得大学学术逻辑和运行规律的教授的手中,让大学成为一个可以依据自身逻辑独立运行的相对自治的学者联合体。当然,与中世纪早中期大学完全不同的是,由于此时的大学所需的财力和资金支持在很大程度上是由国家政府提供的,使得它不仅要接受来自政府方面的限制和政府要求承担的义务,而且也完全丧失了中世纪那样的特权,这对大学自治当然会产生非常不利的后果。但近代大学的办学历程仍然清楚地告诉我们,虽然大学所处的环境发生了重大变化,但大学遵循自身发展逻辑、以教授群体为核心的自治模式却并没有发生改变,反而在一定意义上还得到了加强,这一点与中世纪大学是一致的。

洪堡时代之后,大学自治理念在全球范围内继续传播,其中又以美国大学的表现尤其具有代表性。从 17 世纪殖民地学院组建开始,美国大学基本上就依据殖民地政府颁发的"特许状"获得法人身份;到殖民地时期末期,法人制度已经在学院管理的实践中普遍形成,为大学自治提供了最基本的保障。但是,与欧洲大学相比,美国大学的自治结构从一开始就表现出完全不同的形态特征。最突出的表现就是殖民地学院没有把欧洲大学学者自治的形式移植过来,而是形成了一套由来自校外非教育人士组成的董事会控制下的自治模式,即大学的管理权力主要掌握在外行董事会手中,而大学教师基本上无权参与学校管理。

在大学规模非常小的背景下,事务不论巨细都由董事会实施管理的自治模式在当时并没有表现出太多的不妥,因为当时学校事务不是很复杂,学术专业化程度也不是很高,即便是非专业人士也基本可以应付。但在美国建国以后,特别

① 〔德〕威廉·冯·洪堡. 论国家的作用 [M]. 林荣远,译. 北京:中国社会科学出版社,1998:6-7.

是达特茅斯学院案胜诉、《莫里尔赠地法案》颁布之后，随着美国高等教育大发展的黄金时代的到来，外行董事会等少数成员掌控大学所有事务的治理模式便越来越显示出局限性。在大学规模不断扩展、系科分化日趋细致的背景下，大学的学术属性和专业属性越来越凸显，并成为大学组织最重要的身份特征。尽管这时的董事会成员也已经更多地从世俗人士而不是仅从原来的牧师中产生，但外行董事会等少数成员不可能有能力对大学所有的日趋复杂化、专业化的事务都进行完全的控制，特别是学术事务如果一直由外行领导，很可能就会导致学术的枯萎。而如果学术不能得到持续繁荣和进步，大学的合法性地位就可能受到质疑，最终受损害的必然是大学组织。这就是说，只由外部人士组成的董事会一方权力主体控制大学的自治模式，与大学规模迅速发展的要求已经不相适应。与此同时，美国的学术职业得到了前所未有的发展，大学教师要求参与学校管理的呼声步步高涨。受形势所迫，美国的大学不得不将学术事务的管理权逐步让渡于教师。20世纪60年代以后，大部分美国大学的教师都牢固地掌握了学术事务的控制权和参与其他事务管理的权限，美国大学的治理机构也就转而变成了董事会和专业学者共治的治理结构。后来的事实证明，这种新型的治理结构使得大学在应对环境变化、维护学术组织属性等方面的能力大大增强，实际上是提高了大学自治的能力和水平，为美国大学迅速取得世界高等教育的霸主地位奠定了坚实的基础。

　　笼统地说，大学自治就是大学自己管理自己，内容上既包括学术事务的自我管理，也包括了非学术事务的自我管理。大学自治还是一个变动的概念。从对欧美大学自治历程的回顾可以看出，从中世纪大学到现代大学，大学自治的内涵已经有了很大的不同。但即便如此，我们也不难发现，学术自治作为大学自治的精华却一以贯之，始终是大学自治的最重要的体现，而且随着时光的流逝越发显示出其对于大学发展的价值。之所以如此，关键当然还在于大学的本质是一个追求真理、研究高深学问的特殊机构。特殊机构的特殊活动是远远超出一般社会大众的认知范围的，其内在逻辑要求这种活动只能保持自我管理。早在十七八世纪时，即便学术分化还没有达到十分精细的时候，学术活动就已经开始呈现出错综复杂的局面，没有经过专业训练且不是长年累月浸润其中的人，基本上无法洞悉学术的奥妙。至于在知识海量增长的当今时代，大学的学术比以往任何时候都更加专业化、复杂化，任何一个不熟悉其"大经大法"者，是不被容许也没有能力随意插足学术活动的，更遑论对个中事项进行正确判断和科学决策了。既然如此，要正确处置学术活动范围内的事项，唯一可行的办法只能是把相关事务完全交给学者群体处理，依靠他们在专业方面的能力和技术方面的优势，去把握学术发展的逻辑、提升学术发展的水平。正因为如此，学术自治理所当然地成为大学自治的最精华的内容。这从很多关于大学自治的论述和文件中都可以看出端倪。比如,阿什比(Ashby)等所划定的关于大学自治的六个方面①(在管理上免于非学术的干预;以大学看来合适的方式自由地分配资金;自由地招收教职员并决定其工作条件;自由地选择学生;自由地设计和传授课程;自由地设置标准和决定评价方式)和英国政府在《罗宾斯报告》(Robbins Report)中所归纳的关于大学自治的五个方面(人事任命的自由;制订教学计划和教学方针的自由;招生自由;确定教学与科研内容的自由;决定学校未来发展的自由②),都突出强调了学术自治的重要地位。

学术自治是大学自治的最重要的体现,而学术自治的逻辑和要求又需要确保最懂得学术规律的专业人员必须在学术组织管理中享有权威的地位,这充分证明了"教授治校"在保障大学自治中的作用。只有让学术力量在大学组织中发挥主导性的作用,才能为学术自治进而为大学自治建立起有效的保障机制;反之,即便大学具备了自治的身份,但学者的权力得不到彰显,也很难保障学术自治,自然就谈不上促进学术的昌盛。因为在学术权力不彰的背景下,天生强势、惯于膨胀的行政权力极有可能成为阻滞甚至损害学术的"元凶"。学术自由是指教师和学生不受法律、学校各种规定的限制和公众不合理干扰而进行讲课、学习、探讨知识以及研究的自由。③对学术自由和学术自治的干预,一方面可能来自外部的政治、经济等势力,另一方面可能是来自大学内部的因素。也就是说,学术自由和学术自治的实现,除了要让大学能够享有自治之外,学校内部也应当确立相应的保障机制。如何保障,关键在于建立内行管理也就是学者自我管理的制度。所以,西方大学在谋取自治权的时候,要么把管理大学的权力完全交付给学者群体,要么建立一个由行政权力和学术权力共同负责的治理结构,其重要目的就是为了保障学术力量在大学自治中的作用和地位,使得大学的自治特别是学术自治能够落到实处。所以,欧美国家保障大学自治的制度安排都呈现出高度的一致性,那就是都注重充分发挥大学专业学者群体在大学管理中的作用。从实际效果看,这种制度安排在很大程度上为捍卫大学的自治地位和完善大学的自治能力起到了不可替代的作用。也正是因为这一制度的实施,才使得真正意义上的大学自治成为可能。

---

① Ashby E, Anderson M. Universities: British, Indian, African, A Study in the Ecology of Higher Education[M]. London: Weidenfeld & Nicolson, 1966: 296.

② 许庆豫,葛学敏. 国别高等教育制度研究 [M]. 徐州:中国矿业大学出版社,2004:67.

③ 张爱芳. 大学自治与学术自由关系之阐释 [J]. 湖南师范大学教育科学学报,2006,5(4):66-68.

三、"教授治校"能体现大学制度的合法性

"合法性"概念在政治理论和社会理论的话语体系中一直都处于突出强调的位置。之所以受到如此重视,关键在于它关涉的是人类社会秩序的维护和发展这些最根本的问题。正如《布莱克维尔政治学百科全书》所指出的,"任何一种人类社会的复杂形态都面临一个合法性的问题"①,作为规范和维系大学秩序的大学制度(此处指内部制度)自然也不应例外。

"合法性"一词的含义在西方学术谱系中经历了一个较大的变迁过程。在古希腊政治思想中,合法性指的是"合乎法律"的意思。经过中世纪的自然法思想特别是近代大众同意思想的影响和改造后,其意义发生了转向,主要涉及政治秩序应该如何得到其成员认可的问题。合法性问题研究的集大成者哈贝马斯指出:"合法性意味着某种政治秩序被认可的价值。"②可见,现代意义上的合法性主要是从被统治者对统治权力的承认和服从的意义上来解释的。合法的政治秩序不仅是因为其"被执行"的事实,更在于该秩序蕴含着被公众认可的价值,从而能够被公众自觉地承认、接受和遵从。这种解释要对那些据以宣称拥有合法性的所谓的"标准"进行深层次的价值拷问,从而使得"合法性"一词突破了"合法律"的意义,而指称了"合民意""合目的""合价值"等更丰富的内涵。显然,这一解释更加符合现代社会的发展趋势和要求。在现代社会里,人民的意愿成为社会发展的决定力量,合法的秩序或规范归根究底都必须经由人民"同意",要让被统治者感觉到是正当的、合乎道义的才具备合法性。不符合公众价值理念的东西是得不到认可和维护的,其合法性令人怀疑。

将合法性理论引入对大学制度的分析,绝非简单的概念移植,而是对大学制度的深层内涵进行深刻的反思和研讨的结果。大学是一种极其复杂的社会组织,不仅与社会其他组织之间的联系非常频繁,其内部关系更是错综复杂。要对这些关系进行有效调节,从而建立一种稳定合理的秩序,不是单靠个体的道德水平所能实现的,必须建立一套有效的制度来予以规范。因此,在本体特征上,大学制度与其他制度一样都是一种约束和规范的机制。对于规范的制定者来说,首要考虑的问题当然是如何促使制度得以有效实施,进而促进大学办学水平的提高。与其他制度一样,有效性成为大学制度的首要目标。但事实证明,制度的有效性具有不同层次的表现形式。比如,很多大学的制度在形式上可能非常完备,在实践中也被执行了,但由于制度蕴含的价值和要求与人们对大学的"应然"的

① 赵俊芳.论大学学术权力的合法性[J].东北师大学报(哲学社会科学),2008(2):141-147.
② 〔德〕哈贝马斯.交往与社会进化[M].张博树,译.重庆:重庆出版社,1989:184.

理解不相适切,甚至相背离,使得制度实施的效果往往适得其反,屡屡遭到人们的批判或抵制,根本不利于办学水平的提高。"在实践中被执行"是有效性的一种表现形式,但只是一种表面层次的"事实有效性"。因为人们之所以遵守某项制度,要么是因为强制,要么是出于自愿。如果只是由于制度本身的强制而不是出于自愿而迫使人们遵守的制度,其有效性是经不起时间检验的。一旦相关利益主体感受到制度在实施中远不能满足其价值诉求时,就会对制度能否有效、是否有效产生怀疑,就可能出现不信奉制度的心理和行为,这已经成为很多大学制度屡屡遭到批判的重要原因,由此带来的严重后果就是制度权威的贬值。可见,只有实现人们对制度出于内心的认可,才可能让公众对制度进行自觉地维护,从而取得合目的的效果,这种有效性才是制度值得信服的根本,体现了制度权威是在合法地行使权力,或者说这样的制度才是合法的。由此,大学制度的合法性主要体现在制度安排要对相关主体之于大学的价值期待和利益诉求进行合理的维护和有力的保障,从而使得制度权威能为公众所认可。

那么,大学制度要展现其合法性,具体的路径包括哪些呢?大学制度是调解大学内部人员在其功能活动中利益关系的一种表达方式,而大学制度的合法性表示的就是人们对于这种调整方式的认同。一般而言,这种认同主要源自以下几个方面。第一,制度制定主体的广泛代表性。从应然的角度说,大学制度是为了协调各种利益关系、实现大学办学目的而制定的,因而应当是在各种利益主体的博弈中被确定下来的。在公众的视域中,只有具备最广泛代表性的制度主体,才能制定出最符合大众需要的制度。因此,制度主体在多大程度上能代表公众的利益,便成为公众形成价值认同的基础。为了体现制度主体的合法性,便要求制度主体应当尽可能地具有代表性,要尽量吸纳相关利益者特别是大学的核心利益主体参与制度的制定,并充分考虑其价值诉求。第二,制度程序的合法性。这主要反映公众对于制度程序的基于民主和正义价值的诉求。制度程序体现为制度的制定和制度的执行两个方面,其合法性需求也从这两个方面予以展现。从应然的角度看,具备合法性的制度在制定过程中应该充分发挥民主协商的机制,广泛听取各方面的意见,在制度执行过程中则必须坚持正义的标准,所有组织成员在面对制度时应当一视同仁,不能搞人为的特殊化。第三,制度内容的合法性。一般而言,每一项制度总要指向一定的目标,包含特定的内容;也就是说,任何制度都是有针对性的"存在"。制度内容的合法性主要表现为制度内容要与组织属性相适切,要体现组织的本体功能,要符合组织的运行逻辑。可见,制度及其建设过程中要涉及的各个方面——制度主体、制度程序和制度内容等,构成了公众对制度进行认同的基本维度,也构成了讨论制度合法性的三个维度,即制度主体合法、制度程序合法和制度内容合法。

　　"教授治校"与大学制度的合法性之间有着必然的联系。大学内部利益主体主要由学者、行政人员和学生三大类别构成。在充分肯定行政人员和学生的重要性的同时,我们不得不承认,以教授为代表的学术人员在其中的重要性尤为突出。因为对于以学术属性为本质特征的大学组织而言,学者才是为大学提供战略资源的利益主体。大学学术属性主要是依靠学术人员彰显的,如果缺乏了以学术为业的教师和他们源源不断提供的学术资源,大学的本质属性很可能就得重新评估,其作为学术组织的合法性身份很可能会完全丧失,这对大学来说都是致命的。可见,我们把大学学者称为大学中最为重要的核心利益主体应当是再恰当不过的。基于此,要展现大学制度的合法性,最应该彰显的是这一群体的作用。

　　首先,作为大学最重要的利益相关者,大学在制度的制定过程就必须充分听取学者们的意见,要把他们纳入制度制定主体中来。但在大学被行政权力主导的境况下,这一当然的要求却成了很大的问题。以我国为例,之前很多大学所制定的制度,比如关于教师管理的制度,就很少有深入征询教师意见的,更不用说把他们视为制度主体了;其普遍性的做法往往就是由相关行政管理部门起草,再经学校领导会议审批,便"顺理成章"地推出来,教师们直到这些制度已经付诸实施的时候才能见到"庐山真面目",完全只能是被动地执行这些制度,根本没有享有利益表达的机会。显然,这是违背制度主体合法要求的做法。而"教授治校"的实现,能够切实赋予教师们在学校管理中的影响力,自然也就可以最大限度地为教师群体能够充当制定大学制度的主体提供保障,以纠正行政权力一统天下的偏差,为大学制度合法性要求的实现奠定首要的基础。

　　从制度程序方面看,"教授治校"的实施,可以让大学教师真正成为行政权力的制衡和监督力量,能够在很大程度上保障制度必须经由合法的制定程序,而且可以检视制度在执行过程中的公正性。俗话说,群众的眼睛是雪亮的,在群体力量的监督和制约下,制度才有可能完全做到阳光实施,从而为可能的权力腐败提供最有效的预防和纠偏机制,自然也就有效地保障了制度的合法性基础。

　　最后,"教授治校"为大学制度内容的合法性提供了最根本的保障。对于大学制度来说,制度主体的广泛性与制度程序的合法性要求可能与其他制度的要求没有很大的区别,但相比而言,制度内容的合法性问题尤为重要。因为大学不同于其他社会组织,大学是一个学术组织,没有学术就不为之大学。之所以要建立大学制度,除了维持学校的秩序外,其最根本的目的在于更好地实现大学的机能、促进学术的发展。因此,大学制度的内容就必须与其他制度的内容有所区别,要实现大学之为大学的功能,这样的制度才能从根本上被视为是合法的。"教授治校"体现了一种"内行管理"的理念和机制,在很大程度可以避免大学制度的制定偏离学术逻辑的轨道。以学术评价制度为例,由内行(学术同行)主导的评价机制可能就不会只限于文章发表篇数、科研经费到账数目等量化指标,更多的可能会涉及学术成果的原创性、影响力等方面的评价。显然,后一种形式的大学制度就更加贴合大学的运行逻辑和组织属性,更有利于大学学术水平的提升,自然也就更能展现大学制度的合法性要求。综合起来看,"教授治校"的实施,可以从制度主体、制度程序和制度内容等各个方面,为大学制度的合法性提供最坚实的保障。

四、"教授治校"能激发大学教师的学术生产力

生产力(productivity)表示的是生产过程中表现出来的能力。学术生产力就是大学在学术生产过程表现出来的能力。由于大学的学术活动表现在人才培养、科学研究和社会服务等方面,所以大学的学术生产力也主要包括三个方面的内容,即人才培养的生产力、科学研究的生产力和社会服务的生产力。[1] 与社会生产力是促进整个社会向前发展的动力一样,大学在学术方面的生产能力是保障和促进大学繁荣的关键因素。

在中世纪,当学者们按照当时行会的形式组建学者社群时,并没有引起社会的重视。这类后来演变为"大学"的组织,即便在创建之初"连永久住房的影子都没有",却在后来很快引起了社会的特别关注,并成为能够存续数百年的机构,关键就在于其学术特性和在学术方面的生产能力。当中世纪大学的学术生产能力刚刚显现端倪时,大学这一机构便引起了教权、王权乃至市场力量的越来越强烈的兴趣。以巴黎大学为例,学者行会利用其在知识加工与传播方面的优势,一方面,为社会培养了众多的专业人才,据资料记载巴黎大学学生最多时达到 2500 ~ 2700 名之巨[2],充分显示了其在人才培养方面的强劲生产力。另一方面,大学教师直接积极参与社会事务的管理和研究,特别是为教会和政府提供咨询和技能,使得当时的宗教力量和世俗力量在处理棘手的政治事务和宗教难题时都纷纷求助于巴黎大学的教授们。比如,查理六世统治期间,巴黎大学的教师们在推动"王国改革"方面就发挥了重要作用。[3] 正是由于中世纪大学能够释放出基于学术生产而形成的巨大能量,使得尽管当时社会一直没有解除对于大学的压制,但社会对于大学的尊重却在与日俱增,而大学组织和学者社群正好把握

---

① 陈何芳. 学术生产力引论 [D]. 武汉:华中科技大学博士学位论文,2005:88.

② 〔美〕戴维·林德伯格. 西方科学的起源 [M]. 王珺,等,译. 北京:中国对外翻译出版公司,2001:218.

③ 〔比〕希尔德·德·里德-西蒙斯. 欧洲大学史. 第一卷 [M]. 张斌贤,等,译. 保定:河北大学出版社,2008:179.

了这样的契机,努力争取并获得了诸多的自治权和日渐扩充的社会影响力。可见,学术生产力是中世纪大学取得合法身份的一个关键因素,也是推动中世纪大学向前发展的最重要的力量源泉。

19世纪德国大学作为全球高等教育学习的榜样,为世人所称道,除了其全新的大学理念和制度外,一个同样关键的因素也在于其学术上的生产能力和成就。根据对西方国家的有关统计,从19世纪20年代到20世纪20年代的100年间,40%的医学发明是由德国人完成的,生理学中65%的有创见的论文出自德国人之手。[①]而德国能够成为世界科学的中心,最直接、最显而易见的功劳首先应当归功于德国的大学。柏林大学的教师中,就曾经涌现出了30多个诺贝尔奖获得者。除了科研上的产出,德国大学在人才培养方面也声名显赫。在1820—1920年中,仅美国在德国留学的学生就达到9000人,这些留学生中的很多人回到美国后成为引领美国社会发展的栋梁人才。可见,德国大学之所以声名显赫,关键还是其在人才培养和科学研究上的生产能力,这些能力促进了德国大学的迅速繁荣,并一度成为全世界瞩目和学习的对象。

进入20世纪之后,美国大学之所以后来居上逐渐成为全世界高等教育的重镇,同样是由于大学学术生产能力的功劳。据统计,从1993—1996年,美国共有25名科学家荣获诺贝尔奖,其中有23名就来自大学,大学获奖人数占总人数的百分比高达92%。[②]这完全可以显示美国大学的学术生产水平。实际上,今天当我们绘声绘色地谈论美国大学如何优秀,当我们准备把美国大学当作学习的楷模时,背后的原因绝对不是因为其漂亮的校园景观,主要还在于美国大学在人才培养、科学研究以及社会服务等方面表现出来的令人瞩目的能力。

进入知识经济时代,大学学术生产力的重要性更为突出。与传统的农业经济、工业经济相比,知识经济最突出的特征就是知识和技术日益充当推动经济前进的资本,并直接成为促进生产力发展的最根本的要素,而创造和掌握知识和技术的智力资源(人才)在促进经济发展和社会进步中相应地发挥着根本性的作用。在经济的发展越来越依赖知识的创造、加工、传播和应用的背景下,以知识生产、知识传播和知识应用为功能的大学,日益承担起推动经济发展和社会进步的"加速器"和"动力站"的角色。而大学之所以被推向这样的位置、承担起这样的使命,关键还是在于大学具备了其他社会组织所不具备的学术生产能力。

---

① Ben-David J. The Scientist's Role in Society: A Comparative Study[M]. New Jersey: Englewood Cliffs, Prentice-Hall, 1971: 188-189.

② Executive Office of the President Office of Science and Technology Policy. A Report to the Congress: Science and Technology Shaping the Twenty-first Century[R]. Washington D. C., 1997: 14.

面对进一步的挑战和机遇,大学唯有不断地提高其人才培养质量、科学研究水平和社会服务能力,才能更好地发挥其促进人类文明和社会进步的巨大作用。

可以看出,从中世纪的学者行会到今日的社会轴心机构,维持大学不断完善和繁荣的最根本的原因就在于它保持着独特的学术生产力。那么,大学的学术生产力是如何得到保障的呢?它与"教授治校"有什么必然联系呢?

陈何芳在其博士学位论文中,将"学术生产力"界定为"大学学者跟学术资料相结合而构成的加工知识的能力"。[①]可见,大学学术生产力的承担主体是大学的学者。既然这样,提升大学学术生产力,关键要依靠大学学者特别是高水平的教授来实现。因为大学的学者、教授都是在各自专业领域已经取得并且有能力继续取得优秀成就者,他们的学术生产力往往就能代表整个大学的学术水平。可见,要激发和提升整个大学的学术水平,关键在于激发和提升大学学者和教授群体的学术生产力。

要有效地激发和提升大学学者的学术生产力,离不开两个方面因素的支持:其一为外部环境因素,其二为教授自身的因素。关于外部环境,又可以分为两类:一类为硬环境,一类为软环境。硬环境主要指物质条件,比如实验室、仪器设备、图书资料、研究经费等,这些条件都是大学学者从事学术生产必须具备的物质基础,没有这些条件的支持,要顺利地进行学术生产活动几乎不可能,更不用说形成优秀的学术成果了。但相对而言,这类条件的满足是比较容易的,只要具备了一定的财力,基本上就可以得到解决。当前的大学,这一类环境的建设都取得了可观的成效,校园内一座座高楼大厦拔地而起就是很好的例证。软环境主要指影响学术生产的氛围,特别是学术自由的氛围。相比于硬环境而言,学术生产的软环境往往不是依靠堆积多少钱财便能够立刻生成的,关键要得到相关机制的保障。历史和现实都告诉我们,软环境的建设更加不易,但对于激发和提升大学教师的学术生产力却更加重要。梅贻琦先生曾说过:"(大学)图书实验之设备,可无论矣。所不可不论者为自由探讨之风。"[②]可见,在这位教育管理名家的眼里,早就认为学术自由的重要性远远超过了大学的硬件条件的重要性。

学术自由,是指学者在不受制于任何外在力量的无端干预和限制的条件下,以服膺于真理标准为唯一的行动指南,能够自主地在所从事的学术领域进行自由的探索和研究活动。享有自由的学术氛围,对于学者们顺利地进行学术活动,进而生产出优秀的学术成果是一个具有决定性意义的关键因素。大学的学术活动具有创造性、高深性、专业性等典型特征。创造性决定了学者们的学术活动重

---

① 陈何芳. 大学学术生产力引论[D]. 武汉:华中科技大学博士学位论文,2005:8.

② 梅贻琦. 大学一解[J]. 清华大学学报(自然科学版). 1941,13(1):1-12.

在发现真理,而在发现真理的过程中就必须赋予学者们独立探索的空间和自由。因为在真理没有得到明晰之前,需要学者不断地对自己涉及的领域提出各种可能的推断、质疑和猜想,并尽可能地去证实或证伪自己或他人提出的观点或产生的成果。显然,这一过程只有在自由状态进行,才可能让大学学者充分释放学术能量;相反,如果不能给学者提供一个可以伸展自如、自由探索的空间,学术探索的过程可能无法顺利完成。关于学术自由的认识,即便在学术发展刚开始起步的古希腊时期,就已经得到了学者们的认同。苏格拉底就明确提出:"学者必须有权力探索一个论点到它可能引向的任何地方。"大学学术活动的高深性、专业性等特征,同样要求非专业力量不能无端地进行干预和限制。隔行如隔山。不是熟稔该学科领域的专家是不能够对专业性的事务随便发表见解的。如果碰到一些外行力量借助手中权力对专业学术活动随意地指手画脚、横加干涉,那更是剥夺了学者们自由探索的空间,无异于给他们套上了一副沉重的枷锁,妨碍学者们的合理判断和准确行动,窒息他们的思想与创造,使他们失去学术创新的动力和机会。实际上,享有自由对大学教师和学者来说还是一项根本的权利,因为发展和阐述新思想本是社会赋予大学教师和学者们的权利,也是他们一生都在为之奋斗的工作;如果他们失去了从事学术活动的自由,那他们所从事的知识探索和创新发现的工作就会受到阻碍,这也就是对其权利的伤害。

可以看出,维护学术自由的关键在于学者们能够拥有自主的空间,能够自己为自己的专业活动制定"游戏规则",而不受制于其他非内行的力量。显然,"教授治校"能够很好地满足这样的要求。"教授治校"的根本要求就是让最懂得学术规律的专业人员充分享有对学术共同体进行管理和决策的话语权,进而可以为学术共同体"定规立法",这是为大学学者提供坚实的学术自由环境的根本保证。一方面,这一机制可以对抗大学之外的力量对大学的干预,从而保障大学能够按照学术规律办事;另一方面,这一机制可以有效预防学校内部行政力量对学术事务的无端干预,使得学者能够自主地确定学术活动的内容、方法和规则,从而能够生产出更加优秀的学术成果,提高学术生产力。

有效地提升大学教师的学术生产力的第二个关键因素,就是对学者自身的主动性的激发。因为学者才是从事学术生产的主体,如果学者们从事学术生产的积极性和主动性不高,即便有最好的物质条件也没有用。组织行为学理论告诉我们,激发组织成员主动性的途径不是单一的,但组织成员在组织范围内能够取得主体性地位,进而有效地实现自己的较高层次的价值需求却是调动组织成员主动性和积极性的一个重要因素。一个组织如果不能让其成员获得主体性的地位,组织成员很可能就会感觉自己只是临时雇员或者局外人员,对组织的认同就会大打折扣,组织的凝聚力就会下降。因此,现代组织理论都非常强调让组织成员参与管理、共同管理。正如欧文斯所指出的,"只要组织鼓励人们成为专心一意的关切的参与者,而不是使他们感到软弱无能,听任那些不可思议的无形势力的摆布,组织就可以从成员那里吸取越来越多的力量、活力和创造力"①。大学的学者在学校管理中如果完全处于被动的地位,甚至完全处于被支配的地位,会给他们形成一种被役使的心理感觉,必将严重削弱其责任感、主动性和积极性。因此,要有效地激发学者们的学术热情,关键还得确立他们的主体性地位,要满足他们的自我价值实现的需要。

著名人本主义心理学家马斯洛(Abraham H Maslow)把人的需要分为五个层次:一是生理需要,二是安全需要,三是爱的需要,四是尊重的需要,五是自我实现的需要。对于大学学者来说,生理、安全这些低层次的需要都能较好地得到满足,而尊重的需要和自我实现的需要对他们来说就显得尤为重要。因为作为社会精英的大学学者所追求的更多的是个人价值的充分体现和精神需求的最大满足。在一种受到充分尊重的环境里,学者们更加能够认识到自身的价值,更加能够使自己在精神和感情上具有充实感和愉悦感,进而成为他们实现学术化生存的重要动力。

美国著名的行为科学家弗雷德里克·赫茨伯格(Fredrick Herzberg)把影响组织成员工作态度的因素分为两大类。第一类被称为"保健因素",其效果类似于卫生保健对身体健康的作用,即不是治疗性的而只是预防性的,像物质工作条件、监督、工资、福利等都属于这类因素。当这些因素恶化到令人难以接受的水平时,会让组织成员对工作产生强烈不满。但是,当人们认为这些因素很好时,它的作用却只是消除了不满,但不会导致更加积极的工作态度。另一类能带来积极态度、满意和激励作用的因素被称为"激励因素",也就是那些能满足个人自我实现需要的因素。这些因素具备了,才可能对组织成员产生持续的激励。从这个意义上说,要有效地激发组织成员的工作热情,单靠工资刺激、提供良好的工作条件等传统的激励措施是远远不够的,只有把"激励因素"发挥到最佳程度,才会产生更加有效的结果。这就是有名的双因素理论(Two Factor Theory)。②让组织成员参与组织的管理和决策并承担更多的责任,就属于赫茨伯格所说的"激励因素"的内容。对于大学学者来说,满足这一方面的要求,才是不断激发其工作热情、提高工作绩效的有效方法。"教授治校"的实施及其所孕育的组织文化,可

---

① 〔美〕罗伯特·欧文斯. 教育组织行为学 [M]. 窦卫霖,等,译. 上海:华东师范大学出版社,2001:267.

② 〔美〕赫茨伯格,等. 赫茨伯格的双因素理论 [M]. 张湛,译. 北京:中国人民大学出版社,2009.

以充分赋予大学学者以主体地位,有效发挥"激励因素"的作用,能够较好地满足大学学者较高层级的需要。大学学者在大学治理中具有举足轻重的地位,充分激发他们的热情和智慧,才能使他们更加积极地投身学术工作。

综合起来分析,实施"教授治校",无论是对于构筑良好的有利于大学学术生产力发展的软环境,还是对于激发大学学者从事学术活动的主动性,都可以发挥其他制度难以替代的功效;也就是说,实施"教授治校"能够很好地激活大学学术生产力。

第二节 "教授治校"的局限

辩证法原理告诉我们,事物一般都具有两面性,即既有利的一面,也有弊的一面,利和弊同时存在,只是程度上存在差异而已。"教授治校"的管理机制也是如此。尽管前文充分说明了"教授治校"的合理性价值和其所发挥的正向功能,但我们也认为,在充分挖掘"教授治校"的合理价值的同时,对其在实践中表现出来的局限性也不能缄口不言或者视而不见;否则,会影响人们全面、理性、客观地辨析"教授治校"的本质内涵和精神实质。

本书认为,"教授治校"模式最明显的局限性主要体现为学者们行使治校权时,由于角色冲突可能导致的学科本位主义思想会影响大学决策的整全性。在社会学概念体系中,角色是一个很重要的用语,所表征的是社会对某一个体或者职业群体的集体性预期。在纷繁复杂的社会生活中,每一个社会个体由于其社会分工和承载的社会关系的不同,都会自然而然地被安置到不同的社会环境里,充当起形形色色的社会角色。对于同一个体而言,不同的社会关系为他(她)所塑造的社会角色是多样的。当承载着多元角色的同一个体面临着必须要进行利益抉择时,其思想意识深处可能就会产生难以下决心的矛盾心理,这就产生了所谓的角色冲突。对于学者来说,大学就是他们生活的小型的社会系统。这一系统内部的结构和关系都是相当复杂的:横向上排列有众多的学科专业,纵向上又表现为层层延伸的院校单位结构,使得"高等教育的工作都按学科(discipline)和院校(institution)组成的两个基本的纵横交叉的模式"[1]。伯顿·R·克拉克(Burton R Clark)教授把大学系统的这种结构特征概括为各门学科和事业单位之间形成的相互交织的矩阵。[2] 矩阵的特征让大学系统内部大体上分解出两组主要的行

---

① 〔美〕伯顿·R·克拉克. 高等教育系统——学术组织的跨国研究 [M]. 王承绪,等,译. 杭州:杭州大学出版社,1994:6.

② 〔美〕伯顿·R·克拉克. 高等教育新论——多学科的研究 [M]. 王承绪,等,译. 杭州:杭州大学出版社,1987:139

列关系,即围绕学科专业形成的关系和围绕科层结构形成的关系。在这些关系的影响下,大学学者也就被相应地赋予了至少两类不同的角色,他们既"归属于一门学科"和"这一学科的一个分支",同时也"归属于一所特定的大学或学院"以及"全国整个高等教育系统"。①

正因为大学组织具有学科和事业单位交叉的矩阵性质,而大学学者在角色上又被无可选择地安置到学科和事业单位两类不同性质的行列关系中,所以当他们在行使权力必须要在行与列之间进行利益抉择时,很可能就会产生一种难以取舍的角色冲突。因为大学学者首先是从属于一定学科和专业的高度专业化的人员,这一角色定位要求他们首先应当全力以赴地守护自己的学科和专业,尽可能地为自己所从事的学科和专业领域做出贡献。但另一方面,大学学者还是学校和学院中的一分子,这一角色要求他们还必须忠诚于所在的院校,为院校的发展努力工作。一般情况下,守护专业与忠诚于院校之间并不存在必然对立的矛盾。忠心守护专业,可以让学者在专业上获取更加辉煌的成就,从而可以为院校带来进一步的繁荣和发展;而忠诚于院校,可以创造良好的组织氛围和工作条件,这对于促进学者们在学科专业上取得更加丰硕的成果是十分重要的。这就是说,在大多数情况下,两者之间是互相促进的关系。但是,当学者们所守护的专业和需要忠诚的院校之间的方向和目标不一致时,比如,大学学者基于其专业特长和纯粹兴趣的需要,可能会开展一些院校不感兴趣的学术工作,而院校也可能会因为学术之外的目的要求,甚至"强制"学者们从事一些对其所在的学科专业发展意义不大的工作时,冲突便不可避免地发生了。②

在处理这些明显带有冲突现象的关系的时候,大学学者该如何选择呢?是首先捍卫自己所在的学科专业的利益,还是完全服从院校发展的需要不顾自己的专业利益呢?现实证明,在冲突面前,大多数学者选择的是学科专业至上主义。学科专业至上主义的产生主要是由于学者以学术为业的事业追求以及人性本身的自利性特征使然。每一个学科,为其成员所提供的是"事业基础、社会身份和作为研究者或教师的公共舞台"③,对于一个专业学者而言,其所从事的专业活动不仅仅是获得物质上、经济上等名利需求的满足,更重要的是这一活动本身

---

① 〔美〕伯顿·R·克拉克.高等教育新论——多学科的研究[M].王承绪,等,译.杭州:杭州大学出版社,1987:125.

② 此处的论述参考了陈何芳的相关研究.见:陈何芳.大学学术生产力引论[D].武汉:华中科技大学博士学位论文,2005:32.

③ 〔英〕约翰·齐曼.真科学它是什么,它指什么[M].曾国屏,匡辉,张成岗,译.上海:上海科技教育出版社,2002:59.

就是其生存意义的体现。① 马克思·韦伯（Max Weber）曾深有体悟地说道："只有严格的专业化能使学者在某一时刻，大概也是他一生中唯一的时刻，相信自己取得了一次真正能够传之久远的成就。"② 正是在这种意识的感召下，"为学术而学术""为科学而科学"往往成为专业学者们的精神动力和最高追求。对于视学术活动为"天职"或"召唤"的学者来说，在面临利益抉择的时候，他们首要的选择必然是维护自己的学科专业领域的利益。另外，人一般都有自利的天性，维护了自己的学科专业的利益，从名利上也可以更容易取得相应的回报。可见，学科本位主义的形成是难以避免的。但是，这种思想对于整体的大学决策来说，必将产生明显的不利影响。比如说，学科本位主义可能就会抵御学校基于全局性考虑做出的但会损害某些学科专业局部利益的决策，或者会为了各自学科的利益罔顾学校的整体利益等。

既然学者们可能的学科本位思想与学校的整全性决策之间的矛盾如此地不可避免，那是不是可以以此来否定"教授治校"呢？本书以为，大可不必这样想。尽管这一局限性是明显存在的，但相对于"教授治校"机制无比丰富的合理性价值而言，我们没必要把它无限放大。其实，政治学中的"参与"理论已经启示我们，如果公民对政治生活的参与非常广泛，就有助于加强公民对于政治决策的认同感，将利益冲突降到最低限度。从这个意义上说，只要进一步让学者们参与到学校治理中来，并充分形成成熟的协商民主议事机制，在一定程度上是可以增强他们对于公共利益的认同的，对于消弭其学科本位主义思想自然就会产生作用。

从现有的文献看，人们关于"教授治校"的局限性的探讨其实并不少见。本书认为，其中有一些观点确实点到了问题的实质，但也有一些观点比较牵强甚至是无厘头。在此，有必要做一番辨析。

比如，有观点认为，在一般情况下，教授们更愿意把自己的时间和精力分配到各自的学术事业上，对学校的管理工作不是那么热情，因此，让教授去管理学校会耽误他们从事学术研究的时间和精力。对此，我们不敢苟同。首先，教授们更愿意把自己的时间和精力分配到各自的学术事业上是事实，去承担管理责任会耽误一些时间也是事实，但由此便判定他们不会去关心学校的管理却是武断的；相反，学校的管理状况，比如学术资源的分配、学术成果的评价、学术人员的配备等，在很大程度上会影响到其学术研究的事业，为了能够更加顺利地开展学术活动，教授们不会不关心学校的管理工作。实际上，导致学者们不关心学校管

---

① 刘鸿. 学术活动的反思与大学制度的重建 [J]. 高等教育研究，2004，25（4）：57-60.

② 〔德〕马克思·韦伯. 学术与政治 [M]. 冯克利，译. 北京：生活·读书·新知三联书店，1998：17.

理的原因恰恰是因为"教授治校"机制的缺乏,是因为他们的关心和热情得不到应有的回应,从而导致其热情递减,自然就会给人造成不愿意参与治校的表面现象。其次,"教授治校"的实质在于他们在学校事务决策中的地位和影响力,并不在于要让教授们去从事行政管理中的具体工作。如果有人认为让教授们去从事具体的、常规性的教务管理、科技管理、人事管理以及后勤管理等就是实现了"教授治校",那是对"教授治校"的误解。当然,如果这样要求的话,那必定会耽误教授们从事学术研究的时间和精力,以学术为业的教授们当然不会乐意为之。

还有观点认为,"教授治校"会延缓决策的效率,增加决策的成本。本书认为,这一观点比较片面。效率更多的是用于经济学中的一个概念,一般指的是时间、金钱、人力等方面的投入与产出之间的比率。把效率的概念运用到对大学管理工作的评价,反映了经济学思维对大学管理的影响。当然,在大学不断增加投入而产出却不被看好的背景下,强调效率对于改善大学管理和运行是具有重要意义的。但我们也应当明白,大学完全不同于以谋取经济利益为主要目的的营利机构,大学的产出更多地表现为社会价值。所以,大学的管理和决策就不能像经济营利机构那样,只强调效率的价值,还应该注重基于多方面的有效性的追求。关于大学决策的有效性,在上文中已经提到了,实质上指的就是可以得到公众认同的、能够促进大学办学水平持续提高的决策和管理。显然,效率并不能必然导致决策的有效性,很多时候还会成为一对矛盾;少数一部分人说了算的集权式的管理模式,也许可以节省大量的时间、人力和物力,但对决策质量却不能提供有效保障。在我国大学的管理实践中,这种方式一直在大行其道,这从一定意义上也许可以实现效率的价值,但大学管理的最终效果却始终为人所诟病,其原因就在于大学管理和决策的价值有效性没有得到彰显。相较于少数人说了算的决策形式,教师参与决策自然会延缓时间,会花费更多的人力、物力,也就是会损害所谓的效率,但在提高决策质量、增加决策有效性方面,教师的参与却可以提供更多的保障。一方面,教师们参与管理都是基于其专业权威,众多专业背景的教师参与到学校管理中来,可以极大地丰富管理过程中必要的信息资源,从而加强管理和决策的科学性;另一方面,参与管理一般是通过协商民主的方式方法实现的,这非常有利于构筑各利益主体对于大学决策的价值认同,也更便于管理工作的落实。可见,"教授治校"的管理方式也许不能实现效率的价值,但却可以彰显大学管理对于有效性的要求,而后者对于大学办学的意义更为重要。

再有观点认为,大学教师在参与决策的过程中,可能屈服于行政人员或群体的压力而放弃自己的观点或采取折中的办法,存在从众现象。本书认为,由于个人能力以及道德水准的影响,个别教师参与决策不排除有从众现象的发生,但这不是一种常态。只要教师地位真正得到彰显,民主机制得到足够的发展,所谓的从众现象基本上是可以避免的。如果这种现象不幸成为一种常态,恰恰说明教师群体在大学的管理和决策中没有占主导性地位并产生实质性影响力,反而进一步证明加强"教授治校"的必要性。

本章小结

本章主要辨析了"教授治校"的合理性价值。"教授治校"的价值主要体现在彰显大学本质属性、保障大学自治、展现大学制度合法性、激发大学教师学术生产力等方面。

大学在本质上是一类从事学术活动的特殊机构。大学的学者是学术活动的主体,只有他们才能理解学术的复杂性和运行逻辑,让他们广泛控制学术活动并参与管理相关的其他事务,才可能从根本上保证大学不会偏离学术本质的轨道。

大学学术活动所具有的专业性、高深性、复杂性等特征,要求大学事务的处置权力只能交给学术团体自我管理,只有依靠他们在专业方面的能力和技术方面的优势,才可能正确地把握学术发展逻辑,提升大学管理的能力和水平,从而凸显"教授治校"在保障大学自治中的价值。

实施"教授治校",能够让大学教师充当大学制度的主体,成为行政权力的制衡和监督力量,也体现了"内行管理"的理念和机制,从而在制度主体、制度程序和制度内容等各个方面,为大学制度合法性的展现提供最坚实的保障。

"教授治校"的实现,既可以对抗大学之外的力量和大学内部行政权力对学术事务的干预,从而尽可能地为大学学者提供自由、自主的学术环境,同时还可以让学者们的自我价值得到彰显,共同促进大学学术生产力的提升。

在充分挖掘其合理价值的同时,本章同时也揭示了"教授治校"在实践过程中表现出来的局限性。"教授治校"最大的局限性主要体现在学者们在行使权力的过程中,由于角色冲突可能导致的学科本位主义思想会影响到大学决策的整全性。当然,尽管这种局限性是客观存在的,但我们不能将它作为否定"教授治校"的依据。

第四章

"教授治校"的实现机制

实施"教授治校",需要建立相关的组织机构,构筑相应的权力运行机制。在不同的国家或地区、同一国家或地区的不同历史时期,受文化、历史、政治、经济等因素的影响,各国大学在组织机构设置及其权力运行方式等方面不尽相同,其"教授治校"的实现机制自然呈现出不同的形态。其中,欧洲大陆国家大学和美国大学具有典型特征性。本书撷取欧洲大陆国家大学(其中又主要以德、法为主)和美国大学为案例,从多学科的视角重点探讨"教授治校"在这两类国家大学中的实现机制和表现出来的典型特征,以期更深刻地解析"教授治校"的本质内涵和精神实质。

第一节 欧洲大陆国家大学"教授治校"的实现机制

大学是遗传和环境的产物。欧洲大陆国家大学发源于欧洲中世纪大学,其管理理念必然深受中世纪大学的影响。中世纪大学形成了学者行会自治的管理模式,大学内部事务都交由学者们共同负责处理,教师几乎掌控着学校全部决策权,不仅表现在学科、专业、招生、教师聘任等学术领域,而且在其他非学术领域也享有绝对话语权。学者行会自治的管理模式深刻影响了欧洲大学,欧洲大陆国家大学在管理模式上继承了中世纪大学的很多"基因",其"教授治校"的管理模式具有鲜明的特征。

欧洲大陆国家以德国和法国为典型代表。传统上,这些国家大学的内部管理一般都是采用"讲座/研究所—学部—大学"的组织结构,至20世纪60年代末基本上都没有什么很大的变化,其大学教师在大学管理中的权力及运行也主要从这三个层级予以展现。①

欧洲大陆国家大学"教授治校"的权力首先体现在对讲座(Chair)和研究所(Institute)等基层学术组织的全面控制上。所谓讲座,包含两层含义,即"一个教授或其他授权教师发表讲演的座位"和"教授的职务"。②综合这两层含义,讲座指的是设置在大学基层的供教授们在专门学术领域(学科方向)从事科研及教学的组织安排。在讲座的范围内,一般由一名讲座教授外加几名有学位的助教构成,有的还配有行政助理人员和其他教学辅助人员等。既然讲座是依据分化的学术领域或者说学科方向设置的,那毫无疑问,讲座的产生当然是学科分化的结果。在欧洲中世纪,随着学科分化的出现,讲座的形式在大学初期就开始形成。16世纪初,由政府资助的永久性讲师职位及其讲座基金就开始在欧洲大学神、法、医、哲各学部中固定下来,成为现代教授职位的起源。③这种赐予性讲座基金职位任职者必须就其所在科目每周进行四次公开演讲,而且要按照"课程表"的安排进行。④零星出现的讲座基金逐渐演变为一种学术制度和学术组织形式。德国以柏林大学为代表的研究性大学则赋予其新的活力,成为具有深远意义的制度创新和组织创新。

柏林大学的创建者一开始就把科学研究的学术任务认定为教授们的正式职责和要求,并且认为学术研究要有效地进行,只能坚持理性的原则和自由的精神;为实现这样的目的,大学在组织结构上就必须相应地予以保障。讲座制的设置便是德国大学寻求组织创新的结果。19世纪初,柏林大学刚一成立就按照学科和专业设置了诸多讲座,从世界各地聘请了一批在神学、法学、医学、化学、农业、语言、物理和数学等学科领域杰出的学者主持讲座,并赋予其极大的教学、科研和管理的权力,使得讲座在大学中成为具有稳定结构的,集教学、科研、财务、人事等多项功能于一身的基层组织。后来,法国、意大利等都纷纷效仿建立了这一组织形式。

研究所(类似的还有研讨班、实验室、医科诊所等)也是欧洲大陆国家大学的一类基层学术组织,通常也是根据学科的分支领域(如文学史、理论物理学等)来设立的。"研究所"的名称在自然科学领域使用得最为普遍,而人文学科和社会

---

① 范德格拉夫在论述高等教育学术权力时,采取的都是分层级论述的方法。本章参考了其方法及相关内容。参见:〔加〕约翰·范德格拉夫,等.学术权力——七国高等教育管理体制比较[M].杭州:浙江教育出版社,2001.

② 陈伟.西方大学教师专业化[M].北京:北京大学出版社,2008:129.

③ 陈伟.西方大学教师专业化[M].北京:北京大学出版社,2008:27.

④ Friedrich Paulsen. The German Universities and University Study[M]. London:Longmans, Grean&Co, 1908:37-38.

科学领域多采用"研讨班"(seminar)这一名称。

在欧洲大陆国家,讲座和研究所这类组织都是一个个独立的研究和教学单位,一般都拥有开展研究和教学工作需要的人员、设备以及经费等。讲座和研究所的组织建制,对于促进欧洲大陆国家大学的崛起发挥了重大作用。伯顿·R·克拉克在评价德国大学系统时曾认为:"指导行动和推动德国大学系统前进的并非主要是大学,或者甚至是主要的学部。德国大学系统的成功,在操作层次依靠讲座控制的和讲座监督的研究所、研讨班、实验室甚至医院。用莫姆森的话,即'比较规模小和高度自治的自给自足的学术生产单位'。"①

在设有讲座和研究所的大学里,被聘为讲座教授者在其研究领域中单独地主持一个讲座,同时还按照"一个教授一个研究所"的原则成为研究所的负责人。如果出现一个研究所的学生人数特别多的时候,也可能聘请两个或两个以上的教授共同负责一个研究所,但一般都是每人各自负责一个专业领域。如果需要在同一专业领域聘请第二位教授时,一般要为他开设另外一个研究所。② 在研究所或讲座的范围内,讲座教授成为"大学内某一地方性团体的理智和管理的主宰"③,充当"小国诸侯"④的角色,享有非常充分的管理权。概括起来,讲座教授的权力至少体现在以下几个方面。第一,独立研究权,能够独立地确立自己的研究方向,选择研究课题。第二,人事权,可以自主聘用下属的学术人员和其他工作人员。以德国的研究所为例,在讲座教授之下还有两类教学和研究人员:较高一级的称为"编外讲师",另一类是助教。"编外讲师"能够独立授课,但通常需要取得称为"大学授课资格"的博士后资格,而且很少是终身制的。他们的聘任必须经过讲座教授的同意。至于助教,他们是没有授课资格的,当然也不是终身的,甚至还不被当作大学中的正式一员;他们能否任职更是取决于讲座教授的推荐和同意,其工作也完全服从于教授工作的需要。第三,自主教学权,讲座教授可以自己选择教学内容、教学方式等。第四,经费支配权,讲座教授能够独立使用和分配由教育部直接拨付来的研究经费,而不受其上面的学校一级和学部一级的限制,甚至形成了"不能得到讲座教授允许,大学就不能进行经费分配和

① 〔美〕伯顿·R·克拉克. 探究的场所——现代大学的科研和研究生教育 [M]. 王承绪,译. 杭州:浙江教育出版社,2001:30.

② 〔加〕约翰·范德格拉夫,等. 学术权力——七国高等教育管理体制比较 [M]. 王承绪,等,译. 杭州:浙江教育出版社,2001:22.

③ Burdon R Clark. The Academic Profession:National, Disciplinary, and Institutional Settings[M]. Berkley, Los Angels, London:University of California Press, 1987:219.

④ 孙进. 德国大学改革问题的组织理论解析 [J]. 北京大学教育评论,2005,3(2):79-83.

再分配"①的格局。

在法国,由于科学研究工作传统上主要由学校之外的科研机构承担,使得其大学教授不像德国教授那样拥有丰富的研究资源,但其讲座系统仍然赋予教授们巨大的个人权力,其专业活动一般都不受限制,州政府和大学很少对教授的专业工作进行检查,更不用说干预了,而同一专业的同事也很少对他们的权力进行评审。所以有人称,法国的教授"除了上帝之外,他就是自己的主人"②。

不难看出,在欧洲大陆国家大学传统意义上的特殊组织建制下,高级教授在学校范围内享有的权力和权威达到了极致。盖·尼夫(Guy Neave)和盖瑞·洛茨(Gary Rhoades)在评价欧洲大陆国家大学的讲座制度时,指出其"最突出的特征在于讲座持有者个人(即讲座教授)拥有举足轻重的独立和个人权威。学术工作围绕着教授而组织。虽然很大一部分工作实际上是由下级学术成员所完成,但这些工作都是由教师进行管理。讲座主持人是一个学科或学术领域的'当地表达方式'(local expression)。讲座教授的自主如此之强以至于欧洲大陆的大学被描述为'独立学术实践者的联合'"③。

毫无疑问,讲座的组织形式为促进德国大学以及欧洲其他国家大学学术生产能力的发展发挥了非常重要的作用,尤其在大学的规模不是很大、知识分化不是很细、大学的管理事务相对比较简单的时候。但在19世纪之后,讲座的形式逐渐表现出很多的不适。随着大学学生人数的急剧增加以及知识和学科分化加速,传统的完全按学科设置教席的学术组织方式,不仅不能适应规模日益扩大的教学需要、极大地阻滞了办学效率的提高,而且其僵化封闭的权力模式逐渐成为影响大学进一步学术创新的障碍因素,同时,与日趋高涨的民主社会文化的要求也格格不入。在其局限性越来越凸显的背景下,德国、法国、意大利等欧洲大陆国家都出现了用系科制取代讲座制的改革运动。因为系科组织的相对开放性非常有利于新型学科引入大学,还能够较好地适应由于学生规模变化所带来的新的教学需要,而且系科组织所具备的民主性的权力特征,不仅更有利于学术新人的成长,也顺应了日趋强烈的民主社会文化发展的需要。概括地说,系科的组织形式正好可以克服新形势下讲座制所表现出来的局限性。改革的必要性日渐明朗后,法国大学于20世纪60年代末开始设置一种新的教学科研单位(UERs),

① 〔美〕伯顿·R·克拉克. 高等教育系统——学术组织的跨国研究 [M]. 王承绪,等,译. 杭州:杭州大学出版社,1994:139.

② 〔加〕约翰·范德格拉夫,等. 学术权力——七国高等教育管理体制比较 [M]. 王承绪,等,译. 杭州:浙江教育出版社,2001:55.

③ Burdon R Clark. The Academic Profession:National,Disciplinary,and Institutional Settings[M]. Berkley,Los Angels,London:University of California Press,1987:214-215.

把所有的教师不分资历深浅地安排其中。这种新的教学科研单位的设置比较灵活,可以包括几个系,也可以本身就是一个系。德意志民主共和国的大学也是从20世纪70年代开始废除了原来数量众多的讲座和科研所,用为数较少的系科形式取而代之。新型学术组织形式的建立,尽管仍然有效保障了大学教师在基层管理中的权限特别是学术事务管理中的权限,但一个显而易见的变化就是权力主体发生了变化,原来少数讲座教授独霸天下的权力模式成为过去式,更多的教师被吸纳到组织的管理中来。

讲座和研究所之上的层级结构为学部。由于设置在最基层的讲座和研究所在大学中的地位特殊,犹如一个个独立王国一样,分散了作为整体的学部以及学校一级的权力,使得学部一级在大学管理结构中的作用比较有限;然而,尽管作用有限,其决策权力还是主要控制在教授们的手中。

传统上,德国大学一般都设置一个委员会(部务委员会)充当学部层级的管理和决策机构,其成员通常由全部的教授和部分非教授教师组成,后来逐渐吸收了一些学生代表和助教代表参加。在管理职责上,部务委员会主要负责组织学部范围内的课程安排、考试安排和学位授予等事宜,比较实质一点的权限是还可以教育部的名义推荐空缺讲座职位的候选人和教授备选资格获得者。[①] 由于在大学内部事务的决策过程中,更多的决策是交由讲座教授领导的更小的团体做出的,所以学部更多的是发挥协调和咨询团体的作用,在结构上属于非常松散的组织。从运行机制看,学部是由众多把持讲座大权的讲座教授组成的社团式的平等组织,其决策权力也把持在这些教授手中,尽管学部这一层级的权力和作用有限。从这个角度说,约翰·范德格拉夫(John H Van de Graaff)把学部比喻为教授们的"议会"和"俱乐部"[②] 是十分贴切的。学部名义上的负责人称为学部主任,由每年轮流从部务委员会中民主推选出来的教授担任,主要负责处理日常行政事务,但不享有独立的行政权力。

德国大学学部的组织形式和权力格局直到德国政府颁布了《高等教育总纲法》后才有所改观。20世纪70年代,德国政府颁布了《高等教育总纲法》。关于大学内部改革方面,《总纲法》突出强调其决策应当更加民主,从而直接导致了德国大学的组织结构方面发生了很大改变。很多大学仿效英美大学学系建制,通过创立学系以改变传统的学术组织形式便是其中最重要的一项改革措施。在《总

---

① 〔加〕约翰·范德格拉夫,等. 学术权力——七国高等教育管理体制比较 [M]. 王承绪,等,译. 杭州:浙江教育出版社,2001:23.

② 〔加〕约翰·范德格拉夫,等. 学术权力——七国高等教育管理体制比较 [M]. 王承绪,等,译. 杭州:浙江教育出版社,2001:23.

纲法》的指导下,德意志民主共和国的很多大学开始把学部拆分、重组为系,通常的五六个学部被分成 15 ～ 25 个系,但改造而来的系较之原来的学部,在人员聘任、资金分配和设备添置等方面的管理权限都大大加强了,这从客观上改变了一直以来德国大学中间层级缺乏实质性管理权限的格局。到 20 世纪 90 年代,有些大学的学术组织结构进一步进行改革,一方面按学科发展和需要设置更多的学系,同时还将一些研究所独立出来,取得与学系同样的地位,构建"大学—学系/研究所"的两级结构。[1] 这种扁平化的组织结构进一步扩展了学系一级的管理权限。

　　传统意义上法国大学学部管理的组织形式与德国大学稍有不同,但区别不是很大。一般情况下,法国大学在学部一级设置了两个决策机构:一个称为学部理事会,另一个称为学部评议会。在人员组成上,学部理事会由教授组成,而学部评议会成员稍微宽泛一些,除了教授外,高级讲师也被纳入进来,还有少量的初级教学人员,但他们只起咨询作用。在管理权限上,两者也有一些差别。相比较而言,完全由教授组成的学部理事会的权力要更突出一些,尤其表现在财政权和人事权上。比如,理事会可以负责分配政府拨付的经费,还可以会同政府的大学咨询委员会提出空缺讲座的候补人选。尽管这些权限在程序上最终要经由教育部拍板批准,但理事会教授们的决定一般都能够得到教育部尊重,遭到否决的情况极少。[2] 学部的负责人通常是从教授群体中产生的,可以连任,而且其任职一般都达到了 10 年或 10 年以上,因此其权力较之德国大学学部主任要大一些;巴黎各大学尤为明显,甚至被认为是中央集权行政管理体系中不可分割的一部分。[3] 从法国大学学部管理机构的人员构成和运行机制看,这一层级的管理权限也是主要掌控在教授群体手中,这与德国大学是一致的。

　　欧洲大陆国家大学"教授治校"的权力还体现在大学这一层级。欧洲大陆国家的大学往往被视为政府的一个部门,使得整体上的大学事务(主要是非学术事务)受政府部门的控制较深;而在大学范围内,由于其特殊的组织建制,把内部事务的管理和决策的重心下移到了基层。这两方面的原因导致了大学层级的管理权限一直非常有限,甚至一度成为"空架子"。然而,尽管大学层级的管理权限十分有限,但是与学部一样,其有限的决策权力也主要掌控在教授们的手中。

---

① 孔捷. 德国大学基层学术组织模式及其影响 [J]. 江苏高教,2009(1):148-150.
② 〔加〕约翰·范德格拉夫,等. 学术权力——七国高等教育管理体制比较 [M]. 王承绪,等,译. 杭州:浙江教育出版社,2001:56.
③ 〔加〕约翰·范德格拉夫,等. 学术权力——七国高等教育管理体制比较 [M]. 王承绪,等,译. 杭州:浙江教育出版社,2001:56.

传统上,德国大学层面的主要决策机构由学术评议会承担。评议会成员由学部主任和每个学部选派的一个教授代表组成,有时还有两三名教授备选资格获得者代表、若干助教代表以及学生代表参加。与学部部务委员会相比,评议会的权力还要小,通常只限于协调课程安排和考试之类的常规事务,对于教授任命之类的人事事务则根本无权插手。① 在大学一级,德国大多数大学还设有一个由全体正教授和其他教学人员代表组成的被称为大评议会的组织机构,但这一机构的职责在不同的大学有不同的体现。有些大学的大评议会仅仅担负选举校长的职责,舍此别无其他;而在南部各州的有些大学里,大评议会的权限稍微宽泛一些,要超过评议会,但整体上的权力仍然非常有限。② 可以看出,在传统结构上,作为大学层面决策机构的评议会对于教授们来说仍只是一个"俱乐部",而不是一个实质性的管理机构。《高等教育总纲法》颁布以后,德国大学评议会的职责范围得到了扩展,逐渐涉及学校的所有事务,如决定校规,对学校章程的制定和修正提出建议,提出学校领导人或校领导委员会主席和校领导委员会其他成员候选人建议人选,任命各常务委员会或学校其他机构的成员,决定学校发展计划与组织计划,确定科学与艺术研究的重点,向州政府提出预算报告,在经州政府批准后为各系和各校部机构及学校其他部门分配职位和经费,议定设置、改变或取消学科的报告,在系务委员会议基础上议定学校聘任教授及聘用兼职教授的报告,等等。③ 评议会的权限扩大了,但由于其成员仍然主要由教授组成,使得教授们在评议会中仍然还是最重要的决策力量。

另外值得一提的是,德国大学的校长也是由全体教授选出一个德高望重的学者来担任的,校长同时兼任评议会的主席和大学的学术领导人,但校长在学校管理过程中更多的是成为大学学术地位的象征而不是行政首脑,实质权力十分有限。直到《高等教育总纲法》颁布后,德国绝大多数州的大学不仅都设置了专职校长,而且还让校长实质性地担当起管理大学的学术、行政和经费等事宜的职责,其传统意义上只作学术象征的状况得到改观。

法国在大学层级的管理与德国的情况比较类似。首先,由于大学内部重大事务的决策权力集中分配到了学部、基层学术组织中,使得学校一级的管理机构基本上成为"空架子"。在机构设置上,尽管法国大学在大学层面也设置了理事

① 〔加〕约翰·范德格拉夫,等. 学术权力——七国高等教育管理体制比较 [M]. 王承绪,等,译. 杭州:浙江教育出版社,2001:24.

② 〔加〕约翰·范德格拉夫,等. 学术权力——七国高等教育管理体制比较 [M]. 王承绪,等,译. 杭州:浙江教育出版社,2001:24.

③ 许庆豫,葛学敏. 国别高等教育制度研究 [M]. 徐州:中国矿业大学出版社,2004:112-113.

会作为全校性的管理机构,而且其成员也由学部主任、教授代表以及学区指定的几个校外人士组成,但由于实质性权力的缺乏,使得这一机构的影响力非常微弱,其权力比德国大学同类机构更小。[①] 当然,即便在学校管理中的地位不是特别突出,但在这一层级的管理结构中,大学教授仍然是主要的组成人员,其影响力是非常明显的。与德国大学一样,学校一级无权状态也是在第二次世界大战之后法国大学办学模式发生现代转型后才得以改观的。

第二节　美国大学"教授治校"的实现机制

尽管美国早期的殖民地学院是由自欧洲远渡重洋去的清教徒仿照牛津大学、剑桥大学的形式创建起来的,但美国大学却没有移植欧洲大学学者行会自治的传统模式,而是形成了一套校外人士掌管大学的机制。最早的哈佛学院刚一成立,便把学院的管理事务交给了由马萨诸塞的政府官员和牧师等 12 名校外非教育行业的人士所组成的"校监委员会"。只具备"临时"身份的教师在学校事务即便是课程设置等学术性事务上,也没有多大发言权。直到 19 世纪初期,随着大学教师队伍的不断壮大,教师的独立地位才开始彰显,在规模较大、管理日趋复杂的背景下逐步承担了一部分学术管理的责任,成为董事会之外的另一方管理力量。到 19 世纪后期 20 世纪初期,美国研究型大学的出现和成功,有效地促进了学术职业在社会上的竞争性,进而提高了大学教师的社会地位。而在大学的学术工作和行政工作都变得越来越复杂、"外行"人士全权处理所有事务已经感到力有不逮的时候,大学董事会不得不适应形势变化的需要,将大学里与教师们学术专业关系最为密切的那部分事务的管理权交付给教师,从而在美国大学逐步形成了不同于欧洲大陆国家大学的"教授治校"的管理模式。

自 19 世纪开始形成的学系逐渐取得牢固地位以后,美国大学在内部组织方面所构建的都是"学系—学院—大学"的结构形式,基本上没有发生很大的变化。

学系是美国大学最基层的学术组织,美国大学"教授治校"的权力首先就体现在学系这一层级上。学系这种组织形式主要是在 19 世纪逐渐形成的。曾留学德国、长期担任哈佛大学现代语言和文学教授的蒂克纳(Ticknor G)在引入选科制的同时,最先建议在哈佛建立学系。[②]1825 年,学系首先在哈佛学院出现。[③]

① 〔加〕约翰·范德格拉夫,等. 学术权力——七国高等教育管理体制比较 [M]. 王承绪,等,译. 杭州:浙江教育出版社,2001:57.

② 贺国庆. 近代欧洲对美国教育的影响 [M]. 保定:河北大学出版社,2000:113.

③ 〔加〕约翰·范德格拉夫,等. 学术权力——七国高等教育管理体制比较 [M]. 王承绪,等,译. 杭州:浙江教育出版社,2001:114.

1880 年,康奈尔大学、霍普金斯大学组建了学系;1891—1892 年,哈佛大学和芝加哥大学的学系得到了进一步发展;19 世纪 90 年代末,哥伦比亚大学也出现了学系。[①] 在此过程中,以学科为基础建立的学系的组织形式在美国大学得到了快速发展,而且名目繁多,从 A（即 Astronomy,天文系）到 Z（即 Zoology,动物系）都涵括进来了。[②]

　　学系本是一种以欧洲的讲座为参照而创设的组织模式,但美国大学放弃了讲座的形式,而重新构建了新的学系制度,究其原因主要有这样几个方面。首先,欧洲大学主要依赖讲座从事精英教育,美国需要借助系科制度开展大众化教育;其次,欧洲的学术治理主要表现为集权化管理,而美国的学术管理主要表现为民主化形式;再次,19 世纪美国大学数量已经急剧增加,美国的学术专业必须创新组织形式,以适应市场化竞争;最后,在长期的发展进程中,美国的系科制度更有助于促进科研、发展知识。[③] 这些分析是十分到位的。在美国大学的办学实践中,这一组织创新的优势都很好地得到了证实,而且还被欧洲人认为是弥补其传统大学学术组织形式局限性的有效方式,以至于欧洲大学后来又反过来纷纷效仿美国的做法。

　　作为美国高等教育机构的一个重要的组织创新,学系在大学的地位举足轻重。美国大学的教学、科研和社会服务等主要是由"数以百计的独立领域或可以被指认的亚领域"完成的,并且形成了"没有任何核心权威有能力为所有这些领域或亚领域就该教些什么、该施行何种研究和公共服务计划,如何开展教学和科研或者应建立何种入学要求、学术标准以及毕业要求等诸多问题做出决策"[④] 的局面。在这种情况下,学术决策权"必须大量地分配给不同专门化的教师",也就是直接分配给专业学院中的不同科系,主要由这一层级独立地做出决定,从而使得"在最具声望的机构中,系科的影响力最为根本,一般而言最具决定意义"。[⑤]

　　美国大学学系建制的基本原则与讲座一样,也是以知识论意义上的学科为

① Alain Touraine. The Academic System in American Society[M]. New Brunswick and London: Transaction Publishers, 1997: 33.

② 陈伟. 西方大学教师专业化 [M]. 北京:北京大学出版社,2008:166.

③ 陈伟. 西方大学教师专业化 [M]. 北京:北京大学出版社,2008:161.

④ Howard R Bowen & Jack H Schuster. American Professor: a National Resource Imperiled. New York, Oxford: Oxford University Press, 1986. 21. 转引自:陈伟. 西方大学教师专业化 [M]. 北京:北京大学出版社,2008:160.

⑤ Howard R Bowen & Jack H Schuster. American Professor: a National Resource Imperiled[M]. New York, Oxford: Oxford University Press, 1986: 21. 转引自:陈伟. 西方大学教师专业化 [M]. 北京:北京大学出版社,2008:160.

基础,从而使得其权力属性首先体现为学术权力的基本特征。随着科学的进步,知识日趋呈现出分化的趋势,分化的结果之一就是导致了原初意义上的学科的形成。美国大学的系科一般就是依据学科分类建制而成的。当一门学科定型以后,其所涉及的都是特定专业领域的理智内容;如果要进入特定的学科,一般都必须经过专业的特殊训练,否则难以实现。这些要求使得学科内部从业人员的权力来源主要植根于其拥有的独特的专业知识优势之中。这也为按照"学科—学系"的对应关系而建立起来的系科组织获得了认识论意义上的权力支持,而且还从根本上决定了学系组织内部最典型的权力类型,即学术权力的类型。①

在本质上,学术权力就是专业权力,而专业权力"是以'技术能力'而不是以正式地位导致的'官僚能力'为基础的",②这就决定了学术权力完全应当配置给具备"技术能力"的相关主体身上。欧洲大陆国家大学"正教授治校"便是这一权力配置方式的体现,美国大学系科组织的权力分配也深刻地体现了这一原则,但在运行方式上与欧洲大陆国家的大学存在一定的差异。

在美国大学的系科组织中,其权力运行没有形成德国大学那样的等级特征,而是形成一种较为民主化的方式。比如,学系范围内的专业事务,像教学改革、课程设置、学位要求、教师评聘和晋升等,都是由学系处理的。但在处理过程中,学系的负责人(系主任)必须同系里面具备"技术能力"的正教授以及聘为终身职的副教授商讨决定;在一些涉及面更广、与全体教师的利益更加攸关的问题上,系主任还必须同全体教学人员进行商讨,采取少数服从多数的原则予以决策,从而"越少地使得系主任处在最高权力位置上"③。

就具体的方式方法而言,美国大学学系层次处理专业事务时,一般通过组织委员会(Departmental Subcommittees)的形式进行。各委员会一般由4～6位成员组成,并由一位教授当召集人。委员会的主要任务是根据系主任的委托,对系里的教学、科研、教师评聘等学术事务进行先行讨论,形成基本决议,必要的时候再经系务会议复决后,由系主任批准或进一步报上一级的学院、学校批准付诸实施。以大学教师的遴选和聘任为例,一般是系主任先委派一些教师组成招聘委员会,招聘委员会先行听取全系教师关于招聘的意见,然后在有关专业刊物或相关媒体上刊发招聘广告;在接到应聘者的推荐材料后,招聘委员遴选出5人左右

① 陈伟. 西方大学教师专业化 [M]. 北京:北京大学出版社,2008:167.

② 〔美〕伯顿•R•克拉克. 高等教育系统——学术组织的跨国研究 [M]. 王承绪,等,译. 杭州:浙江教育出版社,1994:128.

③ Alain Touraine. The Academic System in American Society[M]. New Brunswick and London:Transaction Publishers, 1997:158.

提交至全系教师大会审议,并以投票的方式再次遴选出 2 ～ 3 人。接下来,这几名候选人被邀请到学校接受当面考核(主要是为全系师生做学术报告、座谈);然后,全系教授召开会议,讨论、投票决定最后人选;最后报学院院长和校长,商谈确定待遇等相关事宜并签署聘任合同。

美国大学学系教师委员会有常设性的和临时性的两种。像负责学生入学许可的委员会和负责教师评鉴的委员会都是常设性的;而负责新聘教授遴选的委员会则属于临时性质的,承担的任务完成后该委员会随即宣布解散。各系委员会数目不是统一规定的,职责也不相同。例如,明尼苏达大学昆虫学、鱼和野生生物系就曾设有课程设置委员会、学术讨论委员会、长期规划委员会、博物馆委员会、图书委员会、社会活动委员会和申诉委员会等常设委员会,而密执安州立大学植物学和植物病理学系的常设委员则包括课程设置委员会、研究生委员会、大学生委员会、基本建设事务委员会、科学研究委员会、授予教授终身聘任和晋升委员会等。[①]

美国大学在系的层级一般还设有执行委员会(Departmental Executive Committee),由所在系已经取得终身教职的正、副教授组成,主要负责学系的财务监控以及审核教授的聘用、晋升、终身教职的取得等相关事宜。

不难看出,美国大学的教师群体及其委员会在学系组织的管理和决策中发挥着实质性的作用,这也使得美国大学的学系成为大学学者行使权力的最根本的组织依托和发表意见的首要场所。当然,与欧洲大陆国家大学基层组织相比,美国大学学系在权力分配模式上是大不相同的。学系在实质上已经成为一个围绕某一学科的共同利益而组织起来的社团性质的机构,差不多"一人一票"的议事方式使得其权力比较分散,不仅在正教授之间分配,而且在副教授和全体教学人员中分配,它形成的也是"共同掌权(collegiaty)的群体"[②]。作为学系学术行政负责人的系主任是由教授选举,经院长批准和校长任命产生的。民主推选的职位生成机制,使得这一基层首脑首先要受制于集体的学术力量,在很多重大问题的决策和管理过程中,他(她)必须深入听取教授、副教授以及一般教师的意见,从而导致系主任的职位并不构成一个特权性的职位,习惯上只是临时扮演着"同僚中的一号(first among equals)"[③]的角色。

① 别敦荣. 中美大学学术管理 [M]. 武汉:华中理工大学出版社, 2000:113.

② Talcott Parsons and Gerald M. Platt. The American University[M]. Cambridge, Massachusetts: Harvard University Press. 1973:355.

③ Burton R Clark. The Academic Life: Small Worlds, Different Worlds[M]. Princeton: The Carnegie Foundation for the Advancement of Teaching, 1987:150.

虽然美国大学的学系组织是以学科为依托,实施行会式的内部管理模式,从而成为明显带有社团性质的机构,但是,作为整体意义上的院校机构的一个组成部分,美国大学的学系还必须接受来自上一层级的节制,使得学系同时也是"学校—学院—学系"这一科层链条中的一级官僚单位;也就是说,学系组织在一定程度上也要接受来自纵向等级的科层权力的制约。受官僚属性的影响,系主任还得向上一层级的院长负责,进而向一个或几个校部的官员(校长、学术副校长、教务长)负责,完全成为"一个处于上挤下压地位的中间人物"。[①]如此一来,美国大学的学系组织明显形成了接受学术权力与行政权力双重制约的格局。但这种模式在长期的实践中被证明是有意义的。一方面,它保障了学术人员对于学术事务的掌控;另一方面,有助于构建形成社团性机构和官僚人员之间互相监督的机制,也有效地制约了专制独裁行为,保护了学术人员的利益。

众多学系集合在一起的教学科研单位便构成上一层级的组织结构——学院。美国大学的学院通常包括主要从事基础学科教育的文理学院和主要从事专业教育的专业学院(如医学院、法学院、商学院等)。学院的院长一般都是由校长直接任命的,而且是作为中心行政机构的成员开展工作,并配有若干辅助人员协助工作。院长一般也是学术上很有成就的学者。与学系主任相比,院长职位上的自治权力已经达到了一定的程度,基本拥有独立于学者团体的处理行政事务的权力,像包括教授职位在内的预算分配等都可以由院长控制。那么,在学院这一层级,教授们的权力又是怎样实现的呢?与学系类似,在学院一级,教授们的权力同样主要是通过教授会议或委员会的组织来实现的,其所处理的事务也主要是学术事务。在美国,由于国家层面和州政府层面一般不对大学的入学标准、课程安排、学位获得等学术事务进行具体的政策规定,各大学一般将处理这些事务的权力下移到了学院层面。尽管学院院长具备了独立处理行政事务的权力,但学院在处理上述学术事务的时候,不能够简单地由院长一个人说了算,而必须通过与教授会议或各委员会商量,在充分听取教授们的意见之后才能最终形成决定。学院一级的教授会和委员会的成员一般都由从下属各系选举出来的教授代表担任。这些机构视管理需要不定期召开会议,或听取、审查院长的报告,或通过民主投票的方式决策有关事项。

非常明显,美国大学学院层级的权力结构同样存在着学术权力和行政权力二元权力并行的格局,以行政人员为代表的行政权力同以学者群体为代表的学术权力交织统整在一起,构成一种"共治"联盟。在这样一个联盟中,不仅有分

① 〔加〕约翰·范德格拉夫,等. 学术权力——七国高等教育管理体制比较 [M]. 王承绪,等,译. 杭州:浙江教育出版社,2001:115.

工与合作,同时也有互相监督和制衡。作为行政权力代言人的行政官员主要处理行政事务,作为学术权力代言人的教授团体主要决策学术事务,两者在这种二元结构中有各自的分工,在分工中形成联合;同时,由于两种权力机构都赋予了比较独立的地位,还形成了一种强有力的监督和制衡机制。

美国大学校级层面的管理机制比较复杂,其管理机构主要由三部分组成。第一部分是主要由校外人士组成的董事会,第二部分是以校长为首的行政体系,第三部分是以教师(包括教授、副教授和助理教授)为主体构成的教授会或评议会。如此,美国大学层级的权力模式就集中体现出董事、行政人员和教师三种权力交织在一起的典型特点。

从美国大学创建开始,就形成了校外人员组成的董事会控制大学事务的管理模式。这一传统使得董事会一直成为大学的最高权力机构,在权力体系中位居行政体系和评议会之上。大体而言,董事会管理大学的权限主要体现在这样几个方面:任免校长,并原则上保留任免学校所有管理人员和教师的权力;制定学校的大政方针,提出学校的任务、目标和使命;审批大学年度财政预算计划,保护学校的资产,筹集大学办学资金;执行和修订大学章程,批准学校的各项规章制度;监督大学的全盘工作,特别是学校财政、科研、学生质量以及大学的社会地位和影响力的变化;建立校外联系,协调大学与政府和社会各界的关系。① 从这些职权看,董事会主要履行学校的宏观决策和监督职能,而不介入大学实际运行中的有关具体事务。大学实际运行中的学术行政责任一般是由董事会授权大学校长承担。美国大学的校长在学校管理中是一个举足轻重的人物。他向董事会负责,既是学校的最高行政负责人,又在实际上掌握了大学学术事务管理权力。为配合校长的工作,美国大学一般都配备了一个庞大的学术行政班子,这些人员在校长的领导下,具体负责处理招生、人事政策、学术协调、预算编制、大学规划、档案管理、设施管理、图书馆管理等事务。随着大学规模的扩张以及"专家管理论"的日渐盛行,这套专门的行政人员在"二战"之后还呈现出越来越强化的趋势。

除董事会和以校长为首的行政体系外,美国大学校级层面还有一个重要的机构——教授会(Faculty Senate,或译为"评议会"),这是校级层面教师群体参与学校重要决策的机构。

自耶鲁学院较早设立教授会之后,这一赋予大学教师群体参与治校权力的组织形式在美国大学逐渐发展、壮大起来。包括两年制的初级学院在内,美国有90%的高校都建立了教授会,让教师参与学校管理。② 当然,根据大学章程的不

① 别敦荣. 中美大学学术管理 [M]. 武汉:华中理工大学出版社, 2000:109.

② Grady Bogue, Jeffery Aper. Exploring the Heritage of American Higher Education[M]. Phoenix, Ariz: Oryx Press, 2000:38.

同规定和学校管理传统的差异,美国大学教授会的地位和作用也有所差别。一般而言,教授会的权力与大学的历史和声望的相关性比较显著,即在研究型大学和有声望的文理学院,教授会的权力比较明显,在其他类型的学校则相对弱一些。但从整体上看,美国大学教授会在管理大学学术事务以及更大范围内的"参政议政"、维护教师利益等方面的作用一直都是意义非凡的。

首先,从人员组成上看,教授会主要由大学教师组成,基本上可视为教师自己的组织。美国大学教授会的人员组成一般有两种方式。一种是由全体教师组成。像加州大学伯克利分校,其教授会的人员组成除校长和一些与学术事务管理关系特别密切的行政人员外,还涵括了所有的全职教授、所有的全职副教授、所有的全职助理教授、所有的全职讲师以及有工作保障的助教等,[①] 其人员组成所体现出来的代表性非常广泛。再比如斯坦福大学,其教授会的成员由全体终身任职教授(包括副教授和助理教授)、非终身任职教授(包括副教授和助理教授)、专门政策中心和研究机构的资深人员以及从事学术管理的行政人员代表组成。[②] 另一种人员构成方式是由按分配比例推选出来的教师代表组成。像弗吉尼亚大学,其教授会成员(一般80个名额)是以院系为单位,按照人员比例分配,再经选举而产生的。[③] 当然,校长、副校长、各学院院长和一些学术管理行政官员一般都是教授会的当然成员。但很多大学(比如弗吉尼亚大学)规定,这些人一般只能列席会议,他们可以发表意见却没有表决权。

从运行方式看,美国大学教授会比较能够表达教师的意愿和利益。[④] 美国大学的教授会一般定期举行大会,时间从每月一次到半年一次不等,主要就学校重大问题进行商讨表决,比如对大学章程和重大制度的修订、听取校长或教务长的工作汇报、表决常务委员会和各分设委员会的工作汇报、研究教师和学校福利的事项等。教师代表只要能够得到一定数量的同盟军的支持,还可以自己单独提出会议议题;除了例会之外,碰到临时性的大事,还可以召开特殊会议解决特殊问题。教授会开会过程中,代表们就会议的主题展开充分的、自由的讨论,并可要求相关行政人员直接回答自己的问题和意见,讨论完毕后通过呼声表决和投票表决的方式予以决策。所谓呼声表决是指参与表决者叫喊"同意"或"不同

① BY-LAWS of The University of California Berkeley Division of the Academic Senate[EB/OL]. http://academic-senate. berkeley. edu/resources/bylaws_toc. html.
② Senate and Committee Handbook[EB/OL]. http://facultysenate. stanford. edu/sen_and_cmte_handbook/%20table_of_contents. htm.
③ Constitution & By-Laws[EB/OL]. http://www. virginia. edu/facultysenate/c_blaws. html.
④ 此部分的论述参考了郭卉的相关研究成果。见:郭卉. 大学治理中的评议会制度 [D]. 教育科学研究所博士后研究报告,2008.

意",由呼声更大的一方决定事项;如果不能明显区别呼声的大小,则通过匿名投票的方式决定。

当然,由于教授会规模较大,虽然具有较强的民意代表性,但从决策效率和行动方便的角度说可能会带来一些问题。为此,教授会一般都下属一个类似于常务委员会的机构,作为其核心议事工具。特别是随着大学规模的持续扩大和教师数量的增加,教授会常务委员会制度得到进一步强化。教授会常务委员会的人员组成一般也是按照院系代表的比例分配名额,同时吸收重要的行政官员参与议事,但他们一般不参与表决。常委会的职权在各校不尽相同,一般而言,可以充当教授会的立法机构,能够代表教授会与大学行政进行沟通和协调,在特殊情况下还可以代表教授会采取一些紧急行动等。

除了成立常务委员会外,教授会通常还设立各种分委员会,分别处理各类单项性的、临时性的事务。这些委员会是因校、因事而设的,所以在数量上和职责上都没有统一的模式。比如,加州大学伯克利分校教授会的分委员会曾多达34个,分别负责的事务涉及预算、选举、纪念、听证、教师奖励、教师福利、教师终身制、学术自由、课程安排、道德教育、信息和交流、国际教育、学校拓展等诸多范畴。而斯坦福大学教授会的分委员会只有7个。数量的多寡不是关键,关键是不管其数量是多是少,这些机构都能够在关于教师自身的事务(如教师聘任、晋升、福利、荣誉、终身制等)、教学和研究的事务(如学科专业设置、招生、课程安排、学位授予、研究课题、研究经费等)以及大学发展的事务(如学校重大战略调整、重大政策变化等)等方面具备重要的商讨、建议和决策权。针对各自负责的事务,这些委员会一般是在充分听取各方意见、收集信息的基础上,先行形成建议,提交给教授会大会或常务委员会讨论决定。它们也可以直接与学校行政进行交流,以解决师生们特别关注的一些问题。

基于以上分析可以看出,美国大学在学校、学院以及学系等各个层级都建立了教师参与学校管理和决策的组织平台,并能够实质性地发挥作用,从而在整体上构筑起美国大学"教授治校"的实现机制。一方面,在这一机制下美国大学教师在学校诸多事务方面都获得了充分的建议、决策权,尤其在处理教学、科研及其他有关学术事务方面的地位很高、作用很大。在一些高水平的大学更是如此,像加州大学伯克利分校,"举凡学校的学术方针规划和全校教师的评鉴、任用、升职、加薪等,决定权全属教授会" [1],其权力非常之大完全充当了为整个学校的学术政策和规划进行立法的角色,以校长为首的行政体系基本上只是在执行评议会制定的政策和规划。这样的权力配置方式为确保大学的学术本色发挥了难以

① 魏瑞星,等. 出奇才能制胜:访伯克利加大副校长田长霖 [N]. 远见,1986-12-1.

替代的作用。另一方面,学术力量与行政力量既密切配合又相互制衡的管理机制为预防绝对权力的产生和杜绝权力腐败等提供了制度保障。斯坦福大学前校长曾深有体会地说道:"如果绝对的权力导致绝对的腐败,那么不用担心大学校长:他永远不会处于这样的危险境况中,因为他没有绝对的权力。"[①]

第三节　欧美大学"教授治校"实现机制的特征

毫无疑问,欧洲大陆国家和美国的大学教师在学校管理和决策中发挥权力的组织形式和运行机制等是不尽相同的。比如,在权力主体上,两者就有明显的差别。欧洲大陆国家大学的"教授治校"主要体现在部分高级教授所拥有的权力上。这些国家,由于受中世纪行会"师傅—徒弟"关系序列的影响[②],大学学者基于学术成就的差异,在权力和地位上被赋予了较为明显的等级关系特征。那些具有特殊学术成就的"高级教授",自然就很容易地被推举到"师傅"般的特殊地位上。德国现代大学理念产生后,对科学研究特别看重,进一步加强了高级教授的权力和地位。他们不仅被聘请主持讲座和研究所,控制着其势力范围内的一切权力,而且由于其地位的特殊,还当然地成为学部和大学一级管理和决策机构中的最重要的成员,从而形成了少数高级教授在大学事务管理过程中享有绝对话语权的格局。而美国大学教师权力体现了一种相对平等主义的特征。[③] 美国大学在发展过程中,其管理没有被少数著名教授所控制,教师们参与管理的处事原则很大程度上是按照"一人一票"的方式进行;不但高职衔的教授有参与学校管理的权力,那些低职衔的教师(副教授、非终身教职的教师、讲师)同样享有相对独立的权力,在很多事项上甚至可以与高级教授平起平坐。

具体运行方式上的差别是客观存在的,但如果重点对制度背后的意蕴进行深入分析的话不难发现,在这两类国家的大学里,其"教授治校"模式很大程度上又体现出诸多共同的、典型的特征。

第一,欧美国家大学"教授治校"的权力在大学的各个管理层级都得到了体现,尤其在基层体现得更为突出。从上文的分析中可以看出,欧洲大陆国家的大学,无论是德国大学还是法国大学,在学校各个层级所设置的管理机构中,教授群体的代表都占据了最重要的位置,他们在学校管理中享有非常充分的话语

---

① 教育部中外大学校长论坛领导小组. 中外大学校长论坛文集 [C]. 北京:高等教育出版社, 2002:18.

② 在中世纪行会,只有那些技艺超群的人才能充当师傅,从而形成了一种"师傅带徒弟"的关系特征。这样的关系序列迁移到大学组织中,便逐渐催生了大学教师之间的等级制度。

③ 别敦荣. 中美大学学术管理 [M]. 武汉:华中理工大学出版社, 2000:69.

权,教授们的意见基本上成为大学处理内部各项事务的决策依据;也就是说,教授的治校权力在大学的各个管理层级上都得到了体现。当然,由于各个层级在大学管理过程中的地位不一样、发挥的作用不同,使得教授在不同层级的治校权力也有区别。具体而言,他们在最基层的学术组织中的权力最为突出。这些国家最基层的学术组织是讲座和研究所,讲座和研究所等组织范围差不多成了大学教授的独立王国,独立研究权、自主教学权、经费支配权、人事权等都被主持讲座和研究所的教授牢牢地控制着;而且,由于这类组织在实践中享有独立王国的地位,还曾使得学部、学校层级的管理机构在大学事务决策中的影响力大大衰减。在美国,大学教师群体在学校管理中的权力同样体现在各个层级上。在大学层级,由教师民主推选的代表组成的教授会机构,能够针对学校的学术事务乃至其他所有事物行使讨论、建议及决策的权力;在学院层级,教师代表组建的教授会完全享有学术事务的决策权,成为与行政官员平起平坐的一方管理力量;至于在最基层的学系层级,由于其社团性质更为突出,大学教师参与管理和决策的广度和深度都非常高,使得这一层级更是理所当然地成为大学教师发表意见、表达权力的首要场所。可见,无论是欧洲大陆国家大学还是美国大学,在从上到下的各个层级,特别是基层一级,都为大学教师构建了表达意见、维护利益的机构和机制,而且这些机构和机制能够为教师实现实质性的影响力提供行之有效的保障。

第二,整体上看,欧洲大陆国家大学"教授治校"的权限非常宽泛,美国大学相对窄狭一些,但两者在权力运作上却都实质性地影响着包括学术事务和非学术事务在内的管理和决策。基于对欧陆大陆国家大学"教授治校"的组织机制的分析可以看出,传统上德、法等国大学的教授的治校权力首先体现在学术领域,像确定学科发展方向、选择科研教学内容、实施学术评价等事务全部由讲座教授群体决策。但除此之外,这些国家大学中与学术事务紧密相关的其他事务,如校内经费的划拨、非学术人员的聘用等,也基本上被教授们掌控;即便其"教授治校"发生现代变革以来,大学教师仍然在学术事务和非学术事务管理中享有充分的影响力和话语权。与传统的欧洲大陆国家大学教授近乎"无远弗届"的治校权限相比,美国大学教师的"势力范围"显得狭窄得多,其决策权力重点体现在学术事务的管理与决策上,而且在一定程度上还要接受董事会的"终审"制约。但正如前文已经提及的,我们不要对这种"势力范围"予以绝对化的圈定。实际上,从美国大学教授会的权力职责以及教师罢黜校长的案例来看,美国大学尤其是高水平大学的教师作为参与学校管理的重要主体,他们对学校所有重大事务的决策同样可以发挥重要的影响作用,对于行政权力则可以发挥有效监督与制衡的作用。概而言之,欧美大学教师的权力没有只限定于所谓的"治学"领域,而是涉及范围更大的"治校"领域。

第三,尽管欧美大学"教授治校"的实现机制不尽相同,但其背后所反映出来的本质却高度一致。通过对欧美大学"教授治校"实现机制的考察可以看出,"教授治校"的组织和运行并没有形成非常一致的模式;相反,在不同的时代和不同的国家,其实现机制呈现出多样性特征。像中世纪大学是由全体教师共同治校;欧洲大陆国家大学传统上主要由讲座教授把持学校事务,甚至达到架空学校层级管理的程度;美国大学教师通过教授会等形式参与治校,这些都是"教授治校"实现机制多样性的体现。然而,尽管形式上各有差别,但其背后所蕴含的本质却是高度一致的,那就是不管通过什么形式和途径,大学教师在学校事务管理过程中一直拥有较强的话语权和影响力,从而有效地保障大学的管理和决策不会偏离大学作为学术组织的属性,而且尽可能地保护教师群体的利益不会随意受到损害。

第四,从两类国家"教授治校"的运行机制和运行效果看,"教授治校"并没有拒斥行政权力的作用,与校长治校也不是非此即彼、必然对立的关系。尽管欧洲大陆国家大学所实施的传统意义上的"正教授治校"一度架空了校长的权威,但这与当时大学的发展规模、所处的社会背景以及特定的制度安排等有很大关系,而且即便是在正教授完全把控治校权的状态下,大学同样需要一批从事协调和处理具体事项的行政人员;也就是说,在传统意义上的"教授治校"模式下,并没有拒斥行政权力的作用。至于到了现代,随着大学的规模日趋扩大,所要处理的外部、内部关系日益复杂,作为众多社会组织中的一员,大学要适应复杂多变的社会环境并与社会保持动态平衡关系,有效协调大学内外事务之间的矛盾,保证大学教学、科研秩序的有序开展,都离不开行政人员的斡旋与协调,这使得行政权力的合法性、合理性进一步得到了认同。尤其应该承认,作为现代大学首席行政人员的大学校长,绝非一个虚设的职位,如果缺乏校长在学校层面的有效统筹,现代大学很可能会失去作为规范组织的基本保障。特别是在大学的运行环境越来越市场化、大学的办学资源更加多元化的背景下,大学校长的企业家精神、首席协调人角色都得到了强化,这从客观上加强了大学校长在大学管理中的地位与作用。当然,大学从产生以来,就深刻地体现着学术组织的属性,这决定了其具有自身发展的内在逻辑。要维护大学的学术逻辑,所依靠的主要力量就落在学术人的身上,这也是学术权力合法性的体现。由于行政权力和学术权力都具有合法性,这就决定了大学组织在结构上存在一种奇特的二重结构,"一种是传统的管理科层结构,另一种是教师在其权力范围内对学校有关事务做出决策的结构”①，使得大学组织的运行表现出明显的特殊性。从欧美大学“教授治校”的实际运行状况和运行效果来看，各大学在整体上都比较有效地处理了行政权力和学术权力之间的关系问题。一方面，这些大学都充分发挥了学术权力在学术事务中的决策作用，保障了大学的学术发展，同时还注意发挥学者们在学校其他事务管理中的影响力，维护了教师们的利益；另一方面，行政权力也有效地行使了服务、协调等职能。正是由于两者“共治”，才共同推进了大学的和谐发展。可见，欧美大学的“教授治校”与“校长治校”并不存在必然的对立，更没有拒斥行政权力的作用；从整体上看，两者处于一种相互依存、和谐共存的关系态势。

本章小结

在大学管理的实践中，“教授治校”是通过一定的运行机制来实现的。世界范围内的高等教育发展历程显示，各国大学“教授治校”的运行机制互不相同，形成了多样化的制度形态和组织方式。本章以欧洲大陆国家大学（主要指德国和法国）和美国大学为案例，从组织学的视角，重点探寻了“教授治校”在这两类国家大学中的实现机制及其背后所体现出来的根本特征。

毫无疑问，欧美大学“教授治校”的运行机制存在着明显的差异。比如，欧洲大陆国家大学“教授治校”主要反映在一部分高级教授所拥有的权力上，而美国大学教师权力体现了一种相对平等主义的特征。然而，通过深入分析也可以看出，这两类国家大学的“教授治校”在很大程度上包含着很多共同的、典型的特征。比如，它们在从上到下的各个层级，尤其是在基层，都为大学教师构建了表达意见、维护利益的机构和机制，大学教师在权力运作上都实质性地影响着包括学术事务和非学术事务在内的管理和决策，大学教师在学校事务管理过程中一直拥有较强的话语权和影响力。从实际运行状况和运行效果看，“教授治校”与行政权力、校长治校并不是非此即彼的对立关系；相反，在整体上两者之间构成了一种相互依存、和谐共存的关系态势。这些特征共同体现了“教授治校”的核心内涵。

① 〔美〕罗伯特·伯恩鲍姆. 大学运行模式——大学组织与领导的控制系统 [M]. 别敦荣，主译. 青岛：中国海洋大学出版社，2003：11.

第五章

"教授治校"的条件

　　"教授治校"的管理模式具有悠久的历史,但也经历了曲折的历程,其形成和发展均需要相应的条件作为支撑。支撑"教授治校"的条件大体上可以分为两类:一类是来自于作为管理主体(大学学者)的个人条件,比如学术能力、治校过程中必备的道德品质等;还有一类是从外部发挥支撑作用的条件,比如相关法律法规和大学章程对教师权力的维护、社会民主文化的支持、大学自治权的落实、学术职业安全得到保障等。这些条件是保障"教授治校"得以有效实施的必备因素。深入分析这些条件,有助于进一步理解"教授治校"的内涵。

第一节　"教授治校"的主体条件

　　"教授治校"的主体是大学教师群体。该群体在学校管理过程中能够获得权力,有效发挥作用,其自身首先必须具备一些必要的条件。这些条件是大学教师赢得声誉和威望的前提,也是其在大学管理中能够获取话语权的基础,我们权且称之为支撑"教授治校"的主体条件。"教授治校"主体条件的内容比较广泛,但学术能力和道德品质两个方面尤为重要。

一、学术能力:教师权力的源泉

　　学术能力是指大学教师在从事学术活动过程中所表现出来的能力和水平。它之所以能够成为"教授治校"的主体条件,关键原因在于大学组织的学术属性。如果把管理看作为一个组织制定规则、维护秩序的过程的话,那么大学的管理主要就是为大学组织学术生活的正常开展制定规则并维护其秩序,从而产生更加丰富、更有质量的学术成果,不断提升大学的办学水平。要达成这样的目标,管理大学的主体首先就应当具备极强的学术能力和学术水平,应当深谙学术运行的逻辑和规律；也就是说，具备高超的学术能力和学术水平是保障大学教师在学校管理过程中享受话语权和产生影响力的首要条件和根本要求。

现代大学的责任和功能主要体现在知识的传承（通过教学）、知识的创新（通过科研）以及知识的应用（社会服务）等方面，与之相对应的，大学教师工作的重点领域也体现在教学活动、科研活动和知识应用活动三大方面，其学术能力和学术水平也主要是从这三方面进行衡量；具体而言，作为管理主体和学术活动主体的大学教师，应当在教育教学、科学研究和知识应用方面都具备较强的能力和较深的造诣。

通过教育教学活动实施人才培养是大学教师最为重要的一项学术工作。大学教师首先应当具备的就是教育教学方面的能力。从大学的起源看，中世纪之所以建立这样一个被称为"大学"的机构，其初衷就是因为有一大批仰慕知识的人聚集在当时的一些"知识分子"的周围，跟随他们从事学习活动，以满足自己的兴趣需要和求知欲望、提升自己的知识水平。当这样的学习活动在特定的场所被固化下来的时候，大学便逐渐成形了。可见，从大学产生之日起，通过教与学的活动进行人才培养工作就是其最根本的目的和任务。尽管随着大学的发展，一些新的功能如科学研究、为社会服务等逐渐加附到大学的身上，但通过教育教学活动进行人才培养这一功能从来没有也不应该被削弱，一直就是大学教师最本职的工作。从大学教师的职称和称谓上看，只有从事了教学活动的大学教师或学者专家才能评聘为教授、副教授以及讲师等，否则只能称为"研究人员"；从这一意义上说，是否从事教学活动是大学教师区别于普通研究人员的根本标志。在西方国家，如美国，即便是被冠名"研究型"的大学，其教授、副教授和助理教授的教学工作量加起来每年平均要占全部工作量的 45.2%，每个教授每年都要讲授 3～4 门不同名称、不同内容的课程[①]，可见，把教学活动始终视为大学教师的主体工作是不容置疑的。

人才培养活动首先体现为对学生进行知识传授。大学学者要形成高超的教育教学能力，其自身首先要有充足的专业知识储备。俗语云，要给学生一杯水，教师自己得有一桶水。言语非常朴实却道出了知识储备之于教师工作的极端重要性。对于大学教师而言，"一桶水"的知识储备尤为重要。原因很简单。因为大学本是引导学生从事高深的专业学习和研究的机构，作为学生的引路人，如果大学教师自身没有足够的可以驾驭专业教学的知识储备，又如何期望他们能培养出符合社会需要的高级专门人才？因此，对于自己所从事的学科专业，大学教师应当熟知其发展历史、现状、前沿以及未来的发展方向等，要能够非常娴熟地

① 沈红 . 美国研究型大学的形成与发展 [M]. 武汉：华中理工大学出版社，1999：212.

第五章 「教授治校」的条件

运用学科的知识、理论、方法和技术去解决和探索相关的问题。只有满足了这些要求,大学教师才能游刃有余地去实施专业教学的活动。德国现代大学从成立起,便非常看重教师在这一方面的素质。鲍尔生(Friedrich Paulsen)在概括教师的素质要求时,就把"掌握广博的科学知识并理解本领域的研究方法"置于首位。①

当然,人才培养活动的顺利进行,仅靠教师的知识储备是不够的。在具备专业知识储备的同时,大学教师还必须有高超的教育教学技能技巧,这是有效开展教育教学活动的另一个前提和基础。在从事教育教学的过程中,教师应当成为学生成长的引导者和推动者。学生不仅从教师身上学到了专业知识,更重要的是接受科学态度的培养、思维方法的指导、高尚品行的引导和正确情感的激发等。这是大学教育的宗旨,也是对大学教师职业能力的要求。

科学研究是一种典型的学术活动,科学研究能力是大学教师学术能力的重要组成部分。自德国柏林大学提出把专门的科学研究作为大学教授的首要任务以后,科学研究迅速登入大学门庭,并成为大学继人才培养功能之后的另一项重要的功能。此后的科技发展史也已证明,这一功能确实使得大学日渐成为世界上许多重大科学发现、科技发明和理论创新的重镇。据统计,迄今为止,足以影响人类生活方式的重大科研成果有 70% 诞生于世界一流大学。② 大学在科学研究成果方面的贡献,不仅拓展和创新了知识本身,而且加速了人类文明发展的进程,同时也为大学机构进一步彰显其独特的价值增添了砝码。毫无疑问,大学之所以能够在科研方面取得辉煌的成就,最根本的原因是大学学者具备科研方面的能力和造诣。与教育教学能力一样,科学研究能力同样成为大学学者专业身份合法性的来源,也就成为教师权力的合法性的来源。

科学研究是一个不断追求新思想、探索新成果的过程,创新始终是科学研究的本质特征,没有创新就没有科学研究水平的突破和科研成果的涌现。相应地,大学学者只有不断保持和提升自己的创新能力和创造激情,才可能在从事科学研究的过程中有所突破。实际上,一个不具有创新素质、不能在科学研究方面有一定产出的大学教师,很难在学术组织里赢得应有的声望和地位,自然也就不可能令人信服地担待起与学术事务有关的管理职责。另外,大学教师的科研工作还可以直接促进其教育教学水平的提升,因为不从事研究工作的教师,其教学很

① Friedrich Paulsen. The German Universities and University Study[M]. London: Longmans, Grean&Co, 1908: 163.
② 陶爱珠. 世界一流大学研究 —— 透视、借鉴、开创 [M]. 上海:上海交通大学出版社, 1993: 21.

可能只是一种低水平重复性的工作，其效果必定会大打折扣。德国著名的哲学家和教育家雅斯贝尔斯（Karl Jaspers）对这一点就非常强调。他曾指出："最好的研究者才是最优良的教师……只有自己从事研究的人才有东西教别人，而一般教书匠只能传授僵硬的东西。"①总而言之，科学研究的能力已经成为对学术组织的核心要求，也是大学教师发挥影响力的必备因素。

知识的创造与应用是密不可分的。知识被创造出来后，只有被广泛应用到人类社会生活中去，才会形成社会效益和经济效益，才能体现出知识应有的价值；否则，知识便会被束之高阁，成为"浪费品"。特别是在高等教育直接为社会提供服务的理念在美国威斯康星大学践行之后，应用知识成为大学学术的又一重要内容。尤其到了知识经济时代，大学所创造的知识成果更是被广泛应用到社会生活的方方面面，日益成为推动经济发展和社会进步的核心要素。为了适应时代发展的需要，大学也由社会的边缘完全走向了社会的中心，其服务社会、引领社会的职能不断得到拓展。在此背景下，作为知识生产主体的大学教师没有理由沉湎于"象牙塔"中，而应当主动面向社会，结合自己的专业特长，不断提升应用知识的能力和水平，拓展自己的工作舞台。这既是实现现代大学所承载的时代使命的需要，也是大学学者在新形势下进一步证实自己价值的有效途径。从另外一个角度讲，应用知识能力的发展，也是进一步增强学者们科学研究与学术创新水平的重要途径，因为在应用知识的过程中，学者们可以不断消弭理论研究与实践需要之间的鸿沟，在实践中可以发现更多的需要进一步探索的领域，从而激励自己去攀登和征服学术高峰。

二、道德品质：教师权力的保障

所谓道德，指的是"以善恶为标准，依靠社会舆论、传统习惯和内心信念的力量来调整人们之间相互关系的行为原则和规范的总和"②。从传统社会到现代社会，道德在社会生活中一直发挥着重要的规范与评价功能。一方面，道德与法律一起成为对影响或危害他人的行为进行约束的力量；另一方面，道德也是评价人的标准和工具，特别是随着社会分工日趋精细、成熟，各行各业都已经建立起相应的职业道德的时候，道德更是成为各行业的从业人员赢得社会声誉和社会地位的重要因素。

大学学者要有效地担当大学管理的主体，发挥治校的作用，必须具备高尚的道德品质，承载相应的道德要求。具体而言，这些品质和要求主要体现在两方面：

---

① 〔德〕雅斯贝尔斯. 什么是教育 [M]. 邹进，译. 北京：生活·读书·新知三联书店，1991：152.

② 冯契. 哲学大词典 [Z]. 上海：上海辞书出版社，1992：1601.

一方面,作为大学事务的管理者和决策者,必须具备管理道德;另一方面,由于其管理职权的合法性主要来源于专业学者的身份,所以大学学者还必须遵循学术方面的道德规范。

先看管理方面的道德要求。大学教师是经过专业训练的学者,只有他们才能洞悉学术发展的规律和奥秘。对于大学这样的学术组织来说,只有在这些洞悉学术逻辑的专业人员的管理下,才不会让大学偏离学术组织的运行轨道。所以说,大学的学者成为学术组织的支配力量是顺理成章的事情,他们在大学管理中的权力应当最大限度地得到彰显。然而,尽管这种权力主要来自学者作为学术专业人员的身份地位,但它同时也是一种接受全校教师的委托而形成的公权力。公权力的性质对行使权力的主体是有特殊的道德责任和要求的。这些责任和要求重点体现在以下几个方面。①

首先,权力主体应当具备敢于争取权力、捍卫权利和勇于担待责任的品质。参与学校管理,对于大学教师来说,既应当是权力,也应当是权利。但大学的发展历史告诉我们,这种权力从无到有并非自然形成,也不是轻易获取的,而在相当程度上是经由教师的抗争得来的。以美国为例,其早期的大学,教师基本上处于无权的状态,正是由于教师们的努力抗争,才逐渐获得了参与学校管理的权力,并在以后的过程中,继续通过自身的努力,使权力得以良性发展并演变成权利。从某种程度上说,美国大学教授成功的历史和教师权力得以彰显的历史,就是其教师不断抗争、捍卫权利的历史。所以,教师要取得并守护治校的权力和地位,敢于争取权力、捍卫权利的品质是不可或缺的。特别是在学术权力得不到尊重的背景下,这种品质更应该在教师群体的身上凸显出来。另外,教师在行使权力的过程中,还必须有勇于担待监督、制衡行政权力的责任。因为在实践方式上,"教授治校"表现为以教师代表的学术权力与行政权力一起享用大学事务的管理和决策权,在这样的过程中,学术权力要发挥实质性的作用,其权力主体就必须担待起相应的管理责任。比如,教师们要对行政权力的管理行为进行有效的监督,特别是对于其不合理的、不符合学术发展规律的或者是损害教师群体利益的不当行为要敢于进行质疑、批评和抵制,以保障大学的健康发展,而不能让学术权力沦为行政权力的附庸;否则,"教授治校"只是徒具其表而毫无实质内容可言了。

其次,权力主体应当具有一心为公的品质。通过对"教授治校"实现机制的分析可以看到,"教授治校"实际上就是教师代表接受全体教师的委托行使代议

---

① 此处的论述参考了杨元业的一些观点。见:杨元业.教授治校的道德要求[N].中国教育报,2007-8-28.

权力的过程。权力运行的根本目的在于更好地实现大学的办学目标、提高大学的办学水平，或者说，是为了保障大学公共价值和公共利益的实现。这就要求大学教师在行使治校权力的过程中，应当以维护大学组织的公共利益作为基本的出发点和最终的目的，而不能公器私用，不能把治校权力当作为某些个人或小团体谋取私利的工具；否则，不仅会严重损害到大学事业的发展，而且也会导致公众对于"教授治校"机制的信任危机。

再次，权力主体应当努力践行民主协商的议事规则及其所蕴含的道德要求。从世界各国"教授治校"的运行机制及发展趋势看，通过民主协商的机制去确定和实现大学的公共利益，是大学教师参与治校的基本方式。这种方式本身就蕴含着丰富的道德意义，如自由表达、平等对话、独立人格、合理妥协、坚持真理等。这就要求大学教师在行使治校权力的过程中，应当充分意识并努力践行这些相关的道德要求；在管理和决策过程中，既要发扬独立之精神，坚持自主表达，为公共价值的实现和教师群体利益的维护积极争取话语权，同时又要做到有理有节、宽容大度，以构筑共同的理想，这是消解与行政权力之间的分歧的有效途径，当然也是实现整体组织目标的可行方式。

再看学术方面的道德要求。学术道德是指学者在学术工作方面应当遵循的行为准则和伦理规范。学术工作是大学学者的主要工作，"教授治校"的最根本的合法性来源也主要在于大学学者的学术专业人员的身份。但学术活动不是可以恣意而为的事情，必须遵循一系列的道德要求。比如，教学的学术活动就必须遵守为人师表、对学生负责的行为准则；科学研究和知识应用的学术活动要遵守严格的学术规范，坚决杜绝造假、剽窃、抄袭等不端行为等。概而言之，在大学学者的学术活动中，什么是可以做的、什么是不可以做的都有一套行为规范，严格遵守规范的学者才能得到社会的认同，并赢得极佳的学术声望。不遵守学术道德的学者不仅得不到社会的认同，还会丧失基本的学术信誉，进而降低人们对于大学机构的信任程度。美国斯坦福大学前校长唐纳德·肯尼迪在评价大学教授的学术道德和学术责任时，就谆谆告诫道："如果负责教育学生的高级学者们对自己的工作都缺乏责任感——尤其是，如果他们把年轻人的思想和成果据为己有——那么，整个社会对大学的信任程度就必然会下降。在公众眼中，教授应该是品德高尚的导师，如果他们不能热心细致、大度地对待自己的工作，那么他们注定会失去人们的尊重。"①

在实践中，"教授治校"主要是为大学组织的学术活动和与之相关的其他工作制定规范、维护秩序，如果权力主体本身在学术工作中都不能遵循相应的道德

① 〔美〕唐纳德·肯尼迪. 学术责任 [M]. 阎凤桥，等，译. 北京：新华出版社，2002：264.

规范,又如何能期望他们为整个组织的学术活动定规立法呢?试想一下,当学术剽窃、盘剥学生、性丑闻、贿赂等肮脏的字眼被附着到大学学者的身上时,人们还放心让大学的学者去从事学术管理和与之相关的其他活动吗?答案必然是否定的。可见,良好的学术道德品质是大学学者获取治校权的基础条件。

第二节 "教授治校"的外部条件 ①

所谓外部条件,主要是指来自社会的从外部支持"教授治校"发展的条件。要有效地实施"教授治校",除了教师群体必须具备一些条件外,还要受社会制度、社会文化、职业安全等因素的影响和制约,这些因素同样是保障和促进"教授治校"有效实施的前提和基础。

一、民主社会文化的影响

民主是一个古老而又常新的话题。说其古老,是因为早在古希腊时代,"民主"方舟就开始在历史长河中扬帆起航了。说其常新,是因为这个概念作为高频词,在不同历史时期都能获得社会理论家和普通大众的青睐。

西文里的民主(democracy)就是 demo + cracy,其含义是"统治归于人民"或"人民主权"。② 就基础意义而言,民主中"民"指的是"人民"或"公民",也就是指政治共同体或其他社会组织中所有的成员;"主"可以理解为"主权、做主、主事"等,重点指对权力的掌控,也就是运用权力来影响和控制总体的或所有的事务。由此,民主的内涵可以界定为政治共同体或其他社会组织中的成员运用其权力来影响和控制组织内部总体的或所有的事务,也就是通常所说的"人民主权"。在民主理念的提出者和倡导者看来,民主的根据主要在于人的自由性和平等性。所有的人在自然面前具有平等性,人的自然本性是自由的,人的权利是"天赋"的,是与生命同在的 ③,因此由人构成的国家或其他社会组织内的所有事务就应当由大家共同决策,每个成员的权力和利益都应得到尊重,不可剥夺。

民主的概念常用于政治话语体系里,即平常所说的民主政治。民主政治指的是管理国家的权力归属全体公民所有的一种治理国家的方式。在民主政治之下,政府是建立在人民自愿同意基础之上的,人民通过投票的方式行使治理国家的权力。可以说,民主政治的实质是公民通过授权和选举来自己统治自己,从而

① 彭阳红. 教授治校的外部支撑条件及其启示 [J]. 江苏高教,2013(4):15-17.
② 王绍光. 民主四讲 [M]. 北京:生活·读书·新知三联书店,2008:2.
③ 刘永佶. 民主的权威 [M]. 北京:中国经济出版社,2005:33.

最大限度地实现自治,最大限度地保障组织成员的权利与自由。

作为一种议事的方式,实施民主的过程主要表现为相互讨论、辩论、协商,以群策群力的方式形成共同决定的过程。由此可见,在功能上,民主的方式非常有利于形成科学的决策。同时,在这样的过程中,由于组织成员都获得了主人的身份感受,其个体利益、价值、人格、自由等更能够在社会总体中得以实现。

民主运用在管理过程中,能有效地形成权力监督机制。没有监督的权力是可怕的,很可能变成脱缰的野马,滑入不受控制的、腐败的泥淖中。民主机制的实施,在很大程度可以遏制这种可能性。因为在民主的方式下,公共权力的实施和公共政策的形成都要接受民众的监督,从而可以较好地保障处于管理职位的权力不泛滥;也就是说,民主管理机制的实施,能有效形成对公权力的制约。

实施民主的方式有两种基本类型:一种是直接民主;另一种是间接民主,亦称代议民主。在直接民主制度下,所有组织成员都能参与决策,而不需要选举代表来行使权力。这种方式能够最大限度地保证权力来源的广泛性,但往往在决策上要花费大量的时间,成本比较高,降低了决策的效率。于是,人们又发明了另一种民主形式,即间接民主。间接民主,又称代议民主,是由组织成员通过选举代表的方式来行使权力,间接参与决策。尽管这两种类型的民主在具体运行方式上有一些差异,但所体现的本质内涵还是基本一致的。

当民主的理念和议事方式在一个国家及其内部组织的管理和运行过程中得到广泛应用,整个社会都能按照民主的要求和方式进行运作的时候,这样的社会便形成了一种民主的文化氛围。从人类社会发展的规律看,一个国家或社会内部的组织在运行理念和运行方式上,一般都与该国家或社会的主流文化特别是政治文化有着高度的同构性;也就是说,一个国家或社会的政治文化往往决定了其内部社会组织的运作方式。比如,一个国家或社会形成了民主的文化氛围,也必将对作为社会组织的大学的内部管理方式产生深刻的影响。实际上,西方大学广泛实施的"教授治校"的管理模式,就是民主文化和民主机制在大学管理中的实践与应用。

先看西欧社会民主政治对大学管理的影响。尽管早在古希腊时期,雅典城邦通过召开全体公民大会集体立法的政治方式就已经为后世树立了民主的典范,但到罗马帝国和中世纪前期的"黑暗时代",君主制度的建立却一度淡去了民主的踪迹。直到中世纪后期,西欧城市的兴起,不仅促进了其社会经济的迅速发展,而且给当时社会的政治生活注入了一股清新的气息,使得闪耀着理性精神的人本主义和民主主义在新的历史条件下重放光彩。城市兴起后,凭借其相对自立的经济性质的特点,在 11 ~ 13 世纪同地方封建领主展开了争取自治权的斗争,并取得了很大的成功。到 14 世纪,西欧大部分城市都获得了不同程度的自治权,自治的内容包括司法独立和行政自治等重大事项。在争取自治的过程中,很多城市依靠的是一些誓言和庄严的集体宣誓的力量建立起来的。这些誓言是由全体公民为捍卫特许状的精神而作的,其作用相当于一种社会契约,具有很强的凝聚力和号召精神。① 在城市内部,契约的方式重现了民主的精神,有效地捍卫了共同体及其成员的权利和地位。与城市争取自治权的同时,城市的市民逐渐获得了较大的人身自由,也加紧为争取个人的权利和自由而奋斗。特别是其中的手工业者和商人,他们不但加速了对封建主人身依附关系的解除,而且积极为其职业领域和行业利益寻求发展和保护。构建行会就是他们为职业领域和行业利益寻求发展和保护的一种最有效的方式。中世纪行会是平等的共同体,完全实施民主管理,行会成员集体充当决策者,联结行会的誓言由行会成员自由赞同,行会拟定的义务经事先共同讨论后才能公布,使行会具有行业的自治性和管理的民主性等鲜明的组织特征。行会的建立有效地保护了成员的权利和利益,促进了社会经济的发展,同时为整个社会建构了一种民主的管理机制和文化。中世纪大学就是仿效行会的模式建立起来的。以知识为目的的师生群体为了抵制外界的欺负和干预,像当时盛行的其他职业行会一样,自发形成了学者行会,依靠集体的力量来保护行会成员的权利和利益。受行会自治和民主管理方式的影响,中世纪大学的内部事务完全交由全体教师集体决定,教师群体在大学内部事务的处理上享有平等协商的权力,使得大学管理从一开始就具有浓厚的民主色彩,从而形成中世纪大学全体教师民主治校的模式。

当然,由于历史条件的限制,中世纪社会的民主文化还没有达到非常成熟的程度,其民主的政治制度也没有正式建立起来。继中世纪之后,启蒙运动对于推进欧洲民主化进程发生了很大的影响。启蒙运动发生在 18 世纪,最初产生在英国,而后发展到以法国为中心,然后影响到德国、俄国以及荷兰、比利时等。表面上看,这场运动以启迪蒙昧、提倡普及文化教育为宗旨,但实际上它是代表新型生产关系的资产阶级宣扬其政治思想体系的运动,是文艺复兴时期的反封建、反禁欲、反教会斗争的继续。伏尔泰、孟德斯鸠、卢梭、狄德罗等启蒙思想家们从论证封建专制制度的不合理入手,高举“理性”的大旗,大力宣扬用自由对抗专制和压迫,用“天赋人权”反对“君权神授”,用“人人在法律面前平等”来反对等级特权。显然,这些政治宣言包含了强烈的要求自由和民主的价值诉求。这一运动非常深刻地影响着欧洲社会制度的走向,对欧洲高等教育思想也产生着重大影响。实际上,受此影响,参与和民主一直是西方构建社会制度的一个基调,也许在具体组织形式上各有差别,期间也有被独裁人物打断的历史,但注重发挥

---

① 孙永芬. 西方民主理论史纲 [M]. 北京:人民出版社,2008:41.

民众在国家政治生活中的管理、监督作用一直是西方社会政治的一个重要特征。比如,英国在 17 世纪就已经建立起具有近代议会雏形的议会政治,从议会召集、选举、开幕到议会议事的内容和程序,都建立了一套完整的代议民主制机制,成为有效制约君主专制权力的机制,议会主权由此也成为欧洲对自由民主制度的独特贡献。① 而且这样一种代议制民主的政治议事方式对其他欧洲国家都产生了不同程度的影响。像法国,在大革命之后,也逐渐建立起代议制的民主政治机制。德国政治民主制度建立的步伐相对迟缓,但德国民主、自由的社会文化在法国大革命影响下同样得到了空前发展。在“法国革命像霹雳一样击中了这个叫作德国的混乱世界”② 后,德国新兴的市民阶级都发出了废除封建特权、要求参与政权的强烈呼声。到 19 世纪,民主在欧美发达国家完全实现了从理论向制度的转化;到 20 世纪,则成为一种世界性的进程。③

民主的社会氛围对于大学管理的首要影响在于它为大学内部民主管理机制的建立与完善奠定了社会环境基础,创造了支撑性的制度条件。欧洲大陆国家大学在 19 世纪之后所创建的“教授治校”制度,即通过正教授作为全体教师代表行使大学管理权力的制度安排,实质上可以看成一种代议制民主机制在大学管理中的应用。也许不能说大学管理制度完全仿效了国家政治制度的构架,但在民主成为整个社会制度的基调的时候,作为社会子系统的大学的管理,深受社会管理制度的影响应当是可以理解的。

再看美国民主社会文化对于大学管理的影响。美国是由一批逃难到北美的英国清教徒发展建立起来的。清教教义中含有部分民主、共和思想。④ 当英国清教徒带着这些信仰去北美开拓疆土时,这些思想信念就开始在北美的土地上生根,极大地影响和决定着美国政治文化的走向。在北美定居下来后,英裔美国人就创造性地构建起自治政权。他们完全依靠成员之间的协商、自觉以及个人的主动精神建立起公共事务管理的基本构架,可以自己任命行政官员、自己缔结和约、自己立法。⑤ 在这样一个过程中,民主不但成为各级政府率先采用的管理方式,而且逐渐成为整个社会的基本原则,公民个体的独立性和自主性也已经成为

① 〔美〕霍华德·威亚尔达 . 民主与民主化比较研究 [M]. 榕远,译 . 北京:北京大学出版社,2004:25.

② 中共中央马克思恩格斯列宁斯大林著作编译局 . 马克思恩格斯全集 . 第二卷 [C]. 北京:人民出版社,1957:635.

③ 燕继荣 . 民主之困局与出路 —— 对中国政治改革经验的反思 [J]. 学习与探索,2007(2):80-84.

④ 〔法〕托克维尔 . 论美国的民主 [M]. 张晓明,编译 . 北京:北京出版社,2007:11.

⑤ 〔法〕托克维尔 . 论美国的民主 [M]. 张晓明,编译 . 北京:北京出版社,2007:11.

一个不需要再去讨论的问题。独立战争胜利后，美国建立了独立自主的共和国。在建立新的政治制度的过程中，民主的原则再一次成为美国人民的选择。他们制定了世界上第一部较为民主的宪法，在政治体制上采用行政、立法、司法"三权分立"和相互制衡的机制，在立法体制上实行由选民直接选举产生的两院制，作为国家权力象征的总统也通过普选的方式产生。

正是因为民主作为一种价值观念和文化理念已经在美国社会和美国民众的心里深深地扎根下来，整个美国社会已经形成了浓郁的民主氛围，才使得美国社会的各类组织机构的管理都深受这一文化的影响。大学组织同样如此。在殖民地时期，美国大学的内部管理权限是由外部人士组成的董事会完全控制的，大学教师只被视为大学的雇员，基本上处于无权无势的状态。独立战争后，随着美国高等教育事业的迅速发展，大学教师的学术职业不断专业化，促使他们认识到，在以学术为特征的机构里，学术专业人员在身份上不应局限于雇员，而应当以主人翁的身份享有管理大学的权力。正是在民主思想的引导下，美国大学学术人员不断地开展争取治校权的运动。哈佛大学的教师们在 19 世纪 20 年代，为了有效维护自身利益，与当时的学校管理层进行了两次大规模的抗争的事件就是很好的例证。尽管在当时的两次抗争中教师都没有取得最终的胜利，但还是迫使校监委员会公布了一套新的学院管理规章，正式赋予教师享有在新生招收、学生训练和教育的方向等方面的管理权限，从而把教师们在大学管理中的权力向前推进了一大步。从独立战争到南北战争期间，美国大学内部的决策权在一定程度上呈现出由董事会、校长向教师转移的倾向，这种倾向的出现与美国建国后民主制度的发展密切相关。① 吴祚昌先生认为，"美国革命的特点之一是革命领袖一般都重视教育"，而"美国革命领袖之所以重视教育，是因为他们把教育和民主政治联系在一起"。② 杰斐逊等人就是从捍卫民主的角度认识教育价值的。在这样的社会氛围里，教育及其管理必然会深受民主政治的影响。实际上，正如前文论述美国"教授治校"的特征时所指出的，美国大学"教授治校"本质上体现的就是一种民主参与机制，而这一机制能够顺利实施，在很大程度上也是社会文化深刻影响的结果。

二、相关法律、章程的规制

依据《辞海》的解释，法律是由立法机关制定或认可，由国家政权保证执行

① 陈学飞. 美国日本德国法国高等教育管理体制改革研究 [M]. 北京:教育科学出版社,1995:17.
② 吴祚昌. 杰斐逊 [M]. 北京:中国社会科学出版社,1996:187-188.

的行为规则。① 作为安排和维持社会秩序的一种重要工具,法律具有强制性和规范性等鲜明的特征。法律的强制性表现为法律的实施是以政治共同体的强制力作为后盾的,它对于政治共同体内所有个人和社会组织都具有普遍的约束力,不管主观愿望如何,人们都必须遵守法律,否则将受到国家机器的干预和惩治。法律的规范性主要体现在它是以权利和义务为机制,通过对人们的权利和义务的强制性规定来调整社会关系的。任何法律规范都或具体或抽象,或直接或间接地规定了社会成员可以做什么、必须做什么和不得做什么,同时还规定了公民违反义务所应承担的法律责任。由于其特殊的属性和地位,法律在全部社会规范中属于最强有力的一种形式。

正是因为法律的强制性和规范性,使得政治共同体内的各种社会组织都必须接受法律的规制。大学组织自然也不例外。比如,早在中世纪,通过法律来规制大学的运行与内部权力分配就有其形了。中世纪大学学者的地位在很大程度上通过教会法得以确立,并通过《安全居住法》予以强化。② 民主国家产生以来,世界各国加强了对大学事业的干预,通过法律进行干预便是其中很重要的一种形式。作为大学事业最重要的一项内容,大学如何治理不仅影响一个国家的高等教育事业能否健康发展,而且还是一件关涉民意和民主政治进程的大事。为此,很多国家纷纷出台了相关的法律,对大学内部如何治理进行规制,其中就包括对作为大学中最重要的利益主体的教师的权力地位做出的原则性规定。这在德、法等欧洲大陆国家中体现得非常明显。

比如德国,"正教授治校"是其大学管理的传统,但自 1933 年希特勒建立法西斯独裁统治后,"纳粹"的意识形态便完全破坏了德国大学的优良传统,也把德国高等教育带入了灾难性的深渊。"二战"结束后,德国大学面临着艰巨的重建任务,但是关于如何重建包括大学内部制度建设在内的各项事业在德国引起了争论。随着大学生运动的爆发和校长权威的兴起,传统意义上正教授管理大学的绝对地位一度受到人们的质疑,是否继续守护教授们在大学管理中的权力成为一个颇有争议的话题。直到 1976 年《高等学校总纲法》颁布,才一锤定音地确定了战后德国大学管理方式变革的基本原则。该法在大学管理问题上除吸收了各利益方参与管理的一些要求,仍然重点保证了教师(教授为代表)在学校管理,尤其是学术事务管理方面的主导地位。依据该法的规定,校代表大会、评议会以及常设委员会等有关核心管理机构主要由教授、学生、学术性协同工作者

---

① 辞海 [Z]. 北京:光明日报出版社,2002:431.

② 〔比〕希尔德·德·里德－西蒙斯. 欧洲大学史. 第一卷 [M]. 张斌贤,等,译. 保定:河北大学出版社,2008:120.

（指教授的助手）、艺术性协同工作者（指高等艺术学校、高等音乐学校的教授助手）、助教以及其他协同工作者（指一般职工）四类人员代表组成，但教授比例必须占据多数，特别是在涉及科研、艺术发展计划，涉及教学或聘任教授等事务决策机构中，教授的席位和代表票占绝对多数。1985 年，德国政府对《高等学校总纲法》做了一些修改，在原来基础上进一步扩充了教授们在校内各级决策机构中的话语权。

再如法国，其大学系统也素有"教授治校"的传统，但自拿破仑建立帝国大学实行中央集权的教育管理体制之后，大学教师在学校管理中的地位受到了极大的削弱。到 20 世纪 60 年代之前，由拿破仑时代遗传下来的大学管理体制一直没有得到实质上的改观。直到"五月风暴"爆发之后，法国政府响应民主的呼声，颁布了《高校教育方向指导法》，决定按照自治、参与和多科性三大原则改造法国的大学。参与的原则明确规定了大学相关利益者在大学管理中的权力，同时也使得作为最重要利益相关者的大学教师在大学管理中的权力重新获得了法律的确认。1984 年，法国政府又颁布了《萨瓦里法》，对法国大学中具有重要管理职能的行政、科学、教学与生活三个委员会的组成、职能、人员产生办法都进行了明确的规定，明确规定教学科研人员在三个委员会中必须占据多数席位，而且还规定了大学校长必须是教授，要由三个委员会全体成员组成的大会选举产生。这些法律的颁布与实施，尽管没有让法国大学完全回到以前的"正教授治校"的局面，但对于恢复一度被中断了的教师治校权却发挥了非常重要的支撑作用。

还可以以我国为例。民国时期的北京大学和清华大学实施了"教授治校"的管理制度，这自然首先是蔡元培、梅贻琦等人努力推动的结果，但也与当时很重要的一部高等教育法律——《大学令》所奠定的法律基础有很大关系。该法令第十六条规定"大学设评议会，以各科学长及各科教授互选若干人为会员"，第十八条规定"大学各科各设教授会，以教授为会员"，第十九条对教授会负责的诸多事项进行明确划分。可见，《大学令》几乎把德、法等国大学的管理制度引入了我国，并以法律的形式固定下来。尽管该法令在开始几年内没有得到贯彻，但对后来北京大学、清华大学等学校内部管理体制改革的顺利推行仍然产生了重要的支撑作用。

法律规制之所以能够成为实施"教授治校"的支撑条件，主要是因为法律是由国家的立法机关根据实际的社会状况和民意的要求制定出来的，一经出台，便成为强有力的社会规范，能够有效地推动包括大学在内的社会组织的改革与发展。像德国政府颁布《高等学校总纲法》和法国政府出台《高校教育方向指导法》后，两个国家的大学都依据这些法律的精神，改革了内部的组织机制，建立了现代意义上的"教授治校"制度。可见，相关法律的规制对于支撑教师群体有效地发挥治校作用是十分明显的。

除了由政府直接颁布的法律可以强力支持大学教师在学校管理中取得的话语权之外，大学制定的章程对于赋予大学教师管理大学的权力的支撑作用同样是非常重要的。

所谓章程，是"约定和阐述独立主体使命，界定内部各利益关系的责任和义务，书面写定的有法定意义的组织规程"[1]。随着人类社会的发展，具备独立身份地位的社会机构，一般都趋向于通过章程的形式展现组织的使命，同时也规约自身的运行。大学的章程是由大学制定，经由教育行政部门核准执行的管理文件，一般要对学校的重大的、基本的事项做出全面规定。大学内部管理方式的确定与管理权限的分配是大学章程中必须明确的一项重要内容。在西方国家，大学在成立之初一般都要订立章程，作为学校处理和调停内、外部利益关系的规范。实际上，从西方大学运行过程看，其教师享有参与大学管理的传统在很大程度上也是大学章程规制的结果。

早在中世纪，巴黎大学的教师群体经过千辛万苦的斗争逐渐获得了开设课程、招收学生、聘请教师、制定学术标准等权力以及其他一些特权，这些权力和特权要能够获取社会的承认并得以有效维持下来的最有效的办法就是去申请由教权和王权颁发的特许状。有了特许状的保障，大学的发展与管理就获得了权威性的依据，学者行会的权力就可以逐步得以巩固，大学运行的方式就可以得以维护和规范。这种特许状实际上就是大学章程的滥觞。

洪堡创立柏林大学时期，德国著名的哲学家、为柏林大学成立做出重大贡献的弗里德里希·施莱尔马赫（Friedrich Daniel Ernst Schleiermacher）便为大学起草了章程，"正教授治校"的思想就一直成为其设计蓝图里的指导思想。后来由德国政府为柏林大学颁布的章程基本体现了施莱尔马赫的思想。该章程不仅把教授会作为柏林大学最重要的管理制度，规定大学各项事务均由全体正教授组成的教授会进行决策，而且明晰了教授会在校长遴选、人事聘任、资源分配中的各项权力；也就是说，教授在大学中的地位和管理权限在章程中都得到了充分确认。正是由于章程对大学的组织结构、权力结构及其运行机制的明确规定，使得柏林大学"教授治校"、大学自治等办学理念的实现有了法律制度上的保障。[2]再以德国波鸿—鲁尔大学为例，其1984年通过的章程也对教授在学校管理中的地位和作用做了原则性的规定。其章程第25条规定大学评议会26名选举产生

---

① 马陆亭. 大学章程地位与要素的国际比较 [J]. 教育研究，2009（6）：69-76.

② 张小杰. 关于柏林大学模式的基本特征的研究 [J]. 华东师范大学学报（教育科学版），2003，21（2）：69-77.

的成员中教授名额要占 14 名,第 29 条规定校常务委员会成员中教授也必须占一半,第 30 条规定全校代表大会代表中教授、学术工作者、学生和非学术工作者的比例为 2∶1∶1∶1(教授占多数席位)。该章程还对各系的权力结构及教授在各系中的权力等也都做了明确规定。

在美国,学校的管理和决策机构注重吸纳教师参与,大学学术组织的运行规范等也基本上可以在大学章程中得到反映。比如,加州大学伯克利分校在建校日签署的《基本法》(the Organic Act of March, 23, 1868)中规定:"各学院的直接领导和控制将委托给各自的教授会(Faculties of Colleges & Schools),每个教授会成立自己的组织,管理自己学院的事务,推荐学习的课程和教学用书以供董事会批准……"① 再如,美国较早实施"教授治校"制度的耶鲁大学,其章程第 41 款规定:每个学院有关课程、教学方法和学术要求等方面的事务应当由教师处理;第 42 款规定:每个学院获得终身教授聘任的教师应当成为学院理事会的当然成员,与大学校长、教务长、学院院长一起组成终身职员理事会(Board of Permanent Officers)。该机构授权处理与教育政策、学院治理相关的事务。② 前文已经论及的加州大学伯克利分校、斯坦福大学和弗吉尼亚大学等,在关于其评议会的章程中对作为大学学术管理组织的评议会的职权、成员构成、运行方式等各个方面均进行了细致的规定,在此不再赘述。

大学章程之所以能够有效地发挥作用,关键在于它的效力能够通过权威的方式得到核准和保障,在生效之后本身就具有了公法属性。③ 在大学各类规章制度体系中,章程具有的也是"大学宪法"的地位,权威性很高。在章程的规制之下,大学的办学行为都必须受其约束。"教授治校"机制能够得以实施并有效保持下来,在很大程度上也就是大学章程的规制功能的重要体现。需要指出的是,即便在理论形态和应然的实践形态上,大学章程都具有"大学宪法"的地位和作用,但前提是整个社会具有法治的氛围;如果光有章程的制定,不注重发挥章程的实际效果,那章程的功效自然就另当别论了。

三、大学拥有自治权

自治是大学办学一直尊奉的基本理念。从中世纪大学到现代大学,都把获

---

① 谷贤林. 美国研究型大学管理 [M]. 北京:教育科学出版社,2008:213.

② THE YALE CORPORATION BY-LAWS[EB/OL]. http://www.yale.edu/about/bylaws.html.

③ 米俊魁. 大学章程价值研究 [D]. 武汉:华中科技大学博士学位论文,2005:33.

得自治权作为其最基本的追求。前文已经论及,实施"教授治校"是保障大学自治的一项有效的制度安排。因为依靠众人的努力,不仅可以使大学能够最大限度地聚集到争取自治的力量源泉,而且在内行管理的氛围里,可以使大学的学术生产活动尽可能地避免外部势力的无端干预,从而为学术自治构建屏障。然而,这只是事情的一面,与之相对应的另外一面是,"教授治校"能够有效实施也需要大学自治作为支撑;也就是说,大学自治和"教授治校"具有相辅相成、互为条件的关系。

大学自治之所以成为"教授治校"的支撑条件,原因也不复杂。不论管理大学事务的权力如何分配,其前提是大学本身拥有权力。因为最基本的逻辑是,大学本身能够享有自我管理的权力才可以实行权力的分配;否则,不论强调什么群体治校,都只会是半空中建楼阁,难以落地。实施"教授治校"同样如此。只有在大学能够充分享有自我管理权力的前提下,才有可能让这些权力在教师群体中进行合理配置;如果大学事务的管理权几乎都收归到政府或其他主体手中,这个时候的"教授治校"必定会陷入空谈。

大学自治可以简单地从宏观和微观两个层面予以界定。宏观上大学自治要求大学具有独立的社会地位,微观上大学内部的学术单位也具有自治地位;也就是说,大学自治要求大学应当成为一个个相对独立的教学和科研单位的联合体。[1] 纵观欧美大学不难发现,它们在这两个方面都有很好的表现。在美国,其高等教育机构一般都是通过立法的形式取得独立法人资格和社会地位的。具体而言,美国高等教育机构法人资格的取得分为两种情况。[2] 第一种情况是大学拥有宪法地位,即由州宪法直接赋予大学绝对的治理权力,从而使大学成为与立法、行政、司法并行的第四个政府分支。这类大学的董事会或监事会成员一般由选民直接选举产生,拥有对大学事务的绝对控制权。这类大学的独立性最强,一般拥有公法人(public corporation)的地位,即使州的立法机构也不能通过立法干预其内部事务。第二种情况是高等教育机构没有宪法地位,而是通过立法机构制定的法律建立,因而从根本上从属于州立法机构的控制。它们与其他政府机构处于平等的地位,立法机构可以通过立法影响其内部事务。这类高等教育机构虽然没有宪法地位,但其大多数都拥有公共法人地位。这意味着它拥有其他法人能够拥有的一切权利,包括"获得、拥有和赠予财产的权力;签约的权力;起诉和应诉的权力;继承权;使用同一印章的权力;制定关于自我管辖的规则和约

---

① 韩水法. 世上已无蔡元培 [J]. 读书,2005(4):3-12.

② 魏姝. 政策中的制度逻辑——美国高等教育政策的制度基础 [M]. 南京:南京大学出版社,2007:187.

束"①。可以看出,尽管取得的方式有所差别,但美国大学独立的法人身份和社会地位是非常明显的。也正是这种身份地位,使得大学组织可以享有实质性的自治权,从而既能够最大限度地防止外力对大学事务的无端干预,也能为内部权力的合理配置提供有效的保障。相比较而言,欧洲大陆国家受政府控制的色彩更浓厚一些,也就是在宏观层面的自治要弱一些;但欧洲大陆国家在内部的自治程度是非常高的,像德国的古典大学等完全取得了学术自治权,形成了大学成为一个个相对独立的教学和科研单位的联合体的自治模式。大学拥有了这些自治权,实现"教授治校"也就有了基本前提;也就是说,大学自治是实施"教授治校"的必备的基础性条件。

四、学术职业安全得到保障

对于任何社会组织而言,权力是实施管理的基础。正因为有了权力的作用,组织中机构设置、职位确定、人事安排等众多事项才不至于陷入混乱。组织管理的每一个环节都体现着权力的存在,一个组织就是一个权力系统。大学组织作为众多社会组织中的一种形式,其内部管理自然也表现出权力的作用。但大学组织与一般社会组织不同,它除了具有一般社会组织的共性之外,还有其特殊之处。这一特殊之处在于它主要是一个学术组织,使得大学要按照学术的逻辑来运行。由于大学组织的一般性和特殊性,导致大学的管理表现出行政管理和学术管理两相交织的属性;与之相对应,大学组织内部的权力体系呈现出行政权力和学术权力两元结构的特征。

简单地说,学术权力就是学术人员所拥有和控制的权力;② 行政权力就是大学组织中行政机构和人员为实现组织目标,依据一定的规章对大学组织进行管理的权力。③ 从理论上说,这两种权力的终极目标指向应当是一致的,都是为了大学的发展和大学目标的实现。但在实践中,由于具体价值取向的差别,两者不时发生冲突和矛盾。在这种冲突中,学术权力经常处于不利的地位。因为学术权力所依仗的主要不是强制力,而是学术人员所具有的对某一学科、某些学术领域的深入探究以及所获得真理性的认识和渊博的知识。④ 而行政权力一般是经由大学举办者授予的,具有很强的强制性,其权力作用的方式是通过自上而下的

---

① Alexander Brody. The American State and Higher Education[R]. Washington: American Council on Education, 1935: 116.

② 张德祥. 高等学校的学术权力与行政权力 [M]. 南京:南京师范大学出版社,2002:21.

③ 张德祥. 高等学校的学术权力与行政权力 [M]. 南京:南京师范大学出版社,2002:22.

④ 张德祥. 高等学校的学术权力与行政权力 [M]. 南京:南京师范大学出版社,2002:22.

指令、决议等,作为权力指向的对象更多的是服从遵守。正是由于权力来源和运行方式的刚性,导致了行政权力在事实上的强势,使得权力冲突中经常出现行政权力压制学术权力的现象。在西方大学的发展史中,行政权力打压学术权力的例子很多,而其中最严重的要数行政权力凭借强制力量强行解雇学者职位的事件了。以美国为例,在1890—1920年,尽管大学教授的专业地位得到了很大程度的提升,但由于其雇员身份一直没有得到改观,职业安全缺乏根本性的制度保障,使得很多高校频频发生由于学者的观点与学校行政当局不一致,发生冲突和矛盾而遭到随意解聘的事件。

可见,要让大学教授为代表的学术力量有效地发挥治校作用,除了前文已经论及的一些条件外,还有一个很重要的支撑条件就是学术人员的职业安全必须得到保障。因为学术权力本就来源于学术人员所从事的学术职业,如果学术人员的职业安全得不到有效保障,而是处于稍有"冒犯"行政力量便可能遭到解雇的地位,如何期望他们能争取到治校权力,特别是制衡和监督行政权力呢?约翰·S·布鲁贝克(John S Brubacher)很早就意识到了这一点。他曾经指出:"如果教授们在表明态度时还要担心经济上的报复,他们就可能胆怯,以至于完全放弃学术活动,这对社会明显有害。"[①]"担心经济上的报复"实质上就是担心职业安全能否得到保障。

正是由于认识到职业安全对于促进大学学者学术专业发展和维护其应有权益的重要意义,西方大学在发展过程中,一般都建立了一些能够有效保障学术职业安全的制度。比如,终身教职制度、教师公务员制度就是其中的典型。

作为一种制度安排,终身教职能够让"教师可以在一个高等教育机构中终身任职,除非因为年龄或身体原因退休,或遭到基于正当理由的解聘,或者由于财政危机或院校的计划变更而导致的不可避免的终止"[②]。获得此种教职聘任的教师,基本上可以一直在校任职直至退休,没有特殊状况发生,学校一般都不得解聘。终身教职制度对于维护和保障大学教师职业安全的作用是非常明显的。在终身教职制度的保护下,大学除非有充足的正当的理由,如学校面临财务危机、需要取消教学计划等,否则不能随意解聘获得终身教职的教师。显然,与行政力量意见相左导致冲突、为维护教师合法权益与行政权力发生矛盾等都不属于大学行政权力随意解聘教师的"正当理由",从而使得大学教师在行使其合法

---

① 〔美〕约翰·S·布鲁贝克. 高等教育哲学 [M]. 王承绪,等,译. 杭州:浙江教育出版社,2002:56.

② William R Keast and John W Macy Jr. Faculty Tenure: A Report and Recommendations by Commission on Academic Tenure in Higher Education[M]. San Francisco:Jossey-Bass Publisher, 1973:256.

权力的过程中免除了很多后顾之忧。以美国大学为例,"教师一旦获得终身教职,就赢得了很大的独立性。拥有终身教职的教师一般不会把大学等级中的任何人看作他们的'老板'"[1]。"安全"和"独立"成为每一个终身教授"王冠"上镶嵌的两颗"宝石"。[2] 有了终身教职的作用,"不仅为鼓励教师的职业发展和专业专长提供合理的保证,免除了他们被解职的危险,而且更重要的意义在于,通过保证教师的发明和发现以及传播不同观念和观点的丰富多彩的知识和见解,不必担心他们受迫于世俗的明智和现实的压力而放弃对真理的坚持和良知的忠诚,从而能最大限度地发挥他们的作用,造福于人类社会"[3]。在不担心职业安全的前提下,大学学者可以在"正当理由"的框架内,更加酣畅淋漓地发展自己的专业,坚守自己的良知和信念,维护自身的权益。

当然,需要指出的是,西方大学教师要获得终身教职的聘任并不是一件容易的事情,一般需要经过严格的选拔程序和评审机制。还是以美国大学为例。通常情况下,获得博士学位后到美国大学应聘教职,经过公开招聘、严格评审和激烈竞争,先获得第一个为期 3～4 年的助理教授的工作合同;然后再经过第二个为期 3 年的工作合同,职位仍为助理教授;经过至多 7 年的试用期后,必须再一次通过学校的严格评审,方可获得终身教职的聘任;否则只能选择到其他学校继续应聘,开始新一轮的试用期,或者是改行另谋发展。[4] 通过这种长时间试用和"非升即走"的晋升机制,可以很好地保障获得终身教职聘任的教师的学术水平,进而也有效夯实了大学教师参与学校管理和决策的合法性基础。

除了终身教职制度外,德、法两国大学教师的公务员身份也是其职业安全的重要保障。以德国为例,大学教授作为国家高级公务员,是由政府直接聘任的,只要他们不触犯法律,没有严重的道德失范,即使在大学面临财务危机、需要取消或变更教学计划的情况下,也不得随意解聘他们,而是由学校和政府妥善安置他们。另一方面,德国大学教授是直接从政府获得工资和研究经费的,他们从财政上可以不依附于大学的行政管理机构,使得无论校长、院长还是系主任都很难直接对其生活进行干预。正是由于大学教授职业有了"铁饭碗"一样的保障,使

---

① Gregory A Barens. The American University: A World Guide[M]. Philadelphia: ISI PRESS, 1984: 44.

② 转引自:宋旭红. 学术职业发展的内在逻辑 [M]. 武汉:华中科技大学出版社,2008: 107.

③ William W, Van Alstyne. Tenure: A Summary, Explanation, and "Defense". AAUP Bulletin, 1971.

④ 顾建民. 自由与责任——西方大学终身教职制度研究 [M]. 杭州:浙江教育出版社, 2007: 152.

得德、法两国大学教授享有更大的自主权,能够充分行使治校的权力。

本章小结

　　本章主要探讨了实施"教授治校"的条件。实施"教授治校"的条件大体上可以归为两类:一类是来自于权力主体(大学学者)的主体条件,还有一类是从外部发挥支撑作用的条件。

　　主体条件突出体现在学者的学术能力要求和道德品质要求两个方面。学术能力条件要求大学教师应当在教育教学、科学研究和知识应用等方面具备较强的能力和较深的造诣。道德品质条件要求充当管理主体的大学教师,要敢于争取权力、捍卫权利,勇于担待责任,要以谋求大学发展的公共利益为根本职责,要诉诸民主行事的理念和方式方法等,在学术工作中则应当遵循相应的行为准则和伦理规范。外部条件主要体现在民主化社会文化的影响和熏陶、相关法律和章程的规制、大学享有自治权以及教师职业的安全得到保障等方面。

第六章

"教授治校"之于我国大学的意义

尽管"教授治校"在不同国家、不同历史时期的制度形态有差异，但维系这一管理机制的基本理念却是具有普适性的，所凸显的是大学管理的本质属性和基本要求。这启示我们，"教授治校"制度及其背后所蕴含的管理理念不仅适应于西方大学的管理，而且对于世界上所有的大学都具有借鉴意义。中国大学自然也不应例外。

实际上，早在 20 世纪上半叶，中国近代大学便已经深受西方大学办学理念的影响，"教授治校"被历史先贤们引入当时的北京大学、清华大学等学校的管理过程中。只是在 1949 年后，由于一些原因这一制度被中断了。直到改革开放后，教师参与大学管理的权力才开始逐步复归。当前，我国大学改革进入了向纵深发展的关键时期，而管理体制改革又是其中的焦点，如何消除在计划经济体制下所形成的固瘤顽疾建立具有现代性特征的大学管理制度，已经成为大学管理体制改革中非常紧迫的任务。西方大学的成功经验正好可以提供有益的借鉴。

第一节 我国近代大学"教授治校"的滥觞

中国高等教育源远流长，创造了很多辉煌，但到了近代，随着国力的衰微，其发展迟缓，改革的步伐远远落后于西方国家。直到晚清以后，为化解由于西方列强的欺凌所导致的日益深重的民族危机，在政治改革呼声日高的同时，教育也因为具有培养新式人才、振兴民族精神的功能而被寄予了深切的期望，其改革同样引起国人的关注。在这一背景下，西方大学的办学理念开始被引介到中国，在众多大学人特别是一批杰出教育家的努力推动下，中国近代大学得以迅速发展，并成就了历史性的辉煌。"教授治校"作为西方大学普遍实施的经典的管理制度和管理理念，自然受到了中国大学的重点关注。

一、"教授治校"在北京大学的实践

中国近代的北京大学之所以能够首先引入西方大学的治校机制,是与蔡元培的贡献直接相关的。作为北京大学"永远的校长",[①] 蔡元培(1868—1940)在中国近现代教育史上是一个产生了重大影响的教育家,为中国新型高等教育制度的建立和教育现代化的推进做出了非凡的贡献。

蔡元培曾"少年读经",并考中了晚清时期的进士。他视野开阔,不局促于国内,而是放眼世界,曾先后三次去德国留学和到法国等地考察。正是因为这些经历,使他深受西方民主思想和自由文化的熏陶,而德、法等国大学的办学理念和管理机制对他的影响尤为深刻,直接成为其整顿和改革中国大学的思想渊源。

1912年,担任政府教育总长的蔡元培主持起草《大学令》,以其作为指导全国大学改革的纲领性文件。《大学令》内容比较宽泛,其第十六条到第十九条关于大学内部管理的规定,比较清楚地呈现了蔡元培所构想的"教授治校"的大学管理模式。比如,《大学令》第十六条规定:"大学设评议会,以各科学长和各科教授互选若干人为会员,大学校长可以随时齐集评议会,自为议长。"第十七条规定了评议会的功能,包括审议"各科的设置及废止、大学内部规则"等事项。第十八条规定:"大学各科设教授会,以教授为会员,学长可以随时召集教授会,自为议长。"第十九条规定了教授会负责审议"学科课程、学生成绩、学位授予"等事宜。[②] 可以看出,蔡元培所主张的大学管理的核心机构主要由评议会和各科教授会两大部分组成,其中的评议会负责事关学校大局的重要事务,各科教授会负责学科事务。在两大机构的人员组成中,教授都占据了主要位置,他们从宏观到微观特别是在学术性事务的管理中享有充分的话语权。显然,这些制度深受西方大学办学理念的影响,也标志着蔡元培民主管理思想的形成。遗憾的是,由于各种原因,《大学令》的思想没有能够在当时的大学办学中得到真正的贯彻;但作为一项法令颁布后,它在一定程度上为中国大学后来能够实施"教授治校"管理模式奠定了合法性基础。

1917年,蔡元培正式就任北京大学校长一职。此时的北京大学,尽管有了10多年的办学历史并经历了辛亥革命的洗礼,但由于其受封建官僚制度的影响过深过重,致使其校园内一直都是陈腐之气漫延,办学成绩乏善可陈,其教员中不少是北洋政府的封建官僚,学生也主要是为了功名利禄来求学,学风极其颓废。当时学校的管理一直沿袭专制制度下产生的学监制,"一切校务都由校长与

第六章 『教授治校』之于我国大学的意义

---

① 陈平原. "兼容并包"的大学理念:北大精神及其他 [M]. 上海:上海文艺出版社,2000:23.
② 蔡元培. 大学令 [A] // 高平叔. 蔡元培全集. 第二卷 [C]. 北京:中华书局,1984:283-285.

学监主任、庶务主任少数人办理，并学长也没有与闻的"①，整个管理非常混乱，官僚气息十分浓重，完全缺乏民主和谐的氛围。在深受德国大学办学理念影响的蔡元培看来，大学是"研究高深学问"的场所，大学的管理完全应当"以诸教授为中心"②，"以专门学者为主体"③。在这些理念的指引下，蔡元培开始对北京大学的管理体制实施大刀阔斧的改革，而《大学令》中架构的"教授治校"制度从这时起开始实质性地付诸实践。

北京大学"教授治校"制度的建立是从设置评议会开始的。1917年，刚上任的蔡元培便负责制定了《北京大学评议会规则》（1920年修正），并主持设立了北京大学评议会，作为全校最高的立法机关和权力机构。依据《北京大学评议会规则》（修正案），评议会的人员由"校长和教授互选之评议员"组成（第一条），"任期一年"（第二条）。评议会决议"各学系之设立、废止及变更；校内各机关之设立、废止及变更；各种规则；各行政委员指委任；预算；教育总长及校长资讯事件；建议于教育部的高等教育事项；校内其他重要事项"等事项（第五条）。④1920年4月召开的评议会常会，又通过了《评议会会议细则》（修正稿），具体规定了评议会的运作方式，进一步促进了评议会工作的制度化、规范化和程序化。⑤北京大学评议会的成员主要由教授组成，以首届评议会为例，19个评议员中，除蔡元培和文、理、法、工四科学长为当然议员外，其余的14人均为互选教授代表，所占比例达到近3/4。⑥评议会在运作过程中，成员间民主平等，议事氛围友好争辩，任何事项一经决出，校长带头服从，真正成为学校治理中的决策机构和立法机关。从评议会人员的组成和议事方式看，教授在学校管理和决策中的权力完全得到了体现，"教授治校"理念得以贯彻。

评议会做出的决议如何在全校范围内执行和实施呢？基于这一需要，北京大学在设立评议会的同时，还设置了行政会议作为全校最高的行政事务执行机构，负责贯彻实施评议会议决的行政方面的事务。行政会成员由各专门委员会的委员长和总务长构成，校长为议长，教务长为当然成员。行政会议下设各专门委员会，在征得评议会同意下，所有委员均由校长指任。北京大学首先设立的专

---

① 蔡元培．回任北大校长在全体学生欢迎会演说词 [A]// 高平叔．蔡元培教育论集 [C]．长沙：湖南教育出版社，1987：247.
② 高平叔．蔡元培教育论著选 [C]．北京：人民教育出版社，1991：469.
③ 高平叔．蔡元培教育论著选 [C]．北京：人民教育出版社，1991：450.
④ 中国蔡元培研究会．蔡元培全集．第十八卷 [C]．杭州：浙江教育出版社，1998：321-323.
⑤ 中国蔡元培研究会．蔡元培全集．第十八卷 [C]．杭州：浙江教育出版社，1998：323-325.
⑥ 蔡磊砢．蔡元培时代的北大"教授治校"制度：困境与变迁 [J]．高等教育研究，2007，28（2）：90-96.

门委员会有庶务委员会、组织委员会、预算委员会、出版委员会、器械委员会、图书委员会、聘任委员会、会计委员会以及临时委员会等,1922年增加了学生事业委员会。各委员会都设委员长1名,由校长指任,但必须具有教授资格。从行政会议人员组成看,各委员会都是在教授的组织下负责落实学校校务,同样体现了"教授治校"的做法。

北京大学实施"教授治校"制度的另一个重要表现就是学科教授会的成立。1917年12月,北大评议会通过了《国立北京大学学科教授会组织法》,规定各科各门的重要学科,各自合成一部,每部设一教授会,以便让更多的教授参与学校事务。依据该法,到1918年,北大全校共成立了国文、英文、法文、德文、哲学、法律、经济、政治、物理、数学和化学11个学门教授会,当时教员中除助教外的所有教师均为会员,教授会主任由会员推举,任职两年。1919年,北大废学门改为学系后,各学门教授会相应地改为各系教授会。教授会的职权体现为两个方面:一是"讨论决议之责",如"决议教授法良否、教科书之采择、编纂学科课程详表"等;二是"参预讨论之责",如"学科的增设及废止、应用书籍及仪器之添置"等。[①] 学科教授会的成立赋予教授在各学科内部治理校务的权力,是"教授治校"的重要形式,为完善北京大学"教授治校"制度奠定了良好的基础。为协调全校的学术事务,北京大学还成立了由各系教授会中选出的系主任和从系主任中选出的教务长组成的教务会议,负责学校的教学管理。

可以看出,北京大学内部权力体系主要由三大部分组成,即评议会、行政会议和教务会议(教授会包含其中)。从三部分的人员组成和运行机制分析可知,不论是充当全校决策机构和立法机关的评议会,还是分别负责重点行政事务和学术事务的行政会议和教务会议,教授群体都占据着主导地位,他们通过民主协商的方式共同决策大学的发展,完全实现了大学"以诸教授为中心""以专门学者为主体"(蔡元培语)的办学理念,属于典型的"教授治校"管理模式。

二、"教授治校"在清华大学的实践

蔡元培的继任者、自称为北大"功狗"的蒋梦麟曾说过:"北京大学发生的影响非常深远。北京古都静水中所投下的每一颗知识之石,余波都会到达全国的每一个角落。"[②] 此言一点不夸张。一直以来,北京大学在中国大学体系中都处于非常特殊的地位,发生在北大的每一个故事几乎都会对全国其他大学产生不同程度的影响。蔡元培在北京大学创建的"教授治校"管理模式,不仅深深地影响

---

① 中国蔡元培研究会. 蔡元培全集. 第十八卷 [C]. 杭州:浙江教育出版社,1998:231.

② 中国蔡元培研究会. 蔡元培全集. 第十八卷 [C]. 杭州:浙江教育出版社,1998:188.

了北大,而且还影响着其他大学的改革。当时的清华大学就是深受北京大学影响者之一。继北京大学改革之后,发生在清华大学的维新之举再一次把中国近代大学的改革推向高潮。

众所周知,清华大学是由"庚子赔款"所创办的清华学堂改名而来的,有较优越的办学条件,但在管理体制上与蔡元培任校长之前的北京大学一样,实行的是校长专权的管理模式,教师们基本无权过问校政,大学管理同样毫无民主的氛围。1924年前后,一批学有成就的清华大学留美生陆续返校任教,他们目睹北京大学经蔡元培改革后已经焕发出勃勃生机、办学水平取得了质的飞跃后,对清华大学不思进取的落后状态感到强烈不满。在这些教员们的迫切要求和强力推动下,清华大学也开始走上了改革之路。这些教员成为清华大学改革的中坚力量,梅贻琦就是其中的典型。

1924年,曹云祥被任命为清华大学的校长。在留美回国返校任教的教员们的压力与推动下,曹云祥开始仿效蔡元培改革模式,主张在清华大学实施"教授治校"的民主管理制度。1925年,清华大学先成立了"十人校务管理委员会",其成员除校长和各行政主管外,还有教员会议选举的4名代表,这是清华大学教师参与学校管理的开始。1926年,清华大学成立了"改组委员会"。经过多次会议讨论商定,该委员会制定出了《清华大学组织大纲》,并经全体教职员大会通过,使其成为清华大学内部管理制度改革的指导性文件,使得"教授治校"制度通过学校法规的形式得到"合法性"确认。依据《清华大学组织大纲》的规定,清华大学设置评议会和教授会,实施"教授治校"。当时评议会由校长、教务长和教授会互选出来的评议会员共7人组成,其主要职责体现为"规定全校教育方针;决议各学系之设立废止及变更;决议校内各机关之设立废止及变更;委任财务、训育、出版、建筑四种常设委员会的委员;审定预算决算;授予学位;决议教授、讲师与行政部门各主任之任免;决议其他重要事项"等。[①]教授会是一个由全体教授和各行政部门主任组成的全校性的组织,校长担任主席。教授会主要行使"选举评议员和教务长;审定全校课程;决议向评议会建议事件;决议其他教务公共事项;讨论决定由评议会以三分之二通过提出对组织大纲之修正案"等职权。[②]就两个机构的关系而言,评议会实际上可视为教授会的常委会,教授会实质上还形成了制衡评议会的机制。因为清华大学的评议会虽然是最高决策机构和立法机

---

① 苏云峰. 从清华学堂到清华大学(1928—1937)[M]. 北京:生活•读书•新知三联书店,2001:4.

② 苏云峰. 从清华学堂到清华大学(1928—1937)[M]. 北京:生活•读书•新知三联书店,2001:4.

关,但仍要受到教授会的节制,如果教授会中 2/3 的成员不同意评议会的决议,该决议就得复议。这是与北京大学的管理机制有区别的地方。可以看出,清华大学的"教授治校"大体上仿效了蔡元培的改革思路,充当大学管理和决策机构的成员都以教授为主体,他们基本上掌控着全部的校政,包括教育方针的制定、重要人事任免、财政安排、学位授予等,"教授治校"的制度模式已经初步形成。

　　清华大学实施"教授治校"管理模式的成熟期是从梅贻琦担任校长开始的。与蔡元培一样,梅贻琦(1889—1962)也是一位在中国教育史上产生重大影响的教育家。他 20 岁便留学美国,同样较早地接受了西方国家自由、民主文化的熏陶,而其留学的吴斯特工业学院(Worsestor Polytechnic Institute)一直坚持欧陆大学教师民主治校的管理传统,这对他更是影响至深。作为力推清华大学改革的"少壮派"代表人物,梅贻琦才华出众、人格高尚,1926 年便被推选为清华大学"改组委员会"成员,主持起草了《清华大学组织大纲》,为清华大学的改革奠定了坚实的基础;同年,他还被首次教授会推选为清华的教务长。1931 年,梅贻琦就任清华大学校长。作为清华大学的掌门人,他非常注重发挥教师的作用。他仿照孟子"所谓故国者,非谓有乔木之谓也,有世臣之谓也"的说法,提出了"所谓大学者,非谓有大楼之谓也,有大师之谓也"① 的论断,也就是今人熟知的"大师论"。这一著名的论断把大学教师的作用和地位提到了一个新的高度。为了实现依靠教师办学的思想,梅贻琦完全接受了"教授治校"的管理理念,并将其进一步丰富。管理实践中,除了继续坚持已经构建的新模式外,梅贻琦主要从制度建设上规范和完善《清华大学组织大纲》中关于评议会、教授会以及校务会议的管理架构。在他的倡议下,清华大学又通过了《教授会议事细则》,对教授会的选举方式、具体的运行机制等都进行了详尽的规定。运行机制的规范与完善,更加强化了大学学者的权力,进一步确立了大学教授在治校中的权威地位,使得清华大学的教授能够"实质上享有其他国立大学未曾有的治校权力"② 。而作为校长的梅贻琦,带头尊重教授的意见。在谈到治校的秘诀时,他认为是真正发挥教授们在学校管理中的主导作用,实现了实质意义上的"教授治校"。对于清华大学所实施的"教授治校",有学者评价为是"行得最彻底"的。③

---

① 刘述礼、黄延复.梅贻琦教育论著选 [C].人民教育出版社,1993:109.

② 苏云峰.从清华学堂到清华大学(1928-1937)[M].北京:生活•读书•新知三联书店,2001:51.

③ 转引自:吴洪成.梅贻琦与清华大学教授治校的教育管理模式 [J].河北大学学报(哲学社会科学版),2006,31(2):20-25.

三、中国近代大学实施"教授治校"的意义

除北京大学和清华大学外,南开大学以及后来的西南联合大学等也实施了"教授治校"。西方大学普遍实行的"教授治校"制度能够在中国近代大学中开花结果,绝不是偶然的现象,背后必然有一些重要的促进因素。

首先,得益于蔡元培、梅贻琦等教育家的积极推动。这些教育家一般都有留学欧美的经历,西方社会民主管理的文化对他们产生了深刻的影响,尤其是西方大学实施的民主管理机制对他们的影响更大;而且,他们才华横溢,道德高尚,不计私利,以提高大学办学水平作为自己的事业追求。同时具有这些条件,使得他们能够迅速成为中国近代大学改革的舵手,带领一班人把一艘艘颠沛于凄风苦雨中的大学航船带向光明的彼岸。

其次,得益于一个敢于担待的学术群体的兴起。学术群体是大学存在和发展的基础。蔡元培、梅贻琦担任校长期间,都以"网罗众家"的气势和"兼容并包"的风范为北京大学和清华大学汇聚了一大批优秀学术人才。像北大的陈独秀、李大钊、胡适、鲁迅、钱玄同、刘半农、沈尹默、黄侃、刘师培、梁漱溟、马寅初、辜鸿铭等,清华的陈寅恪、赵元任、朱自清、闻一多、钱钟书、冯友兰、金岳霖、吴晗、潘光旦、陈岱孙、张岱年、熊庆来、陈省身、华罗庚、钱伟长、钱学森、周培源、梁思成等,都是著名的学术大师,济济人才构成了一个熠熠生辉的学者共同体。这些学者以追求和发展学术为目的,敢于捍卫权利,勇于担待责任,在他们的努力下,完全扭转了当时大学颓废的风气,促进了学术的繁荣。这一学术群体的兴起为"教授治校"的实现提供了重要的支撑条件。

除了上述两个因素外,当时北京政府无暇干预教育也在一定程度上为大学改革创造了有利的政治条件。辛亥革命发生后,中国的社会便一直处于政局不稳、战事不断的状态,对于当时的北京政府来说,既要面对南方革命队伍的分庭抗礼,又要处理永不消停的内部权力纷争,根本没有时间和精力对大学进行干预和控制,这在很大程度上为大学实施改革免去了很多麻烦,使大学获得了一个较为宽松的政治环境。

"教授治校"制度在北京大学、清华大学等学校的实施,成为中国大学管理史上的创举,开创了中国近代大学民主管理的新风尚,对促进中国近代大学的迅速发展具有非常重要的意义。

"教授治校"为促进大学的稳定和自主发展产生了积极的影响。中国传统的官学机构具有政教合一的典型特征。改革之前的北京大学、清华大学都是依附于政治的,基本上属于附庸于政府的机构。政治力量对大学的控制不但使大学缺乏自主发展的权力,甚至难以形成稳定的办学秩序。"教授治校"是一种集众人力量,让教师群体承担起推动学校发展的责任的管理方略,可以汇大家之力与

各种外部干预势力抗争,从而有效地拓展大学自主发展的空间,同时也为大学创造了一种稳定有序的发展环境。之后的北京大学也好清华大学也好,在教授群体的集体努力下,都把旧时遗留下来的专制作风和衙门习气一扫而光,从根本上扭转了过去那种混乱不堪的办学局面,而且基本做到了"以学术民主的名义对抗国民党派系势力对教育学术机构的侵入和控制"①,有效维护了自主办学的权力,使得学术逻辑在办学过程中得到充分的尊重。这一切,都为北京大学、清华大学迅速成为中国一流学府奠定了坚实的基础。

"教授治校"对提高大学的教学和科研水平发挥了重要的促进作用。教学和科研是大学的主体活动,其水平的高低是衡量大学办学能力的根本标准。实施"教授治校",让最懂学术逻辑的人担当大学管理的主体,能够最大限度地调动学术人员对人才培养和科学研究的积极性,有效地激发他们主动参与学校建设和发展的热情。朱自清在评价清华大学的民主管理制度时曾发出这样的感慨:"在这个比较健全的民主组织里,同仁都能安心工作,乐意工作。他(梅贻琦)使同仁觉着学校是我们大家的,谁都有一份儿。"②可见,正是由于教授在学校中的权威地位得以确立,教授们的主人翁精神才被有效激发出来,教授们才会以充分的热情投入大学的学术活动之中。当时的北京大学和清华大学能够迅速跻身于一流大学的行列,一个不容置疑的关键因素就在于大学在学术生产中所取得的骄人成绩。

"教授治校"为大学学术自由和学术自治提供了制度保障。大学是一种学术组织,在根本上,大学的运行只能受制于学术逻辑,而非其他。学术活动中,不受外部力量的干预,让学者自由自主地发表学术见解,是对学术活动的根本要求,也是学术创新的前提与保障。但实践证明,学术自由和学术自治都不是自然生成的,需要必备的制度作为保障。"教授治校",实际上就是让最懂学术逻辑的学者管理大学事务,包括为学术活动立法。这一由内行管理的机制,使大学的学术自由和学术自治得以有效的保障。以北京大学为例,其学术讲坛空前自由,既有提倡白话文、主张新文化运动的领袖人物陈独秀、鲁迅、胡适等,也有主张恢复帝制的刘师培、辜鸿铭等保守分子,还有最早向中国介绍共产主义的李大钊、最早介绍无政府主义的李石曾以及最早介绍爱因斯坦相对论的夏元瑮等,可谓是各种学派、多种信仰齐居一室互相争鸣。这一局面的出现,一方面得益于蔡元培先生"兼容并包"的办学思想,另一方面与"教授治校"的制度保障也是密不可分的。

---

① 陈岱孙. 三四十年代清华大学校务领导体制和前校长梅贻琦 [A] // 政协北京市委员会文史资料委员会. 文史资料选编. 第 18 辑 [C]. 北京:北京出版社,1983:96.

② 黄延复. 梅贻琦教育思想研究 [M]. 沈阳:辽宁教育出版社,1994:51.

此外,北大、清华的改革举措,将西方大学普遍实施的管理模式引入中国本土,而且开花结果了,这在一定程度上也佐证了"教授治校"的理念具有普适性价值,可以为各国大学充分借鉴。

第二节　1949 年后高校内部管理体制的变迁与教师权力的沉浮

以改革开放为分水岭,1949 年后中国的高校管理体制改革大体上经历了两个发展阶段。改革开放之前,由于受全面学习苏联的影响,我国建立了高度集权的国家管理模式和计划经济体制,高等学校的运行和管理也被纳入了这一模式和体制之中,大学完全受政府管理,基本缺乏自主权,大学内部建立的也是一套与之相适应的科层权力体系,教师参与学校管理的机制没有形成。改革开放之后,随着经济体制的转型和社会管理模式的变革,大学办学自主权逐步复归,高校教师参与学校管理的权力不断加强,大学治理结构和运行方式相应地发生变化。

一、"教授治校"的隐退

1949 年后,为适应当时的国家管理模式,我国政府出台了一系列法律法规,逐步把大学事务全面归入政府管理的范畴,并在大学内部建立了一套与之相适应的权力运行机制。

1950 年 8 月,政务院颁发了新中国第一部关于高等学校内部管理体制的法令——《高等学校暂行规程》,对大学内部治理结构进行了新的安排。首先,这一法令明确高等学校实行"校长负责制",同时规定把校(院)长领导下的校(院)务委员会作为高校集体领导机构,而且对校长的职责和校(院)务委员会的职权做出了非常详细的规定。依据规定,校长可以"代表学校,领导全校(院)一切教学、研究及行政事宜,领导全校(院)教师、学生、职员、工警的政治学习,任免全校教师、职员、工警,批准校(院)务委员会的决议"①,校(院)务委员会的职权包括"审查各系及各教研组的教学计划、研究计划及工作报告,通过预算、决算,通过各种重要制度及规章,议决有关学生重大奖惩事项,议决全校(院)重大兴革事项"②。随着该法律的实施,大学校长作为大学最高行政负责人,校(院)务委员会作为最高决策机构的权力体系开始形成。这其中,作为集体决策机构的校(院)务委员会是"校(院)长、副(院)校长、教务长、副教务长、总务长、图书馆长(主

---

① 何东昌.中华人民共和国重要教育文献:1949 年—1997 年 [Z].海口:海南出版社,1998:45.

② 何东昌.中华人民共和国重要教育文献:1949 年—1997 年 [Z].海口:海南出版社,1998:46.

任)、各院(大学中的学院)院长、各系主任、工会代表四人至六人及学生会代表二人"等人员组成的，[①] 由于校(院)长、副(院)校长、教务长、副教务长都是政府直接任命的，各院(大学中的学院)院长和系主任等又是校长任命的，导致校务委员会中占主导地位的基本上是带官衔的管理干部，普通教师所占席位很少，使得这一机构没能像教授会和评议会一样成为教师参与民主治校的平台。

除了对高校内部治理结构进行直接安排外，《高等学校暂行规程》还直接收回了一些高校内部事务的管理权。比如，依据其规定，大学设置或变更学院、学系要由教育部决定，大学毕业生的毕业证要由学校报请教育部核准颁发等。

1961 年 9 月，中共中央又发布了《教育部直属高等学校暂行工作条例(草案)》(俗称《高校六十条》)，这是继《高等学校暂行规程》之后的又一个深刻影响中国高校管理体制的重要文件。该文件对高校领导制度进行了调整，提出把"党委领导下的以校长为首的校务委员会负责制"作为高等学校的领导制度，并明确规定高等学校的党委会"是学校工作的领导核心，对学校工作实行统一领导"。[②] 很明显，这些规定再一次改变了大学权力结构，党委系统作为重要的政治权力开始成为大学管理的核心。实际上，这一措施从 1958 年就开始实施了。中共中央、国务院在当年颁发的《关于教育工作的指示》中就做出了"一切学校应当接受党的领导"的明确规定，而且当年就从各部委抽调了 100 多名党员干部去大学任校长、书记。关于校务委员会的地位，该条例明确规定校务委员会是"学校行政工作的集体领导组织。学校工作中的重大问题，应该由校长提交校务委员会讨论，做出决定，由校长负责组织执行"[③]，并对其职责进行了进一步的具体化。对于校务委员会的人员组成，除了行政官员之外，还提出了要"若干教授和其他必要人员"加入。但尽管如此，由于校务委员会的人选都必须"由校长商同学校党委提出名单，报请教育部批准任命"，这成了一种事实上的任命制，何况普通教授本来就只占据少数席位，而行政官员则实质性地占据着核心权力地位，使得校务委员会仍旧没能成为教师民主治校的机构。此外，该条例也对系一级的管理机制进行了制度安排，把系定位于"按照专业性质设置的教学行政组织"，规定成立系务委员会作为全系教学行政工作的集体领导组织，系务委员会的人员组成都是由系主任提名、校长任命，主要职能在于"负责执行学校党委员会、校

① 何东昌. 中华人民共和国重要教育文献:1949 年—1997 年 [Z]. 海口:海南出版社, 1998:46.

② 何东昌. 中华人民共和国重要教育文献:1949 年—1997 年 [Z]. 海口:海南出版社, 1998:1065.

③ 何东昌. 中华人民共和国重要教育文献:1949 年—1997 年 [Z]. 海口:海南出版社, 1998:1065.

务委员会的决议和校长的指示",当然也包括"讨论和决定本系工作中的重大问题";但是,由于校务基本上都由校级权力机构或教育行政部门直接决定,系务委员会所能处理的基本上只是一些日常管理类的事情,加之系务委员会的人员组成基本上由校级领导确定,使得大学教师在系一级参与管理的权力同样十分有限。

与《高等学校暂行规程》一样,《教育部直属高等学校暂行工作条例(草案)》除了对高校权力结构进行了新的调整外,还进一步收回了一些高校内部事务的管理权。比如,依据该文件规定,(直属)高等学校规模的确定和改变(第七条)、学制的改变(第七条)、专业的设置和变更(第九条)、课程和学科体系的重大改变(第九条)、学校适当承担的科研任务(第二十四条)、教师的调动(第三十一条)等都必须经过教育部批准,学校教学工作也必须按照教育部制定或者批准的教学方案、教学计划组织进行(第九条),等等。

随着这些法规条例的颁布和实施,中国高校管理的格局发生了巨大的变化。一方面,行政权力在学校管理和决策中的核心地位得到完全确立,大学教师却没有被实质性纳入核心决策主体之中,高校没能形成民主治校的管理机制,管理的"行政化"趋势由此形成。另一方面,政府收走了大部分本应该归于高校自我管理的权力,如学科专业的设置、学位的发放、教师的聘任和晋升、教学工作的组织以及科研工作的开展。收回对这些学术事务的管理权,实际上是对教师参与治校权力的进一步限制。

二、教师权力的逐步复归

改革开放之后,我国政府做出了工作重心向经济建设转移的重大战略部署,市场经济体制逐步建立起来,社会各项事业都相应地进行了重大调整和变革。高等学校管理也不例外。这一阶段,我国高等学校内部管理体制的调整和改革主要体现在两方面的变化上:一方面,高校逐渐获得自主办学权;另一方面,高校内部治理结构不断调整,教师参与治校的权力逐步复归。

如上所述,在计划经济时代,我国高校办学自主权是极度缺乏的。随着改革开放的推进,一种灵活多元、权力分散的市场经济体制开始取代先前那种僵化呆板、高度集权的计划经济体制。为顺应社会市场化变化趋势,高等教育管理体制也进行了相应的变革,其中一个重要的价值取向就是转变政府职能,归还高校自主管理权。从1979年12月复旦大学原校长苏步青等在《人民日报》发表文章呼吁"给高等学校一点自主权"起,我国政府逐步开始了"还权""放权"的行动。到1985年,中共中央颁布了《关于教育体制改革的决定》的文件,明确提出"要扩大高等学校的办学自主权",并从教学、科研、招生、人事、财务与国际交流六个方面规定了高校可以自主实施的权力内容,这标志着高校办学自主权的回归得到了国家的认可。1993年2月，中共中央、国务院颁发了《中国教育改革和发展纲要》，提出要"逐步建立政府宏观管理、学校面向社会自主办学的体制"，要"使高等学校真正成为面向社会自主办学的法人实体"，明确把扩大高校办学自主权放到高等教育体制改革的核心位置，出台落实有关大学法人地位的规定，这说明我国高校管理理念发生了重大转移。1998年，《中华人民共和国高等教育法》正式颁布，进一步确认了高等学校自批准设立之日起取得法人资格，并以法律的形式明确了高校办学自主权的基本内容和具体内涵，主要涉及招生、学科专业设置、教学活动组织、科学研究、国际交流与合作、人事、财务七大方面。2010年，国家出台了《国家中长期教育改革和发展规划纲要（2010—2020年）》，重申"教育体制机制不完善，学校办学活力不足"，要求进一步"落实和扩大学校办学自主权，明确政府管理权限和职责，明确各级各类学校办学权利和责任"。2017年4月，教育部等五部委联合印发了《关于深化高等教育领域简政放权放管结合优化服务改革的若干意见》，就进一步向高校放权，让学校拥有更大的办学自主权等做出具体安排。

相关政策的出台促使政府管理大学的方式发生了明显的变化，政府开始改变管理大学的模式，积极推进向大学的"还权""放权"。随着政府基于大学的"还权""放权"等政策的逐步落实，客观上大学内部治理结构变革面临着新的挑战。事实上，随着大学办学环境的变化，高校内部管理结构变革也在同步进行。

自改革开放之后，尽管"党委领导、校长负责"仍然是我国高校的基本领导制度，但教师民主参与学校管理的组织机构开始初步建立起来。1978年，教育部出台了《全国重点高等学校暂行工作条例（试行草案）》，规定各高等学校要在党委领导下定期召开师生员工代表大会，听取学校工作汇报，讨论学校有关重大问题，并对学校工作提出批评、建议，对领导干部进行监督。[1] 1985年，教育部和全国教育工会又颁布了《高等学校教职工代表大会暂行条例》，提出把教职工代表大会（教代会）作为教职工行使民主权利、民主管理学校的重要形式，对教代会的职权进行了法律上的确认。2011年11月，教育部又发布了《学校教职工代表大会规定》，再次明确各级各类学校教职工代表大会是教职工依法参与学校民主管理和监督的基本形式，并对教职工代表大会的职权、组织规则、工作机构等进行了详细规定。教代会制度的实施，表明广大教师参与管理和监督校政的机制在我国高校开始形成。

除了成立教代会外，高校教师参与学校学术管理的机构——教授委员会、学术委员会等也开始重建。1978年颁布的《全国重点高等学校暂行工作条例（试

---

[1] 何东昌.中华人民共和国重要教育文献：1949年—1997年［Z］.海口：海南出版社，1998：1646.

行草案)》中明确提出了"高等学校设立学术委员会",并对学术委员会的职责进行了规定,具体包括"在校长或副校长领导和主持下,对学校教育事业发展规划、科学研究工作和研究生培养工作中的重大问题提出建议,审查、鉴定科学研究成果,评议研究生的毕业论文、毕业设计,参与提升教授、副教授工作的审议,主持校内学术讨论会,组织参加国内和国外学术交流活动等"。[①]1980年后,一些高校又纷纷设立了学位评定委员会。1983年后,不少大学还陆续设立了教师职称评审委员会以及专业设置委员会、教学委员会、教材委员会、科研规划委员会等学术管理机构。1996年颁布的《中华人民共和国高等教育法》对学术委员会的基本职能进行了认定。2000年,东北师范大学试水教授委员会制度,在学院一级成立教授委员会,行使"讨论、确定学院发展规划;讨论、确定学院本科生、研究生教学计划或培养方案;讨论、确定学院学科建设和教师队伍建设规划;讨论、确定学院教学与科研组织形式;讨论、确定学院开展国际学术交流与合作,包括联合培养学生的内容和形式;讨论、确定学院资源配置原则,包括学院自主支配经费的使用原则;讨论、确定学院教师和其他系列人员工作考核、成果评价的原则和标准;负责职务(岗位)聘任,听取、审议院长的学年工作计划和年度工作汇报"等权力。[②]随后,中南大学、复旦大学、苏州大学、浙江大学等也相继进行了类似的制度改革。到2007年,全国有23所高校在全校或部分院(系)成立了教授委员会。[③]2014年,教育部颁布了《高等学校学术委员会规程》,规定"高等学校应当依法设立学术委员会,健全以学术委员会为核心的学术管理体系与组织架构",要"以学术委员会作为校内最高学术机构,统筹行使学术事务的决策、审议、评定和咨询等职权",进一步提升了学术委员会的权力与地位。更重要的是,2015年12月,中华人民共和国第十二届全国人民代表大会常务委员会第十八次会议通过了新修订的《中华人民共和国高等教育法》。此次修订最大的亮点之一是,将学术委员会的权限定位于审议、决定学术事务发展,从法律层面强调和彰显了学术权力在学校治理中的权威地位,也预示着高校教师群体在高校管理中的权力得以逐步复归。

第三节　我国大学继续推进治理结构变革的现实诉求

任何社会组织都处在一定的社会环境中,组织变革的动因在很大程度上来

① 何东昌.中华人民共和国重要教育文献:1949年—1997年[Z].海口:海南出版社,1998:1646.
② 史宁中.实行教授委员会制凸显"教授治学"[J].中国高等教育,2005(21):27-28.
③ 姚剑英.中国高校教授委员会现状分析及思考[J].辽宁教育研究,2007(6):30-32.

自环境变化所带来的压力,因为在社会环境发生改变的背景下,社会组织如果不相应地进行改革,就有可能会因为不适应环境而陷入运转维艰的窘境,甚至可能导致生存的危机。大学组织也是如此。当前我国大学所处的环境已经而且正在发生重大变化,对大学进一步变革提出了更加强烈的诉求。

第一,随着知识经济的到来,社会对大学的期望值达到了顶峰,迫切需要完善大学管理机制。当前,科学技术迅猛发展,全球范围内已经进入了一个经济大转型的时代,一种全新的"知识经济"形态以威武之姿和雷霆之势登上人类社会的舞台。知识经济是以科技创新为依托、以高素质人才为核心的经济形态,这一新的经济形态的到来,对人类社会生活方式和国际竞争方式等均产生了巨大的影响。知识和技术变得比以往任何时候都更有价值,成为综合国力的竞争核心,成为经济社会发展的主要动力。对于我国这样的后发型国家来说,如何抢抓机遇,大力加强知识和技术创新,应对知识经济的挑战,是当前最为紧迫的战略课题。

国家战略要实现,首先离不开大学系统的支持。因为以知识生产、知识传播和知识应用为主要职责的大学在促进知识进步和技术创新方面具有明显的优势,其贡献已经完全得到了人们的认同。20世纪末,在科教兴国方针指引下,我国政府提出了建设世界一流大学的目标,并实施了"985工程""211工程"等重大举措,充分显示了我国政府希望一流大学在促进国家强盛和经济发展中发挥更加重要的作用。2010年,国家出台了《国家中长期教育改革和发展规划纲要(2010—2020年)》,强调"推动教育事业在新的历史起点上科学发展……为中华民族伟大复兴和人类文明进步做出更大贡献"。2015年10月,国务院印发《统筹推进世界一流大学和一流学科建设总体方案》,明确提出"提高高等学校人才培养、科学研究、社会服务和文化传承创新水平,使之在支撑国家创新驱动发展战略、服务经济社会发展、弘扬中华优秀传统文化、培育和践行社会主义核心价值观、促进高等教育内涵发展等方面发挥重大作用"。众多战略部署表明我国政府和社会期盼大学在推动社会进步与科技创新中能够有更佳的表现。实践中,人们不仅对大学改革的话题给予了更多的关注,而且为大学的发展也提供了越来越多的支持与帮助,这表明整个国家和社会对大学的期望值比以往任何一个历史时期都要高。然而,大学自身准备好了吗?如此之多之重的期望附加到大学身上,大学面临的挑战和压力是可想而知的,也是必须要面对的,关键是如何才能有效应对。显然,在无法回避的背景下,大学唯有主动顺应环境变化,加强自身改革,提升学术生产能力,才是最根本的出路。而在大学的各项改革中,内部管理体制的改革又是焦点,因为管理体制会从根本上制约整个大学的运行方式,进而影响大学的学术产出能力等。实际上,我国大学出现的很多问题和矛盾,比如学术生产水平不够高、行政权力泛化等,其原因最终都可以聚焦到管理体制上。可见,以治理结构改革为突破口,不断完善大学管理体制,进而带动整个大学系统的改革,是大学应对社会转型所带来的诸多挑战和压力的必然选择。

第二,大学办学自主权不断回归,对优化大学内部权力配置提出了新要求。在以计划和服从为主要特征的计划经济体制下,大学的招生、人才培养目标和规格的确立、学科专业的设置、教学活动的组织等办学行为主要是按照政府的计划进行的,大学的管理也相应地主要以相关行政主管部门的指令为基本依据。毫无疑问,在这样的背景下,大学极度缺乏办学自主权,其自我发展的意识和能力完全受到了抑制。随着改革开放的深入推进和市场机制的不断完善,政府对大学的管理方式发生了重要转向,不仅通过了《中国教育改革与发展纲要》《国家中长期教育改革和发展规划纲要(2010—2020年)》这样的重大文件,提出了"政府宏观管理、学校面向社会自主办学"的体制改革举措,而且颁布和修订了《中华人民共和国高等教育法》,以法律的形式确认了高等学校的法人资格和办学自主权的基本内涵、具体内容,使得大学主体地位不断恢复,大学办学自主权逐步得到落实。但是,随着政府的"分权""放权""还权",大学自身的决策责任和决策风险骤然加重,如何建立一个良好的治理结构,以科学地应对和消化政府的"分权""放权""还权",便成为值得深入思考和谋划的重要问题。这个问题如果解决不好,就有可能产生权力梗塞、腐败等新问题,不仅不利于大学的健康发展,也不利于政府进一步"放权"。可见,在大学办学自主权不断回归的背景下,如何更加优化大学的内部权力结构,是当前为继续推进大学改革和发展所必须要解决的迫切问题。

第三,大学管理"去行政化",关键在于彰显学术权力。由于长期以来受计划经济管理模式的影响,我国大学内部管理的"行政化"色彩仍然比较明显,突出表现为行政力量很大程度上仍然控制着学校管理和决策的主要权力,造成行政权力的泛化。应当说,行政管理在现代大学的管理中有一定的合理域。现代大学是一个日趋复杂的社会组织。从内部看,大学的系科、专业在不断增多,师生规模在迅速扩大;从外部看,现代大学已经不再是原来的"象牙塔",与经济社会发生的联系日益频繁,在促进经济社会发展中的作用越来越重要。诸多变化使得现代大学需要协调的关系越来越复杂,要有效处理这些纷繁复杂的关系,显然需要一些专业的行政管理人员,只有通过他们的工作,才可能更加有效地促进资源的配置和关系的协调,以更有利于学术活动的顺利开展。可见,行政人员参与管理在现代大学管理中是必要的。但是,高校的行政管理毕竟只是在学术活动之外派生出来,是手段性活动,其存在的主要目的还是要为大学的学术服务。所以,高校的行政权力绝对不能过于膨胀,必须牢牢把握住一个"度"。

行政权力如果过了"度",必然导致高校管理的"行政化"。而"行政化"的管理模式在运行机制和价值取向上与大学组织有明显的不相容。英国莱斯特大学教育管理研究专家托尼·布什（Tony Bush）曾将大学组织的特征概括为九个方面：第一，组织目标不明确，教师的专业自主权能够使他们自由地确定自己的工作目标，并在工作中使自己的行为与确认的目标相一致；第二，管理的手段和程序不清楚，管理过程也难以明确；第三，具有分解和松散联结的特征，组织中不同机构和成员有相当程度的自主权，独立性强；第四，结构不确定，各组成部分权力界限不清，规模越大，复杂程度越高的组织，其权力结构越复杂模糊；第五，它主要是以人为工作对象的专业性组织，越是高度专业化、规模较大、有多重目标的学院组织，其组织内部运作越具有无序的特征，越"需要专业人员依据自己的判断来从事教学，而并非按照管理者的命令去工作"；第六，管理中参与者的流动性强，很难明确各人的责任；第七，对外部信息的把握具有不确定性，决策过程模糊；第八，决策具有无计划的特征；第九，强调分权优势。[①] 我国学者对这些特征做了同样的阐释："高度专业化的系所建制，使人感受到大学中各基层部门间存在更多的是分隔与断裂，而不是交融与整合；组织内部的工作如教学和科研活动即使也存在时间安排的有序性，但在本质上，还是由活动主体自作主张，高度的专业化作为一道天然的屏障，有效地抵制了非本专业人员对学术活动的介入；不同的专业秉持各自的标准以及价值取向，打消了任何建立统一、精确规范的企图；不同专业领域错综复杂分布的格局，学术活动的独立自主，活动过程与结果的不可预测性，虽然不能说使组织的整体目标失去其存在的意义，但确确实实让人难以认同各种所谓理性规划的作用，而且，越是宏大、精致的理性构想，其中存在的虚妄、伪饰和浮夸成分可能越多。"[②] 很明显，大学组织具有松散联合的特征，其管理更多地需要构建宽松、自由、民主的氛围，而"行政化"管理主要遵循的是首长负责制和下级服从上级的基本规则，主要以秩序、效率、服从等为行动准则。对于需要宽松、自由、民主环境的组织，要求其按以秩序、服从等为基本价值追求的管理模式运行，那必将带来一种灾难。从我国高校权力配置的发展历史来看，很长一段时间就是因为没有处理好这个问题，致使广大教师对学校管理和决策中的重大事项缺乏实质性的话语权。

　　行政权力泛化，给大学造成很多的危机。首先，学术逻辑会在办学过程中受阻。比如，科研评价中"重数量轻质量"，已成为偏离大学组织特性和压抑大学

① 〔英〕托尼·布什. 当代西方教育管理模式 [M]. 强海燕，主译. 南京：南京师范大学出版社，1998：168-177.
② 阎光才. 识读大学——组织文化的视角 [M]. 北京：教育科学出版社，2002：91-92.

"学术人"人性的制度性障碍[①];在市场经济不断推进的背景下,不少高校热衷于照搬企业管理的做法,使得学术组织几乎蜕变成单纯从事经济经营活动的"高等教育有限公司",本该是"特别强调承载价值(value-laden)的机构"[②],却屡屡遭遇非议。行政权力的泛化,也为权力腐败洞开了方便之门,大学校园里不时出现的行政领导凭借权力寻租攫取各种利益的乱象就是例证。行政权力的泛化,还造成了大学机构臃肿、冗员过剩等。在不断强化大学学术能力建设的背景下,大学内部"去行政化"改革的步子必须加快,改革的重心就是要完善治理结构与治理模式,关键在于彰显学术权力。

第四,大学学术力量迅速壮大,希望参与大学管理的意愿不断增强。20世纪90年代以来,我国大学教师的数量急剧增长,职称和学历水平不断提升,反映出我国大学学术力量在迅速壮大。从规模情况看,1990年我国普通高校专任教师总数只有39.46万人,2016年增加到160.2万人,增长了305.98%,年均增长超过了5%。从职称情况看,1990年我国高校教师中高级(正高级、副高级)职称人数只有9.93万人,2016年增加到67.6万人,增长了580.8%,年均增长7.66%。从学历情况看,1990年我国高校教师中拥有硕士、博士学位的人数分别为6.01万和0.39万人,2016年分别达到了58.16万和36.63万人,拥有硕士以上学位的教师占教师总人数的百分比从1990年的16%上升到了2016年的59.17%。[③]规模、职称、学历的变化情况,在很大程度上证实了近年来我国大学学术力量从数量和质量上都经历了一个飞跃的过程。

随着大学学术力量的壮大,作为一个独立族群,其利益诉求愿望自然也日趋上升。广大教师不仅希望进一步扩大在其从事的学科专业领域内的学术事务上的发言权,而且也期盼不断增强在整个大学管理中的影响力。有学者以我国6所高校的600名教师为样本,对其参与学校的决策管理的态度进行了问卷调查。在接受调查的教师中,教授、副教授、讲师和助教四级职称的教师希望参与学校决策管理的比例分别达到了55.34%、63.84%、67.21%和68.75%,[④]即都已经过了半数,可见我国高校教师希望参与学校决策管理的愿望是非常强烈的。既

① 康翠萍,黄矗山.现代大学管理制度取向研究——基于大学组织特性及人性的思考[J].教育研究,2012(5):59-63.

② Ronald Barnett. Beyond All Reason: Living with Ideology in the University[M]. Buckingham: The Society for Research into Higher Education & Open University Press 2003:121.

③ 根据各年度《中国教育年鉴》《中国教育统计年鉴》和《中国教育事业统计年鉴》统计、计算。

④ 张德祥.高等学校的学术权力与行政权力[M].南京:南京师范大学出版社.2002:159.

然大学学术力量迅速壮大并且对大学事务的影响不断增强已成为趋势,那么大学该如何以积极的态度响应这种变化呢? 这应当成为新形势下大学管理者必须重点考虑的战略问题。

第四节　我国大学进一步彰显学术权力的策略

当前我国大学所处的外部制度环境和内部组织生态都发生了重大变化,对大学管理提出了新的挑战与要求。继续推进我国大学治理结构变革,应当进一步彰显学术权力,不断明晰改革路径,努力创造条件,完善体制机制。

一、凝聚共识,明晰路径,形成行动自觉

从组织行为学分析,组织的成立都是为了特定的目的,要实现特定的功能,从而显现出特定的属性。组织管理的根本目的就是为了组织目标的实现,依此,能够从根本上彰显组织的本质属性、最有利于组织目标实现的治理结构才是最有效的治理结构。就大学组织而言,学术性是其迥异于一般社会组织的最典型的特征,是体现大学组织合法性的根本支撑。因此,最有利于彰显大学学术属性、最能够激发大学学术生产力的治理结构,就是大学最需要的治理结构。与之相适应的,组织的决策权等也应该主要配置到最能够表现大学学术属性、最能够代表大学学术生产力的利益主体手中。

当然,大学的利益相关者是多方面的,大学的教师、校长、其他行政人员、学生、校友以及所有纳税人等,都是能够影响组织目标实现的利益相关者。用这样一个框架分析大学人员的基本构成是可行的,但要深入展现大学的组织特性则不够精细。因为,同样是利益相关者,也有主次之分。其中有一些是能够为大学源源不断地提供战略资源、具有特别影响力的主要利益相关者,另外一些可能只是在普通意义上影响大学发展的一般利益相关者。⑤ 就现代大学的发展来说,最具战略意义的资源无外乎物质资产和人力资本两大类,依此,大学的主要利益相关者也就是能够提供这两类战略资源的群体。显然,在这两类资源的供给者中,一类是大学的出资人(如纳税人、学生等);另一类就是那些最具探索精神与创造活力的学术力量,尤其是高水平的学者,他们对于大学的生存和发展具有不可磨灭的贡献。在治理模式的运行逻辑中,"不同的利益相关者以各自的资源贡献给大学,同时也意味着它们换取了参与该组织发展过程、享有控制其组织剩余的相

---

⑤　此处的论述参考了龚怡祖的观点。见:龚怡祖. 现代大学治理结构:真实命题及中国语境 [J]. 公共管理学报,2008,5(4):70-76.

关权利"①。在理性的博弈格局下,主要利益相关者的贡献最大,其权力也最应该得到保障;否则,大学就可能失去其给予的独特资源,从而动摇大学存在和可持续发展的基础。基于这一分析,大学的决策权等首先主要应该在出资人和学术群体中分配,然后在一般利益相关者中分配。对于我国当前大学(公立大学)来说,重要的出资人(纳税人,以政府为其代理人)通过任命校长为代理人的方式已经获得了重要的话语权,但对于学术群体这一方重要利益相关者来说,其权力回归之路却还很长。可见,我国大学内部治理结构改革的主要方向应当是恢复学术力量参与大学管理的权力,这是进一步推动我国大学内部治理变革应凝聚的共识。

当然,在大家普遍赞同我国大学应当强化学术力量参与大学管理的背景下,在具体的改革路径上,人们有一些不同的意见。比如,关于我国大学应该实施"教授治校"还是"教授治学"就引发了讨论。

"教授治学"是近年来我国在思考现代大学制度建设中,如何恢复大学教师主体地位而提出的新概念。2010 年发布的《国家中长期教育改革与发展规划纲要(2010—2020)》,正式将"教授治学"列入政策文本,作为推进我国大学内部治理结构变革的重要路径之一。从字面意思看,"教授治校"与"教授治学"的区别主要在于教师所"治"内容上的差异。"教授治校"指向的是校务,"教授治学"指向的是学务。正因为人们对校务和学务的理解上的差异,从而导致对教授应该"治校"还是"治学"的不同意见。

本书以为,我们可以以兼容的观点来对待这两个概念。②首先,大学作为一个典型的学术性组织,其所有事务都是为了学术目的,整体上具有综合性的特征,很难简单地区分为"学术性事务"与"行政性事务"。事实上,由于大学的所有事务均应服务于学术发展,因此,也可以将全部校务视为(广义的)学务,或者说将学务等同于校务。如果承认校务和学务是融通的,则"教授治校"和"教授治学"便可以兼容。其次,从西方大学的发展历史看,欧洲大陆国家大学教师发挥权力在形式上体现为完全"治校",美国大学教师发挥权力在形式上主要体现为"治学",尽管这两种形式有所差异,但其意蕴或价值取向是一致的。无论是"治校"还是"治学",都展现了学术人在大学办学中的主体作用,以维护大学的学术本位,彰显学术权力的话语权,实现学术自治。我们还可以将两种形式看作不同的大学在相同理念指引下,根据外部环境和内部生态变化而采取的差异性的制度安排。质言之,我们不妨将"教授治学"暂时理解为"教授治校"在我国

① 龚怡祖. 现代大学治理结构:真实命题及中国语境 [J]. 公共管理学报,2008,5(4):70-76.
② 陈金圣. 教授治校与教授治学的兼容性及其现实意义 [J]. 复旦教育论坛,2014,12(2):61-66.

大学现阶段的特定表现,将"教授治校"定位于我国大学"教授治学"的发展方向。[①] 实际上,在我国高等教育体制改革进入"深水区"的背景下,《国家中长期教育改革与发展规划纲要(2010—2020)》等重要文件不但明确提出"探索教授治学的有效途径",同时也强调了"充分发挥教授在教学、学术研究和学校管理中的作用",这既是对"教授治学"的确认,也体现了对"教授治校"的认同。

既然"教授治校"和"教授治学"是可以兼容的,那中国大学内部治理结构变革的具体路径重点不在于对概念的选择,关键在于如何贯彻概念背后的深刻内涵和意蕴,即如何构建有效的体制机制,彰显学术人在大学管理中的权力和地位,使大学的运行真正遵循学术的逻辑,这是当前推进中国大学内部治理结构变革的核心要义。

二、努力创建彰显学术权力的条件 [②]

从西方大学发展历史看,教师权力的落实是需要一定的条件作为支撑的,有了这些条件,大学教师在学校管理中的地位和作用才能更好地、实质性地展现。在我国,彰显学术权力,同样需要创建必备的条件。

第一,完善法律法规,落实大学章程,明晰教师在学校决策和民主监督中的地位与作用。

西方大学教师群体在大学管理中能够享有实质性的话语权,国家层面法律的规制和学校层面章程的保障都是非常重要的支撑条件。国家制定法律和颁布行政命令,能够强制性地推动大学内部管理制度的变迁,有利于营建促进制度变革的社会环境,可以降低制度变迁和运行中的组织成本和协调成本,提高制度改革和运行的效率。大学章程对大学的运行具有"宪章"效力,是大学办学的根本依据。通过章程,明确教师在学校治理中的地位和作用,是彰显学术权力的有效保障。

从我国的情况看,相当长一段时间内,我国有关法律法规对学术权力的保障是不足的,进一步彰显和捍卫学术权力,需要相关法律法规的不断完善和落实。1998年颁布的《中华人民共和国高等教育法》,对高校学术委员会、职工代表大会的职能做出过规定:"中华人民共和国高等学校设立学术委员会,审议学科、专业的设置,教学、科学研究计划方案,评定教学、科学研究成果等有关学术事项","高等学校通过以教师为主体的教职工代表大会等组织形式,依法保障教职工参与民主管理和监督,维护教职工合法权益",但对于对这些机构的成员组成、具体

---

① 陈金圣. 教授治校与教授治学的兼容性及其现实意义 [J]. 复旦教育论坛,2014,12(2):61-66.

② 彭阳红. 教授治校的外部支撑条件及其启示 [J]. 江苏高教,2013(4):15-17.

运行机制等却语焉不详,导致制度落实困难。2014 年,教育部颁布了《高等学校学术委员会规程》,规定"以学术委员会作为校内最高学术机构,统筹行使学术事务的决策、审议、评定和咨询等职权",并对学术委员会的组成规则、职责职权、运行机制等做出了比较详细的规定。显然,与 1998 年《中华人民共和国高等教育法》将学术委员会定位为审议和评定机构相比,《高等学校学术委员会规程》对学术委员会的权限有了明确的提升。但新的问题出现了。由于下位法(《高等学校学术委员会规程》)与上位法(《中华人民共和国高等教育法》)存在差异和冲突,导致实践中仍然无所适从。直到 2016 年《中华人民共和国高等教育法》修订,才解决了这一问题。2016 年新修订的《中华人民共和国高等教育法》最大的亮点之一,就是将学术委员会的功能实现了从咨询到决策的转变,从而进一步明确了其在高校内部治理中的法律地位,规范了学术委员会的议事规则和程序,有利于彰显高校内部学术权力,为大学治理结构的优化奠定坚实基础。

法律的完善为制度改革提供了保障。随着《中华人民共和国高等教育法》的修订实施和《高等学校学术委员会规程》的发布,我国高校普遍建立了学术委员会、教授委员会制度,为学术权力的彰显奠定了组织基础。然而,由于我国大学治理结构变革主要是基于行政驱动产生的,这种依靠国家权威自上而下推行的制度变迁,能否取得实际成效,关键还在于法律和制度的落地生根。促进国家法律和制度的有效落实,应当加强执法检查,督促地方和高校出台执行细则,让学术人参与大学管理成为日常工作中的一种常态。

作为大学治理的"基本法",大学章程的作用既体现为对大学外部关系的调整,也体现为对内部关系的调整。换言之,通过章程,既能够明晰大学与政府、社会之间的关系,也能厘清大学内部的权力关系。从西方大学发展历史看,大学内部治理结构安排一般都在章程中可以得到体现,其学术权力的地位能够得以保障,离不开章程的规制。从我国的情况看,在相当长的一段时间内,很多大学是没有章程的;有些大学即便制定了章程,也是形式意义大于实质意义。直到近年来,随着"法治中国"的推进和现代大学制度的建立,我国大学开始告别无章程时代。截至 2015 年底,我国绝大部分大学已经按照教育部的要求制定了自己的章程,章程中也基本上对建立学术委员会进行了比较明确的规定。但是,制定章程只是促进大学治理走向法治化、规范化的第一步,关键还在于落实。如同法律的生命力在于执行一样,章程的意义和价值也在于执行和贯彻。但从目前的情况,尽管绝大部分高校章程发布了,但实施过程中却仍然存在不少问题。比如,对章程的宣传不够深入,导致师生对章程的了解不深;由于行政权力的惯性,导致学术权力的地位仍然不能彰显,等等。毫无疑问,如果只制定了章程却不能有效地贯彻执行,那对于完善大学治理结构、推动大学治理规范化是没有多大意义的。因此,当前不仅要强调大学章程的意义与制定,更重要的是要让它发挥实质性的作用,使之真正成为推动大学治理结构优化的有力保障。

第二,加强社会民主文化的建设。

作为众多社会组织中的一员,与其他社会组织一样,大学的运行是深受社会运作方式和文化氛围影响的。从运作方式上看,"教授治校"是代议制民主和协商民主在大学管理中的应用。这一方式能否得以实质性的运作、其效果如何,深受社会文化的影响。纵观西方大学的管理史,教师参与学校管理的权力能有效地发挥作用,很大程度上就是受当时社会民主文化或民主传统的影响。民主社会文化不仅为大学民主管理制度的建立提供了土壤,而且也规约了大学制度建设和运行的基本方向。对于我国来说,要有效地推进大学管理的民主化,很有必要加强整个社会的民主文化建设。

毫无疑问,在我国的社会管理中,以民主作为核心价值理念的管理构架已搭建起来。"中华人民共和国的一切权力属于人民"明确写入了《宪法》(第二条)。以人民主权为纲领,通过层层选举产生的人民代表大会成为我国国家管理的最高权力机构,国家的大政方针都必须经由人民代表大会批准。《宪法》(第二条)还赋予全国人民"通过各种途径和形式管理国家事务,管理经济和文化事业,管理社会事务"的权力。依据现行《村委会组织法》和《居委会组织法》,我国社会治理的最基层组织——村委会、居委会,在居住地范围内,直接实行民主选举、民主决策和民主监督的治理方式,基本实现了基层组织的民主管理和自我管理,为人民当家做主开辟了有效的途径。

然而,尽管以民主为核心价值理念的管理构架在我国建立起来了,但在社会管理的一些实际工作中,民主的理念仍然没有深入人心,专权思想仍然有不同程度的表现。比如,一些时候民主决策并没有完全落到实处,"一把手说了算"的现象仍然比较普遍,"官本位"思想仍然比较严重,等等。这些现象一定程度上说明民主原则在社会管理中还没有完全被吸纳和遵循,整个社会离构建一种成熟的民主文化还有较长的路要走。这种社会氛围自然会对包括大学在内的所有社会组织建立民主管理体制产生不利的影响。因此,要实质性地构建民主管理的大学制度,还必须大力加强整个社会的民主文化建设。实际上,在加强社会民主文化建设的过程中,大学不但可以充当进一步改革的试验田,还可以发挥辐射社会的作用。之所以这样说,原因有三。一是大学是一个不存在激烈的亚文化冲突的所在。根据美国政治学教授罗伯特·达尔(Robert Alan Dahl)的研究,不存在剧烈的文化冲突是有利于民主产生的关键条件之一。① 对于大学组织来说,尽管其

---

① 〔美〕罗伯特·达尔. 论民主 [M]. 林猛,李柏光,译. 北京:商务印书馆,1999:155.

学科繁多、专业复杂,甚至于学科与学科之间、专业与专业之间都存在明显的壁垒,还分别形成了各自独特的文化状态,再加之大学人员组成人员中,有专门从事管理的行政人员,有从事学术探究的大学教师,还有孜孜求学的学生,其价值追求的差异不同程度地导致了大学组织内部多元亚文化状态;但是,大学组织内部亚文化间的冲突却不激烈,绝大多数时候是处于一种共振的状态。这一现实无疑为组织的民主化建设提供了适宜土壤。二是大学成员一般都具备实施民主的知识和技能。民主理念要落实到人们的心里并内化为自觉的行为,不仅需要民众具备一定的认知水平,而且需要成熟、理性的选举、协商等操作层面的技能。对于大学成员来说,他们一般都是经过高等教育学习的,无论是认知方面还是技能方面的要求,对他们来说都不是问题。第三是大学是一个培养人才的地方,如果大学能够形成成熟的民主文化,必然对它所培养的学生产生显性和隐形的影响。在学校就能接受民主理念熏陶的学生走上社会之后,自然可以在更大的时空范围内传播民主思想,进而可以使得大学成为社会民主文化建设的辐射源。由此可见,以大学为试验田,加强民主管理机制的构建,对维护和促进整个社会的民主文化建设都是十分有意义的。

第三,切实赋予大学自主办学权。

从根本上说,"教授治校"就是要让大学的学术力量在学校事务特别是学术事务的管理和决策中享有充分的话语权。很明显,这种话语权的实现得有一个基本的前提,那就是大学本身必须拥有自主办学的权力,即在宏观上应当拥有独立的身份地位,在微观上应当成为一个相对独立的教学和科研的共同体。如果大学组织本身还不能享有这些权力,其管理和决策仍要受制于其他外部力量,那它在内部是无法进行权力再分配的。在这种背景下谈学术权力的复归,恐怕也只是空中建楼阁无法落地。从西方大学的发展历史看,无论是欧洲大陆国家的大学还是美国的大学,其治校的权力之所以能够予以合理的分配,显然都具备大学自治这一重要的、基本的前提。当然,正如上文所论述的,"教授治校"的实施又为大学获取充分的办学自主权提供了制度保障。合而言之,两者之间具有互为支撑、相辅相成的关系。

就我国当前的情况看,《中华人民共和国高等教育法》明确规定,高等学校自批准设立之日起取得法人资格,并从招生、学科专业设置、教学活动组织、科学研究、国际交流与合作、人事、财务等方面确认了高校办学自主权的基本内容。在实际运作中,与改革开放之前相比,我国大学的办学自主权也确实得到了很大程度的回归;但实事求是地讲,迄今为止,我国高校办学自主权的落实还需要进一步努力,高校离实质性的独立法人地位还相差一段距离,还没有能够在实质意义上形成相对独立的教学和科研的共同体。办学自主权不能完全落实，使得我国大学不能成为一个真正意义上的自主自为者，既不能独立地确立自己的行事原则和办学模式，也影响其对自我行为负责的能力和意识的提升。显然，在大学组织本身缺乏自主权的格局下，学术权力复归之路注定荆棘丛生。

可见，要彰显学术权力，还必须从改革国家管理大学的体制、机制上下功夫，具体而言，就是要依据《中华人民共和国高等教育法》等相关法律的要求，进一步出台细则，制定政府与高校的权力清单，明晰管学和办学的权力边界，以实质性地落实大学法人地位，切实赋予大学自主办学权，为促使大学内部治理结构的根本转向奠定良好的基础。

在赋予大学自主权的过程中，有一个问题值得特别关注，那就是大学校长的产生与问责机制的问题。本书认为，可尝试改变校长产生方式，构建更多利益相关者共同参与的问责机制，使其成为促使校长推动民主治校的压力和动力。例如，校长产生可以尝试选举任命制。所谓选举任命制，就是指校长可经由大学各相关利益主体（政府、教师、校友、学生等）组成的委员会招聘推选，然后经政府部门任命产生。这种机制能有效平衡各种利益主体的价值诉求。另外，要有效构建能体现师生话语权的问责机制。只有强化来自师生的问责，才能促使以校长为首的行政权力会更加主动地考虑师生共同体的利益，从而进一步落实师生参与治校的意愿和要求。

三、构建符合我国实际的组织机制

教师参与治校权的复归落实首先需要在组织机制上得到体现和保障。我国大学在合理构建学术决策组织机制时，特别应当注意两个方面的问题。其一是如何借鉴国外大学做法的问题。世界上很多国家的大学在治理过程中，学术权力的地位都得到了充分、合理的体现；也正是这样的安排，为其大学办学水平的持续提升提供了根本性的支撑。它们的成功经验值得我们借鉴。但另一方面，我国大学改革还必须正视我国的现实，不能脱离我国的基本国情。也就是说，我国大学进一步彰显学术权力的地位，在组织机制建设上，一是要合理借鉴国外大学的成功做法，要立足我国的实际。

首先，在学校层面，构建协调政治权力、行政权力和学术权力的组织机制。依据我国现行相关法律的规定，"党委领导下的校长负责制"是当前我国高校的基本管理体制，这表明我国高校的权力体系与西方大学有了较大的区别。我国高校的管理综合体现了政治权力、行政权力和学术权力三方面的价值诉求。显然，这三个方面都有存在的合理性、合法性。坚持中国共产党的领导是我国宪法的基本原则。作为中国人民根本利益的代表者，中国共产党领导中国人民建立了新中国,开创了中国历史的新纪元;在社会主义建设的实践中,党的领导又被证明是各项事业取得进步的根本保障。历史反复证明,中国选择共产党的领导有其历史的必然性和现实的正确性。因此,坚持中国共产党在我国各项事业包括高等教育事业中的领导地位是完全必要的。关于行政权力,上文已经论及,随着大学规模的扩张和组织的复杂,行政权力也日渐凸显出存在的价值。至于学术权力在高校管理中的合理性,更是本书一直在强调的主题。既然三种权力都有存在的合法性、合理性和必要性,完善我国大学内部治理结构的关键就应该是如何进一步协调三者的关系。

明晰党委的职权与领导方式。2014 年 10 月,中共中央办公厅印发了《关于坚持和完善普通高等学校党委领导下的校长负责制的实施意见》。文件指出:"高等学校党的委员会是学校的领导核心,履行党章等规定的各项职责,把握学校发展方向,决定学校重大问题,监督重大决议执行。"可见,党委的职权重点体现为"领导"。领导与管理是有一定区别的。一般而言,领导具有全局性,侧重于战略,而管理侧重于战术;领导具有超前性,致力于整个组织发展方向的规定,而管理具有当前性,侧重于当前活动的落实;领导具有超脱性,管理具有操作性。① 所以,党委领导,主要体现为对高校办学思路、发展方向等战略问题进行决策和监督。

缩减行政权力行使的范围,强化对行政权力的监督。一直以来,我国高校权力失衡的最重要的原因就在于行政权力的膨胀,导致学术权力地位尴尬。因此,完善大学权力结构,必须把学术事务的决策权从中分离出来,归还给学术权力;同时,还必须改变行政权力过分集中、缺乏监督的格局,有效构建起监督和制衡机制。基于此,本书提议重新建立校长召集下的校务委员会,作为学校内部事务决策与实施的重要监督机构。校务委员会制度在我国大学发展历史上曾经实施过,此番重新提及,并不是只要求恢复原来的制度,而必须有重大的变革和创新。首先,在人员组成上,校级领导和一些重要部门(教务、科技等)的中层领导可以作为当然成员,其他成员必须包括教师代表、学生代表以及校友代表等,这其中的教师代表应当经由民主方式产生且席位要占 4 成或以上。实际上,校务委员会还可以看作代表教职工监督行政组织运行的常设机构。其次,在议事机制上,必须充分尊重各成员代表的意见,努力发扬协商民主,不搞"一言堂",杜绝"家长制"。

强化学术管理机构的权威地位。目前,我国高校已经建立了形式多样的学术管理机构,如学术委员会、教授委员会、教学委员会、教师职称评定委员会等。鉴于学术管理机构一直处于弱势的事实,如何让这些机构发挥实质性的作用,如何恢复和落实学术决策机构的权威地位,应当成为我国大学内部治理结构变革

---

① 刘建军. 领导学原理——科学与艺术仁 [M]. 上海:复旦大学出版社,2001:12.

的重中之重。

要依据新《中华人民共和国高等教育法》和《高等学校学术委员会规程》的规定,对学术决策机构的权力地位、人员组成和议事方式等进行重大变革。在地位上,要切实赋予学术管理机构能够相对独立地行使学术决策的权力,而不是成为行政权力的"橡皮图章"。在人员组成上,必须克服"泛行政化"的趋向。因为学术管理机构里行政人员过多,容易形成用行政管理方式解决学术问题的思维定式。事实证明,即便是拥有教授职称的教师,一旦担任行政职务,其身份决定他多数时候仍然会按照行政管理的一套程序和做法去思考和解决学术问题。显然,这会造成对学术逻辑的戕害。因此,高校学术管理机构必须克服"泛行政化"的趋向,要提高没有"官衔"的学术人员的比例,其成员可以通过民主程序按院(系)分配比例推选产生。在议事方式上,要注重构建独立、民主、平等的议事机制。"学术界的基本准则是所有成员平等,从这个意义上说,学术控制形式上是社团性质的。"① 社团性质的机构有两个方面的重要特征:其一是民主性,一切权力在成员之间平等分配;其二是自主性,不受外力的干涉,能够独立地做出学术决策。明显具备社团属性的学术决策机构自然也应当在这两方面加强改革,必须努力构建平等、民主的议事机制,而且要保持相对独立性,使学者们能够自主决策学术问题,不会受到行政权力的随意干预。

第二,在院系层面,建立学术权力主导的组织机制,实现"教师治院"。大学是一个底部沉重的社会组织,其知识生产、知识传播和知识应用的功能归根结底都是需要依靠底部层级的学院、学系来发挥。从欧美大学"教授治校"的组织机制看,其教师权力在大学管理的各个层级都得到了体现,尤其以基层为甚。这为我国大学学院治理提供了有益的参考和借鉴。当前,学院制在我国大学已经得到了普遍实施,但很多高校所实施的学院制,往往是只具其表、难具其实。因为实施学院制不单单是一种新的管理方式,更重要的是,它体现的是一种新的学术管理思想,反映了大学学术变革的新需要,适应了大学学术发展的新要求。② 这种新需要和新要求主要在于随着大学学科专业的扩展,改变校级集权的管理方式,把更多的中观和微观层面的学术管理下移到院(系)层次,重新设计校内各层级责、权、利的配置机制。可见,要有效发挥学院制的功能,大学管理必须相应地进行权力下移特别是学术权力下移。院(系)都是依据学科分类设置起来的,它们是学科专业建设的前沿基地,是大学学术活动的基础,一般都直接地面对教

① 〔加〕约翰·范德格拉夫,等. 学术权力——七国高等教育管理体制比较 [M]. 王承诸,译. 杭州:浙江教育出版社,2001:2.
② 别敦荣. 中美大学学术管理 [M]. 武汉:华中理工大学出版社,2000:219.

学、科研、知识应用等学术活动,这就决定了在院(系)一级的治理中,学术权力应当更加有权威。所以,要恢复大学学术决策的地位,在院(系)一级的权力更值得重视,其组织机制主要应当体现学术权力主导。具体而言,可以借鉴西方国家的模式,在院系成立由全体教授(如果教授数量过多,可推选代表)和一部分民主推选的副教授、讲师代表等组成的学术委员会,举凡院(系)的学科建设、专业管理、学术评价、课程管理、教师评聘等学术事务都必须由这个委员会决策;对于其他行政事务的决策和管理,院(系)行政领导必须向该委员会报告,应当首先获取他们的首肯和支持,并接受其监督,实现"教师治院"。

至于院(系)层级的学术委员会与学校层级学术委员会的关系,可以概括为和谐互动、相对独立,即院(系)层级的学术委员会在大政方针和战略决策方面,应当接受和遵从校级学术委员会的领导和决定,在此前提下又同时能够独立地进行院(系)层级的相关决策,从而构建一种和谐互动的运行机制。

本章小结

本章主要探析了"教授治校"之于我国大学内部治理结构改革的借鉴意义。

20世纪二三十年代,西方大学普遍实施的"教授治校"管理机制曾被引介到我国大学里来。当时的北京大学、清华大学等都构建了"教授治校"的管理架构,实现了实质意义上的"教授治校",为当时我国大学的迅速崛起起到了非常重要的作用。

1949年之后,由于诸多因素的影响,"教授治校"制度在我国出现了长时间的中断;直到改革开放以后特别是20世纪80年代中期以后,我国大学的内部管理结构才出现了一些调整,教师民主参与学校管理的制度和理念也开始重新建立起来。

进一步推进我国大学内部治理结构改革,可以充分借鉴西方国家大学普遍实施的"教授治校"管理机制,重在恢复学术力量参与大学管理的权力。在具体路径上,一方面要努力建设相关的支撑条件,包括从法律和大学章程上明晰教师在学校决策和民主监督中的权威地位,加强社会民主文化的建设,切实赋予大学自主办学权等;另一方面,应当构建符合我国大学实际情况的组织机制,即在学校层面建立协调政治权力、行政权力和学术权力的组织机制,同时重新树立学术决策的权威,在院(系)层面则要建立学术权力主导的组织机制,实施"教师治院"。

参考文献

[1] 别敦荣 . 中美大学学术管理 [M]. 武汉：华中理工大学出版社，2000.

[2] 陈洪捷 . 德国古典大学观及其对中国大学的影响 [M]. 北京：北京大学出版社，2002.

[3] 陈平原 ."兼容并包"的大学理念 . 北大精神及其他 [M]. 上海：上海文艺出版社，2000.

[4] 陈廷柱 . 大学的理想——价值取向及其言说立场与限度 [M]. 青岛：中国海洋大学出版社，2008.

[5] 陈伟 . 西方大学教师专业化 [M]. 北京：北京大学出版社，2008.

[6] 陈学飞 . 美国高等教育发展史 [M]. 成都：四川大学出版社，1989.

[7] 陈学飞 . 美国日本德国法国高等教育管理体制改革研究 [M]. 北京：教育科学出版社，1995.

[8] 辞海 [Z]. 北京：光明日报出版社，2002.

[9] 冯契 . 哲学大词典 [Z]. 上海：上海辞书出版社，1992.

[10] 符娟明 . 比较高等教育 [M]. 北京：北京师范大学出版社，1987.

[11] 高平叔 . 蔡元培全集 [C]. 北京：中华书局，1984.

[12] 谷贤林 . 美国研究型大学管理 [M]. 北京：教育科学出版社，2008.

[13] 顾建民 . 自由与责任——西方大学终身教职制度研究 [M]. 杭州：浙江教育出版社，2007.

[14] 韩骅 . 学术自治——大学之魂 [M]. 北京：中国文史出版社，2005 年 .

[15] 何东昌 . 中华人民共和国重要教育文献：1949 年—1997 年 [Z]. 海口：海南出版社，1998.

[16] 和震 . 美国大学自治制度的形成和发展 [M] 北京：北京师范大学出版社，2008.

[17] 贺国庆，王保星，朱文富，等 . 外国高等教育史 [M]. 北京：人民教育出版社，2003.

[18] 贺国庆. 近代欧洲对美国教育的影响 [M]. 保定:河北大学出版社,2000.

[19] 贺麟. 文化与人生 [M]. 北京:商务印书馆,1988.

[20] 黄延复. 梅贻琦教育思想研究 [M]. 沈阳:辽宁教育出版社,1994.

[21] 黄延复,马相武. 梅贻琦与清华大学 [C]. 太原:山西教育出版社,1995.

[22] 姜义华. 胡适学术文集•教育 [C]. 北京:中华书局,1998.

[23] 教育部中外大学校长论坛领导小组. 中外大学校长论坛文集 [C]. 北京:高等教育出版社,2002.

[24] 李兴业. 巴黎大学 [M]. 长沙:湖南教育出版社,1988.

[25] 刘建军. 领导学原理——科学与艺术仁 [M]. 上海:复旦大学出版社,2001.

[26] 刘述礼,黄延复. 梅贻琦教育论著选 [C]. 北京:人民教育出版社1993.

[27] 刘永. 耶鲁人的追求 [M]. 延吉:延边大学出版社,2001.

[28] 刘永佶. 民主的权威 [M]. 北京:中国经济出版社,2005.

[29] 沈红. 美国研究型大学的形成与发展 [M]. 武汉:华中理工大学出版社,1999.

[30] 宋旭红. 学术职业发展的内在逻辑 [M]. 武汉:华中科技大学出版社,2008.

[31] 苏云峰. 从清华学堂到清华大学(1928—1937) [M]. 北京:生活•读书•新知三联书店,2001.

[32] 眭依凡. 大学校长的教育理念与治校 [M]. 北京:人民教育出版社,2001.

[33] 孙永芬. 西方民主理论史纲 [M]. 北京:人民出版社,2008.

[34] 陶爱珠. 世界一流大学研究——透视、借鉴、开创 [M]. 上海:上海交通大学出版社,1993.

[35] 田培林. 教育与文化 [M]. 台北:五男图书出版公司,1988.

[36] 王国均. 美国高等教育学术自由传统的演进 [M]. 上海:学林出版社,2008.

[37] 王绍光. 民主四讲 [M]. 北京:生活•读书•新知三联书店,2008.

[38] 王玉生. 蔡元培大学教育思想论纲 [M]. 北京:光明日报出版社,2007.

[39] 魏姝. 政策中的制度逻辑——美国高等教育政策的制度基础 [M]. 南京:南京大学出版社.2007.

[40] 邬大光. 中国高等教育大众化问题研究 [M]. 北京:高等教育出版社,2004.

[41] 吴祚昌．杰斐逊 [M]．北京：中国社会科学出版社，1996．

[42] 新编剑桥世界史 [M]．中国社会科学院历史研究所译．北京：中国社会科学出版社，1987．

[43] 许庆豫，葛学敏．国别高等教育制度研究 [M]．徐州：中国矿业大学出版社，2004．

[44] 阎光才．识读大学——组织文化的视角 [M]．北京：教育科学出版社，2002．

[45] 张德祥．高等学校的学术权力与行政权力 [M]．南京：南京师范大学出版社．2002．

[46] 政协北京市委员会文史资料委员会．文史资料选编 [C]．北京：北京出版社，1983．

[47] 中共中央马克思恩格斯列宁斯大林著作编译局．列宁选集 [C] 北京：人民出版社，1995．

[48] 中共中央马克思恩格斯列宁斯大林著作编译局．马克思恩格斯选集 [C]．北京：人民教育出版社，1972．

[49] 中国蔡元培研究会．蔡元培全集 [C]．杭州：浙江教育出版社，1997．

[50] 中国大百科全书•哲学卷 [Z]．北京：中国大百科全书出版社，1987．

[51] 中国社会科学院语言研究所．现代汉语词典 [Z]．北京：商务印书馆，2002．

[52] 周丽华．德国大学与国家的关系 [M]．北京：北京师范大学出版社，1995．

[53] 〔比〕希尔德•德•里德－西蒙斯．欧洲大学史．第一卷 [M]．张斌贤，等，译．保定：河北大学出版社，2008．

[54] 〔德〕彼得•贝格拉．威廉•冯•洪堡传 [M]．袁杰，译．北京：商务印书馆，1994．

[55] 〔德〕弗•鲍尔生．德国教育史 [M]．滕大春，译．北京：人民教育出版社，1986．

[56] 〔德〕哈贝马斯．交往与社会进化 [M]．张博树，译．重庆：重庆出版社，1989．

[57] 〔德〕黑格尔．逻辑学 [M]．梁志学，译．北京：人民出版社，2004．

[58] 〔德〕马克思•韦伯．学术与政治 [M]．冯克利，译．北京：生活•读书•新知三联书店，1998．

[59] 〔德〕威廉•冯•洪堡．论国家的作用 [M]．林荣远，译．北京：中国社会科学出版社，1998．

[60] 〔德〕雅斯贝尔斯．什么是教育［M］．邹进，译．北京：生活•读书•新知三联书店，1991.

[61] 〔法〕爱弥儿•涂尔干．教育思想的演进［M］．李康，译．上海：上海人民出版社，2003.

[62] 〔法〕雅克•勒戈夫．中世纪的知识分子．第1版［M］．张弘，译．北京：商务印书馆，1996.

[63] 〔法〕雅克•韦尔热．中世纪大学［M］．王晓辉，译．上海：上海人民出版社，2007.

[64] 〔法〕亚历克西斯•德•托克维尔．论美国的民主［M］．张晓明，编译．北京：北京出版社．2007.

[65] 〔加〕约翰•范德格拉夫，等．学术权力——七国高等教育管理体制比较［M］．王承绪，等，译．杭州：浙江教育出版社，2001.

[66] 〔美〕阿特巴赫．21世纪美国高等教育：社会、政治、经济的挑战［M］杨耕，周作宇，译．北京：北京师范大学出版社，2005.

[67] 〔美〕伯顿•R•克拉克．高等教育系统——学术组织的跨国研究［M］．王承绪，等，译．杭州：杭州大学出版社，1994.

[68] 〔美〕伯顿•R•克拉克．探究的场所——现代大学的科研和研究生教育［M］．王承绪，译．杭州：浙江教育出版社，2001.

[69] 〔美〕伯顿•R•克拉克．高等教育新论——多学科的研究［M］．郑继伟，等，译．杭州：浙江教育出版社，1998.

[70] 〔美〕戴维•林德伯格．西方科学的起源［M］．王珺，等，译．北京：中国对外翻译出版公司，2001.

[71] 〔美〕丹尼尔•布尔斯廷．美国人——殖民地历程［M］．时殷弘，等，译．上海：上海译文出版社，1997.

[72] 〔美〕赫茨伯格，等．赫茨伯格的双因素理论［M］．张湛，译．北京：中国人民大学出版社，2009.

[73] 〔美〕霍华德•威亚尔达．民主与民主化比较研究［M］．榕远，译．北京：北京大学出版社，2004.

[74] 〔美〕克拉克•科尔．大学的功用［M］．陈学飞，等，译．南昌：江西教育出版社，1993.

[75] 〔美〕罗伯特•伯恩鲍姆．大学运行模式——大学组织与领导的控制系统［M］．别敦荣，主译．青岛：中国海洋大学出版社，2003.

[76] 〔美〕罗伯特•达尔．论民主［M］．林猛，李柏光，译．北京：商务印书馆，1999.

[77] 〔美〕罗伯特·欧文斯. 教育组织行为学 [M]. 窦卫霖, 等, 译. 上海: 华东师范大学出版社, 2001.

[78] 〔美〕欧内斯特·博耶. 关于美国教育改革的演讲 [R]. 涂艳国, 方彤, 译. 北京: 教育科学出版社, 2002.

[79] 〔美〕唐纳德·肯尼迪. 学术责任 [M]. 阎凤桥, 等, 译. 北京: 新华出版社, 2002.

[80] 〔美〕威尔·杜兰. 世界文明史·信仰的时代 [M]. 幼狮文化公司, 译. 北京: 东方出版社. 1999.

[81] 〔美〕亚伯拉罕·弗莱克斯纳. 现代大学论——英美德大学研究. [M]. 徐辉, 译. 杭州: 浙江教育出版社, 2001.

[82] 〔美〕约翰·S·布鲁贝克. 高等教育哲学 [M]. 王承绪, 等, 译. 杭州: 浙江教育出版社, 1998.

[83] 〔美〕约瑟夫·本·戴维. 科学家在社会中的角色 [M]. 赵佳苓, 译. 成都: 四川人民出版社, 1988.

[84] 〔美〕詹姆斯·W·汤普逊. 中世纪晚期欧洲经济社会史 [M]. 徐家玲, 等, 译. 北京: 商务印书馆, 1996.

[85] 〔英〕阿什比. 科技发达时代的大学教育 [M]. 滕大春, 等, 译. 北京: 人民教育出版社, 1983.

[86] 〔英〕克劳利. 新编剑桥世界史. 第九卷 [M]. 中国社会科学院历史研究所, 译. 北京: 中国社会科学院出版社, 1987.

[87] 〔英〕托尼·布什. 当代西方教育管理模式 [M]. 强海燕, 主译. 南京: 南京师范大学出版社, 1998.

[88] 〔英〕约翰·齐曼. 真科学它是什么, 它指什么 [M]. 曾国屏, 匡辉, 张成岗, 译. 上海: 上海科技教育出版社, 2002.

[89] 〔英〕约翰·亨利·纽曼. 大学的理想 [M]. 徐辉, 等, 译. 杭州: 浙江教育出版社, 2001.

[90] 包国庆. 教授治校的理由 [J]. 现代大学教育, 2002 (4): 70-72.

[91] 别敦荣, 吴国娟. 论大学制度的公正性 [J]. 教育研究, 2006, 27 (7): 17-23.

[92] 蔡磊砢. 蔡元培时代的北大"教授治校"制度: 困境与变迁 [J]. 高等教育研究, 2007, 28 (2): 90-96.

[93] 曹卫星, 赵跃民, 高翅. 提升高校学术权力 探索中国的教授治校模式 [J]. 中国高等教育, 2004 (1): 23-24.

[94] 陈海春, 姚启和. 大学教授与大学教育政策 [J]. 高等工程教育,

1988(4):17-21.

[95] 陈金圣. 教授治校与教授治学的兼容性及其现实意义 [J]. 复旦教育论坛, 2014, 12(2):61-66.

[96] 陈伟. 大学如何产生?——中世纪晚期欧洲大学的逐步形成及其历史意义 [J]. 现代大学教育, 2005(3):82-86.

[97] 陈运超. 论教授治校权力与实现 [J]. 高教探索, 2007(5):38-40.

[98] 程斯辉. 中国近代著名大学校长办学的八大特色 [J]. 高等教育研究, 2008, 29(2):83-89.

[99] 高田钦. 西方大学教授治校的内涵及其合法性分析 [J]. 高校教育管理, 2007, 1(1):31-34.

[100] 龚怡祖. 现代大学治理结构:真实命题及中国语境 [J]. 公共管理学报, 2008, 5(4):70-76.

[101] 郭兆红. 清华"教授治校"体制的历史轨迹与现代启示 [J]. 黑龙江高教研究, 2017(11):14-18.

[102] 顾海良. 关于加强和改进党委领导下的校长负责制的思考 [J]. 中国高等教育, 2003(18):11-13.

[103] 韩骅. 论教授治校 [J]. 高等教育研究, 1995(6):36-40.

[104] 韩骅. 再论教授治校 [J]. 高等教育研究, 1998(1):39-43.

[105] 韩延明. 论"教授治学"[J]. 教育研究, 2011(12):41-45.

[106] 韩水法. 世上已无蔡元培 [J]. 读书, 2005(4):3-12.

[107] 胡建华. 思想的力量:影响 19 世纪初期德国大学改革的大学理念 [J]. 清华大学教育研究, 2004, 25(4):1-6.

[108] 黄学辉. 简论"教授治校"与我国高等教育治理 [J]. 中国成人教育, 2007(1):41-42.

[109] 黄启兵. 民国时期北京大学的管理变革:从"教授治校"到"校长治校"[J]. 高等教育研究, 2015, 36(10):87-95.

[110] 康翠萍,黄瞳山. 现代大学管理制度取向研究——基于大学组织特性及人性的思考 [J]. 教育研究, 2012(5):59-63.

[111] 孔垂谦. 论大学学术自由的制度根基 [J]. 江苏高教, 2003(2):15-18.

[112] 孔捷. 德国大学基层学术组织模式及其影响 [J]. 江苏高教, 2009(1):148-150.

[113] 李超. 田长霖的一流大学观探析 [J]. 现代大学教育, 2004(6):26-29.

[114] 李春梅,陈彬. 大学学术管理组织的历史演进及其启示 [J]. 高教探索, 2005(1):54-56.

[115] 李方. 我国高等学校教授治校的现状及发展趋势 [J]. 扬州大学学报（高教研究版），2005, 9(1)：42-45.

[116] 李福华, 陈晨. 西方教授治校思想的理性思考与借鉴 [J]. 教师教育研究，2015, 27(5)：94-100.

[117] 刘鸿. 学术活动的反思与大学制度的重建 [J]. 高等教育研究，2004, 25(4)：57-60.

[118] 龙宝新. 论教授治校的合理诉求与资质优势 [J]. 中国人民大学教育学刊，2014(2)：105-115.

[119] 马超. 从讲座制到系科制：欧洲大学内部管理权力的变更 [J]. 比较教育研究，2006(4)：61-64.

[120] 马超. 从讲座制的兴衰透视大学内部管理的新趋势 [J]. 清华大学教育研究，2005, 26(4)：27-32.

[121] 马陆亭. 大学章程地位与要素的国际比较 [J]. 教育研究，2009(6)：69-76.

[122] 缪榕楠, 谢安邦. 教授权威的历史演变 [J]. 高校教育研究，2007, 28(1)：7-12.

[123] 欧阳光华. 教授治校：源流、模式与评析 [J]. 高教发展与评估，2005, 24(4)：12-15.

[124] 潘懋元. 比较高等教育的产生、发展与问题 [J]. 外国高等教育资料，1991(3)：29-36.

[125] 彭阳红. "教授治校"的现代变革 [J]. 现代教育管理，2011(4)：122-125.

[126] 彭阳红. 教授治校的外部支撑条件及其启示 [J]. 江苏高教，2013(4)：15-17.

[127] 乔东. 西南联大对我国创建世界一流大学的启示 [J]. 清华大学教育研究，2008, 29(2)：87-91.

[128] 屈琼斐. 美国大学"共治"管理理念述评及启示 [J]. 大学教育科学，2006(6)：46-49.

[129] 史宁中. 实行教授委员会制凸显"教授治学" [J]. 中国高等教育，2005(2)：27-28.

[130] 眭依凡. 教授"治校"：大学校长民主管理学校的理念与意义 [J]. 比较教育研究，2002(2)：1-6.

[131] 眭依凡. 论大学学术权力与行政权力的协调 [J]. 现代大学教育，2004(1)：7-11.

[132] 孙进. 德国大学改革问题的组织理论解析 [J]. 北京大学教育评论，2005, 3（2）: 79-83.

[133] 王长乐. 教授治校是理念而非管理技术 [N]. 科学时报，2008-1-11.

[134] 王英杰. 大学学术权力和行政权力的冲突解析——一个文化的视角 [J]. 北京大学教育评论，2007（1）: 55-65, 189-190.

[135] 魏进平，刘志强，何小丰. 教师参与大学决策的积极意义和激励措施 [J]. 国家教育行政学院学报，2008（5）: 46-50.

[136] 魏瑞星. 出奇才能制胜: 访伯克利加大副校长田长霖 [N]. 远见，1986-12-1.

[137] 吴丽萍. 理顺高校内部行政权力与学术权力的关系 [J]. 江苏高教，2005（2）: 32-34.

[138] 吴秀文. 西南联大的管理特色及其启示 [J]. 现代教育科学，2006（2）: 45-47.

[139] 谢安邦，阎光才. 高校的权力结构与权力结构的调整——对我国高校管理体制改革方向的探索 [J]. 高等教育研究，1998（2）: 23-27.

[140] 邢克超. 必须建立有效的机制——简析法、德两国大学内部管理 [J]. 比较教育研究，1996（3）: 1-5.

[141] 熊庆年，代林利. 大学治理结构的历史演进与文化变异 [J]. 高教探索，2006（1）: 40-43.

[142] 徐秀丽. 1940年代后期的国立高校治理——以清华、北大为例 [J]. 史学月刊，2008（3）: 57-65.

[143] 阎亚林. 大学内部管理体制比较研究 [J]. 教育探索，2003（10）: 25-28.

[144] 叶雨薇. 清华大学"教授治校"制度的萌发与成型 [J]. 学术研究，2017（7）: 130-139.

[145] 燕继荣. 民主之困局与出路——对中国政治改革经验的反思 [J]. 学习与探索，2007（2）: 80-84.

[146] 梅贻琦. 大学一解 [J]. 清华大学学报（自然科学版）. 1941, 13（1）: 1-12.

[147] 杨元业. 教授治校的道德要求 [N]. 中国教育报，2007-8-28.

[148] 杨兴林. 论教授主导治学与参与治校的统一 [J]. 复旦教育论坛，2015, 13（1）: 18-23, 87.

[149] 姚剑英. 中国高校教授委员会现状分析及思考 [J]. 辽宁教育研究，2007（6）: 30-32.

[150] 尤小立. "教授治校"需要明确的三个基本问题 [N]. 科学时报，2008-3-11.

[151] 张爱芳. 大学自治与学术自由关系之阐释 [J]. 湖南师范大学教育科学学报, 2006, 5(4): 66-68.

[152] 张金福. 论梅贻琦"教授治校"理念的文化意蕴 [J]. 华东师范大学学报(教育科学版), 2002, 20(4): 90-95.

[13] 张君辉. 中国大学教授委员会制度的本质论析 [J]. 教育研究, 2007(1): 72-75.

[154] 张俊宗. 学术与大学的逻辑构成 [J]. 高等教育研究, 2004, 25(1): 6-11.

[155] 张献勇. 我国高校教授委员会规章比较 [J]. 黑龙江高教研究, 2007(12): 31-34.

[156] 张小杰. 从学部制度看早期德国大学模式 [J]. 清华大学教育研究, 2006, 27(3): 71-76, 89.

[157] 张小杰. 关于柏林大学模式的基本特征的研究 [J]. 华东师范大学学报(教育科学版), 2003, 21(6): 69-77.

[158] 张意忠. 论"教授治校"及其现实意义 [J]. 江西教育科研, 2007(9): 72-74.

[159] 张玮, 朱俊. 西南联大: 教授治校是如何实现的——以西南联大教授会为中心 [J]. 云南师范大学学报(哲学社会科学版), 2013, 45(6): 142-150.

[160] 赵俊芳. 论大学学术权力的合法性 [J]. 东北师大学报(哲学社会科学), 2008(2): 141-147.

[161] 赵蒙成. "教授治校"与"教授治学"辨 [J]. 江苏高教, 2011(6): 1-5.

[162] 赵蒙成. "教授治校"的实质与边界——与杨兴林教授再商榷 [J]. 江苏高教, 2013(2): 1-5.

[163] 周川. 大学校长角色初探 [J]. 上海高教研究, 1996(6): 1-4.

[164] 周川. 中国近代大学"教授治校"制度的演进及其评价 [J]. 高等教育研究, 2014, 35(3): 77-84.

[165] 朱宗顺. 蔡元培与蒋梦麟高等教育思想和实践之比较 [J]. 高等教育研究, 2006, 27(4): 96-104.

[166] 左玉河. 坚守与维护: 中国现代大学之"教授治校"原则 [J]. 北京大学教育评论, 2008, 6(2): 128-140, 191-192.

[167] 陈何芳. 学术生产力引论 [D]. 武汉: 华中科技大学博士学位论文, 2005.

[168] 郭卉. 权利诉求与大学治理——中国大学教师利益表达的制度运作 [D]. 武汉: 华中科技大学博士学位论文, 2006.

[169] 李琳. 我国大学教授委员会制度研究——基于章程文本的分析 [J]. 江西师范大学硕士学位论文, 2014.

[170] 米俊魁. 大学章程价值研究 [D]. 武汉: 华中科技大学博士学位论文, 2005.

[171] 宋文红. 欧洲中世纪大学: 历史描述与分析 [D]. 武汉: 华中科技大学博士学位论文, 2005.

[172] 徐峰. 西方大学教授治校研究 [D]. 武汉: 华中师范大学硕士学位论文, 2006.

[173] 张意忠. 论教授治学 [D]. 上海: 华东师范大学博士学位论文, 2006.

[174] Aghion P, Tirole J. Formal and Real Authority in Organizations [J]. Journal of Political Economy, 1997, 105(1): 1-29.

[175] Alain Touraine. The Academic System in American Society [M]. New Brunswick and London: Transaction Publishers, 1997.

[176] Alan B Cobban. Universities in the Middle Ages [M]. Livepool: Livepool University Press, 1990.

[177] Alan B Coobban. The Medieval University: Their Development and Organization [M]. London: Methuen & Co Ltd, 1975.

[178] Alexander Brody. The American State and Higher Education [R]. Washington: American Council on Education, 1935.

[179] Althach P C, Berdahl R O, GumPort P J. American Higher Education in the Twenty-first Century: Social, Political, and Economic Challenges [M]. Baltimore: The Johns Hopkins University Press. 1999.

[180] Arthur M Cohen. The Shaping of American Higher Education [M]. San Francisco: Jossey-Bass Publishers, 1998: 85.

[181] Ashby E, Anderson M. Universities: British, Indian, African, A Study in the Ecology of Higher Education [M]. London: Weidenfeld & Nicolson, 1966.

[182] Burdon R Clark. The Academic Profession: National, Disciplinary, and Institutional Settings [M], Berkley, Los Angels, London: University of California Press, 1987.

[183] Burton J Bledstein. The Culture of Professionalism: The Middle Class and the Development of Higher Education in America [M]. New York: W. W. Norton & Company, 1978.

[184] Burton R Clark. The Academic Life: Small Worlds, Different Worlds [M].

Princeton: The Carnegie Foundation for the Advancement of Teaching, 1987.

[185] Charles Franklin Thwing. The American and German University, One Hundred Years of History [M] . New York: The Macmillan Company, 1928.

[186] Christine Musselin. The Long March of French University [M] . New York: Tayloy &Francis Books, Inc, 2004.

[187] Christopher J Lucas. American Higher Education: A History [M] . New York: ST. Martin's Griffin, 1994.

[188] Daniel Fallon. The German University: A Heroic Ideal in Conflict with the Modern World [M] . Colorado: Colorado Associated University Press. 1980.

[189] David Riesman . On Higher Education [M] . San Francisco: Jossey-Bass Publishers. 1980.

[190] Derek Bok. Beyond the Ivory Tower: Social Responsibilities of the Modern Universities [M] . Cambridge, MA: Harvard University Press. 1982.

[191] Grady Bogue, Jeffery Aper. Exploring the Heritage of American Higher Education [M] . Phoenix, Ariz: Oryx Press, 2000.

[192] Floyd C E Faculty Participation and Shared Governance [J] . The Review of Higher Education, 1994, 17 (2): 197-209.

[193] Frederic Rudolph. The American College and University: A History [M] . New York: A division of Random House, 1962.

[194] Friedrich Paulsen. German Education, Past and Present [M] . London: T. Fisher Unwin, 1908.

[195] Friedrich Paulsen. The German Universities and University Study [M] . London: Long-mans, Grean&Co, 1908.

[196] George Keller. Academic Strategy [M] . Baltimore: The John Hopkins of University Press, 1984.

[197] Gregory A Barens. The American University: A World Guide [M] . Philadelphia: ISI PRESS, 1984.

[198] Guthrie, James W. Educational Administration and Policy: Effective Leadership for American Education [M] . Boston: Allyn and Bacon, 1991.

[199] Hastings Rashdall. The Universities of Europe in the Middle Ages [M] .

参考文献

New York: Oxford University Press, 1987.

[200] Hofstadter Richard & Walter Metzger. The Development of Academic Freedom in the United States [M]. NewYork: Columbia University Press. 1955.

[201] Husen T, Poatlethwaite T N. The International Encyclopedia of Education: Research and Studies [M]. Oxford: Pergamon Press. 1985.

[202] Mullinger J B. The University of Cambridge [M]. Cambridge: Cambridge University Press. 1873.

[203] Ben-David J. The Scientist's Role in Society: A Comparative Study [M]. Englewood Cliffs, N. J.: Prentice-Hall, 1971.

[204] Smart J C. Higher Education: Handbook of Theory and Research [M]. New York: Agathon Press. 2005.

[205] Hertzler J Q, Edward Alsworth Ross. Sociological Pioneer and Interpreter. American Sociological Review, 1951, 16(5): 597-613.

[206] J Victor Baldridge and others. Policy Making and Effective Leadership[M]. San Francisco: Jossey-Bass Publisher, 1978.

[207] Jacques Barzun. The American University: How It Runs, Where It Is Going [M]. Chicago and London: The University of Chicago Press, 1968.

[208] James T Minor. Understanding Faculty Senates: Moving from Mystery to Models [J]. Review of Higher Education, 2004, 27(3): 343-363..

[209] Jerry G Gaff. What If the Faculty Really Do Assume Responsibility for the Educational Program? [J]. Liberal Education, 2007, 93(Fall): 6-13.

[210] John Brubacher, Willis Rudy. Higher Education in Transition: An American History: 1936-1956 [M]. New York: Harper &Row, Publishers, 1958.

[211] John D Millet. The Academic Community [M]. New York: McGraw-Hill Book Company, 1962.

[212] John S Brubacher & Willis Rudy. Higher Education in Transition [M]. New York: Harper & Row, Publishers, 1976.

[213] John S Brubacher. On the Philosophy of Higher Education [M]. San Francisco: Jossey-Bass Publishers, 1978.

[214] John Ziman. The Force of Knowledge: The Scientific Dimension of Society [M]. Cambridge: Cambridge University Press, 1976.

[215] Kerr C. The Great Transformation in Higher Education: 1960-1980 [M]. Albany: State University of NewYork Press, 1991.

[216] Michael Shattock. Re-Balancing Modern Concepts of University Governance. Higher Education Quarterly, 2002, 56(3): 235-244.

[217] Nathan M Pusey. American Higher Education: 1945-1970 [M]. Cambridge: Harvard University Press, 1978.

[218] Oxford English Dictionary [I]. Oxford: Clarendon Press, 1933.

[219] Paul Westmeyer. A History of American Higher Education [M]. Illinois: Charles C Thomas Publisher, 1985.

[220] Philip G Altbach, Robert O Berdahl and Pateicia J Gumport. American Higher Education in the Twenty-first Century: Social, Political, and Economic Challenges [M]. Baltimore and London: The John Hopkins University Press, 1999.

[221] Ralph Brown. Rights and Responsibilities of Faculty [R]. AAUP Bulletin, 1966.

[222] Richard Hofstadter & Wilson Smith. American Higher Education-A Documentary History [M]. Chicago: University of Chicago Press, 1983.

[223] Russell H Fitzgibbon. The Academic Senate of the University of California [M]. Office of President, University of California, 1970.

[224] Talcott Parsons and Gerald M. Platt. The American university [M]. Cambridge, Massachusetts: Harvard University Press, 1973.

[225] Verne A Stadtman. Academic Adaptation [M]. San Francisco: Jossey-Bass Publishers, 1980.

[226] Walter P Metzger. Academic Freedom in the Age of the University [M]. Columbia University Press, 1978.

[227] Walter Ruegg. A History of the University in Europe [M]. Cambridge: Cambridge University Press. 1992.

[228] William R Keast and John W Macy Jr. Faculty Tenure: A Report and Recommendations by Commission on Academic Tenure in Higher Education [M]. San Francisco: Jossey-Bass Publisher, 1973.

后　记

本书是在本人博士学位论文基础上修改而成的。选择"教授治校"作为研究对象，更多的是导师别敦荣教授指引的结果。实际上，我最初接触这个课题时，兴趣并不是特别浓。原因可能有二。一是觉得这个论题好像只要三言两语就说完了，把它作为一篇博士学位论文来做，是不是有点"小题大做"；二是考虑在当时的高等教育管理体制下谈论这一问题，会不会成为"玄谈"。

然而，随着接下来的资料搜集和相关研究工作的推进，我逐渐意识到当时认识的肤浅。首先，尽管"教授治校"在我国高等教育研究领域是一个出现频率较高的概念，但要对这个概念所蕴含的精神实质和深刻内涵进行全面、透彻的解析，绝非"三言两语"那么简单。另外，随着对我国大学内部管理现状了解得更加深入，我更加强烈地体会到赋予教师参与大学管理权的必要性和迫切性，这也让我认识到，开展本课题研究不会是"玄谈"，而是有很强的现实针对性。论文完成后，正值《国家中长期教育改革和发展规划纲要（2010—2020 年）》正式发布、《中华人民共和国高等教育法》重新修订、《高等学校学术委员会规程》颁布，这些重要政策文件都明确强调了发挥教授在教学、学术研究和学校管理中的地位和作用。尽管现有政策文本没有直接引入"教授治校"的表述，但把学术权力的复归作为重大改革内容列入重要政策文本中，明显让人感受到了国家对这一问题的重视和推进现代化大学制度建设的决心，也彰显了本书的研究意义。

博士毕业后，现代大学制度建设仍然是我关心的话题。在前期基础上，我申报了湖南省社科基金项目，进一步开展现代大学制度研究。本书也是我课题研究的成果。书稿得以出版，最需要感谢的首先是导师别敦荣教授。从论文的选题、构思到成文、修改，再到后续研究的开展都倾注了导师大量的心血。尤其是导师将本书纳入其主编的"现代大学制度与治理改革研究丛书"出版，更让我感动。别老师是一个"可敬"又"可怕"的人，其为人、为学值得我们敬佩。从我初次见到导师到现在的十多年里，导师坚持原则、一身正气、严谨务实的人格魅力一直感染着我，也鞭策着我向导师提出的"做一个好人""做一手好学问"的要求奋进。说其"可怕"，主要是导师对学生的严格要求甚至是"苛刻"要求让我们"心存畏惧"。跟随导师做研究,他会以"最大强度"的方式让你"备受煎熬",尤其他那"苏格拉底式"的诘问多少次让我们头顶冒汗、战战兢兢。当然,在导师严肃、严格的背后,学生感受到的是他的良苦用心。他是希望通过这种方式让我们受到良好的、专业的训练,以期把每一个学生都能引上学术的康庄大道。可惜愚钝如我者,总感觉难以达到导师的要求与期望,实是惭愧。

母校华中科技大学是一个弥漫着浓郁的学术芳香的所在,真为自己能够有幸在那样的氛围中度过人生重要的一段时光而自豪!感谢曾为我们授课或直接指点论文的刘献君教授、冯向东教授、张应强教授、沈红教授、赵炬明教授、周光礼教授、陈廷柱教授、柯佑祥教授、贾永堂教授、雷洪德教授、曾伟研究员等,他们的学识和智慧令人敬仰!

在我读书期间和工作期间,我的父母、岳父母,或帮我照顾家庭,或给予经济援助,或提供精神鼓励,他们的恩情堪比天地,实在是难以为报!我的妻子不仅要承担自己十分繁重的工作任务,还要悉心照料家庭,为家庭付出太多太多,其恩其情铭记我心!还有好学上进的儿子,一直带给我安慰与快乐!感谢他们!

本书的出版得到了中国海洋大学出版社的大力支持,衷心感谢各位编辑老师!

由于能力有限,拙作必然存在很多缺点甚至错误,恳请各位专家批评指正!

彭阳红

2019 年 8 月